本书为湖南省教育厅重点项目“市场经济主体的道德责任研究”（10A086）的最终成果

国家出版基金项目
NATIONAL PUBLICATION FOUNDATION

"十三五"国家重点出版物出版规划项目
当代湖湘伦理学文库·国家治理与现代伦理丛书
主编　李建华

国家治理与经济伦理

向玉乔　周　琳　著

湖南大学出版社

内 容 简 介

本书是“国家治理与现代伦理丛书”的一种。从国家治理的伦理意蕴、国家治理现代化的理论意涵、社会制度实现分配正义的价值维度、经济伦理的建构与发展、经济伦理诸形态与国家治理、共享发展理念的经济伦理意蕴、经济治理的伦理意蕴、市场经济体制的道德合理性基础、市场经济主体的道德责任等方面解析国家治理和经济伦理的关系问题，并在此基础上提出了国家治理应该遵循的经济伦理原则。

本书的研究主题和内容既有助于我国社会各界从经济伦理的角度认识、理解和把握国家治理的内涵、本质、特征、限制条件等，也有助于人们认识、理解和把握经济伦理的内涵和要义。

图书在版编目（CIP）数据

国家治理与经济伦理/向玉乔，周琳著．—长沙：湖南大学出版社，2018.11

（当代湖湘伦理学文库·国家治理与现代伦理丛书）

ISBN 978-7-5667-1613-2

Ⅰ.①国…　Ⅱ.①向…　②周…　Ⅲ.①国家—行政管理—研究—中国　②经济伦理学—研究—中国

Ⅳ.①D630.1　②B82－053

中国版本图书馆 CIP 数据核字（2018）第 190029 号

国家治理与经济伦理

GUOJIA ZHILI YU JINGJI LUNLI

著　　者：向玉乔　周　琳
丛书策划：王和君　祝世英
责任编辑：贾志萍　王和君
印　　装：长沙超峰印刷有限公司
开　　本：710×1000　16 开　　**印张：**20.25　**字数：**266 千
版　　次：2018 年 11 月第 1 版　**印次：**2018 年 11 月第 1 次印刷
书　　号：ISBN 978-7-5667-1613-2
定　　价：88.00 元

出 版 人：雷　鸣
出版发行：湖南大学出版社
社　　址：湖南·长沙·岳麓山　　**邮　　编：**410082
电　　话：0731－88822559（发行部），88821174（编辑室），88821006（出版部）
传　　真：0731－88649312（发行部），88822264（总编室）
网　　址：http://www.hnupress.com
电子邮箱：pressjzp@163.com

“当代湖湘伦理学文库”总序

万俊人

夫伦理者，伦之序，礼（理）之分，道之德也。而伦理学之所谓者，乃关乎伦理道德之哲学学问也。汉语中，“伦”“理”二字初见于《尚书》《诗经》《易经》诸典，尔后《礼记》首次以“乐通伦理”将之连用，始成一词，其义理生焉。与之相关者，当谓“道德”一词，始出不一而义理相较近之莫若。“道德”之用始于老子《道德经》，其意较“伦理”远为广泛，后与之趋近，深蕴自然人伦之达道、天地本性之大德也。凡此种种，唯古希腊先哲之“mose”“ethos”二词之理式用法庶几近之。然，古希腊先哲虽多以“礼仪”“风俗”“习惯”等概念释义于“道德”“伦理”，却同时赋予后者以“近神而居”“幸福生活”“本真存义”等诸多义理，从而将关乎道德伦理之研究或学问亦即所谓伦理学或道德哲学之谓者，界定为“幸福之学”（亚里士多德）、“伦理秩序之问”（苏格拉底、柏拉图）。迨至近代，东洋学人借诸吾国元典中“伦理”一词，移译西洋英文之“ethics”，将之译为“伦理学”。此今人所谓伦理学之概要也。

伦理学之为哲学或人文学之一部，固有其义理与论理体系，因之有其作为人类普遍知识之特性在焉。如此识见，自是诚然而当然无疑。然则，伦理学所致力研究之道德伦理却并非必然而然。盖因伦理道德与诸特定社会或社群之礼仪、风俗、习惯等诸多文化要素间存在千丝万缕之关联及纠葛，且无法脱出其文化或文明之相对性限制，故尔道德之理暨伦理之论常常千差万别而难以归宗矣。试举一例：即令在最具民族文化多样性和现代普世价值观念确信之美利坚合众国，对于堕胎、同性恋等行为之礼法约束，亦非国家本一而各州通行，反而各行其是，甚或相互迥异，不可同日而语者甚矣。所谓文化者，本乃寄居于不同地缘环境，拥有不同文明之历史际遇，创造不同语言、艺术、宗教（或信仰体系）之诸多民族文明创化之成就者也，其间纷纭繁复，不亦纷纭杂多乎？夫复足言哉？职是之故，现代文化人类学者竟生多达数百种之“文化”定义。或可极而言之，有多少民族，便有多少种文化或文化传统。不仅国际如此，一国内部之不同区域间亦复如此。人类世界诸不同民族之所以承诺不同之“图腾”与“禁忌”，究其本原，盖因其文化或文化传统之多元分殊使然矣。

或曰：既定文化多元论荦确无疑，伦理学之普遍知识诉求又当如何可能？是耶非耶？难以一言以蔽之！姑且借文学艺术界一名言以答之：“愈民族者则愈世界。”或以现代知识社会学之术语而详说之，可得一论：以人文学暨文化学之视角观之，大凡关于道德伦理之知识首先且必定为某一“地方性知识”，当且仅当其所反映、阐释、论证之“道”理与“伦”理在某种程度上或某种范围内可为其他地方或民族所理解、所认同甚或所接受并践行之，则其“地方性”伦理学知识庶几可逐渐演化扩展为具有“普遍性”——普遍之知识解释力与实践有效性——之伦理学识矣。诚然，某一“地方性伦理学知识”能否且在多大程度上可为“文化他者”所理解、认同、接受，其所需诉诸条件或前提委实甚多，难以尽言。所需明乎其要者或在于，文化——更遑论道德伦理文化——之知所能“普遍化”者，远难于科学技术之知者矣。此所谓意识形态——关于人类意识、观念之学——之争常甚于其他论争之根本缘由所在。以吾陋见，非不可也，实难能可贵也！俟乎时，仰乎势，依乎人，在乎理也。

由是观之，湖湘伦理暨湖湘伦理学实乃中华伦理暨中华伦理学之一部，亦堪称湖湘文化之精髓，其与自由浪漫之楚风文韵、清新厚实之湘派理学、威武勇猛之湘军精神实可谓群峰丛立，合为壮景，共同构成湖湘文化之基本内核与风骨，于中华文化版图中久居显赫之位，常享英华之荣。然而，上溯三千年前之湖湘面貌，唯现巫楚蛮荒，“三苗”（亦谓之“三蛮”）散居，“餐菊饮露，披花戴草，折琼枝而驷飞龙”（借引韩少功《巫楚之野》，《湘水：湖南人文丛刊》第二辑，岳麓书社 2014 年 10 月），居洞穴而茹野毛，汲汲于湖泽之畔，悠悠乎岭岳之间。不亦蛮乎？不亦苦欤？自然而生息者然也。

冥冥间，忽见楚天灵光闪耀，有屈子自荆楚呼之而来，两千多年阵阵浩叹沉吟，竟引来八方诸贤流寓，四海九派文脉汇融，真可谓四面八方，绵绵不绝，风劲云漫，激流浩荡；五彩纷竞间千秋各显，三教会通后一脉新来。于是乎，楚风生焉，流韵悠焉，文脉畅焉，理学盛焉。熊熊乎篝火燎燃，突突然蒸蒸日上。其势仿若四水汇合于八百里洞庭，“浩浩汤汤，横无际涯”（范仲淹《岳阳楼记》），蔚然而成千年湖湘文化，继之一泻千里，直奔东海，敞开现代湘学湘军湘人之三湘气象。虽难免“长太息以掩涕兮，哀民生之多艰”之《离骚》古调重唱，其悠其厚亦不及中原文化等“地域文化”，却也就此铸就千年湖湘文化暨湖湘伦理之独特大局，之高远格调，之特立精神，之不凡气象。如是可闻：家国不可忘乎？民众不可欺乎？犹听楚汉之屈贾！高洁不能染乎？威武不能屈乎？敢问濂溪周子与船山宏学！忧乐不改其先后天下乎？是非当分于毫厘即时乎？借闻杜诗范记！善恶不与共乎？爱憎必分也明乎？当看曾左谭毛！此吾之谓湖湘伦理精神之大要也。然耶忽耶？吾不敢私裁也，唯三声叩问，百家求教，或可得其法门，入其堂奥，揭櫫其隐幽莲香之所谓者也。

然则，吾欲言且敢冒昧直言者，乃在乎湖湘伦理（学）之未竟者、阙失者、不良者种种。作为一独特之地域文化或“地方性知识”，湖湘伦理虽兼综“流寓诸贤”之宏学高义，亦有南人北风、南“腔”北“调”或南北通透之文化品格，可先“苗”后“汉”、开化滞后、久居中华文明之边缘、文明暨文化生长流动不居且多灾多难之地缘文明生成性或文化构成性之特征，遂使其伦理多具某种“文化杂交”（cultural hybridization）之品性，此一品性又或多或少、或直接或间接导致湖湘伦理时常游离于主流正宗之外，纠结于多向头绪之间，曰情与理，曰自由浪漫与规则理性，曰刚毅果断与谨慎从事，曰剑走偏锋与循规蹈矩，以及更紧要者，曰个体自由与群体合作，曰边缘豪气与中心正谋。凡此种种，固大有裨益于湘人成就其“敢为天下先”之英雄壮举，以至千百年来之湖湘大地英雄豪气涌动，然亦埋下过度理想浪漫、两极发力而失之于激进任性，大事当前而无以致“中道”从容，反倒是时生“霸蛮”恣意而弗能自已矣。即令是为时下备受推崇之曾文正公等，虽堪称近世儒家伦理之楷模，却并非湖湘伦理之一般范例。质言之，若以现代科学理性检视其表里，则湖湘伦理（学）尚待改善者多矣，曰自由理性之不足，曰浪漫激情之有余，曰意气豪情之过度种种。阙如若此，倘若多些知行合一之船山理学暨经世致用之曾公日用伦理，少些“霸蛮”或“蛮干”之孟浪意气；或云，若更多借援于康德式或近代德意志之启蒙理性，更少感染卢梭式或近代法兰西之浪漫情绪，则湖湘伦理文化暨湖湘伦理学之当代复兴与未来新生更堪期待。此吾之私见，未知今日湖湘伦理学同仁以为如何？知我罪我，一任诸君，唯盼唯祈是幸！

湖湘伦理自是湖湘文化精神乃至中华伦理文化精神之胜果无疑，本当自珍弘扬以为上策。然近代百年以降，文化自怨甚或文化自虐之风甚嚣尘上，语言与道德之革命自弃者尤盛，自“打倒孔家店”至史无前例的“文化大革命”，文化道德革命之洪流一浪高过一浪。急急乎如天崩地裂，熊熊矣若电闪雷鸣；摧枯拉朽，何其汹涌！不独湖湘文化道德，亦复整个中华文化道德均陷入风雨飘摇、“花果飘零”（唐君毅、牟宗三等新儒家语）之窘境矣。其所以如是，盖因近代国运多舛，中华文明暨文化之现代“大变局”所使然哉！

幸逢时来运转，仰改革开放之力，中华重新崛起于二十暨二十一世纪之交，再接千载，振兴中华，得其时也。开放学习海外新知之余，悉心梳理国故始成当务。批判扬弃其糟粕，吸收赓续其精华，“弘扬优秀文化传统”，已然成为海内外华人世界之文化共识。值此时刻，有自觉自为之当代湖湘伦理学人如李氏建华教授者甚众，皆欲追根溯源，疏流开引，籍编辑出版“当代湖湘伦理学文库”之机缘，重新梳理湖湘伦理学之渊源递嬗，检视当代湖湘伦理学人之创新成就，以祭先进，以启后来，以续绵长之流者，以成蔚然之大焉，宗其旨曰：“传承湖湘伦理学之大统，创中国伦理学之湖湘学派，立中国伦理文化传播之高地。”其志可谓高矣，其功堪乎善哉！华民慈善公益基金会董事长卢氏德之先生欣闻兹事体大，决意慷慨助之，共襄此举，其情其怀，令人感佩。吾有幸忝列湖湘伦理学人之末，焉敢不鼓呼在前，趋步在后乎？是故，一俟建华教授示下为序，且命吾以文言简略述之，虽深感难以奉承于万一，亦不敢怠慢些微少顷，又岂敢坚拒一词尔？呜呼于是，勉力为序者如斯，窃望殷殷，或庶几不负建华、德之等诸位湖湘伦理学同仁之美意矣。

噫嘻！喃喃呓语，不知所云，且当抛砾石以引幽谷玉璞，点爝火而引满天繁星也罢。至所望焉！

戊戌立秋日凌晨于京郊悠斋

走向善治

——"国家治理与现代伦理丛书"序

李建华

众所周知，治理并不是一个新名词，从词源上说，英语中的governance一词源于拉丁文和古希腊语，原意是控制、引导和操纵，长期以来它一直与government一词交叉使用，并且主要用于与国家的公共事务相关的管理活动和政治活动中。自从世界银行在《1989年世界发展报告》中首次使用了"治理危机"，许多国际组织和机构开始在其各种报告和文件中频频使用它，政治学、经济学和管理学等学科纷纷引入治理概念，赋予了治理丰富的含义。概括起来，它大致包含如下几层含义：作为最小的国家管理活动的治理；作为公司管理的治理；作为新公共管理的治理；作为善治的治理；作为社会控制体系的治理；作为自组织网络的治理。如果从重要性角度而言，现代社会的当务之急是国家治理，抑或国家治理体系和治理能力的现代化。

国家是一种特殊的伦理实体，其治理离不开伦理的考量。把伦理（Sittlichkeit）与道德（Moralität）区分开来，是黑格尔的一大发明，并且他首次将伦理置于道德的自由意志发展的最高阶段。在伦理阶段，道德的内在意识发展为社会习俗、内在个人尊严和独立人格得到外部法权制度的保障。伦理就是主观的伦理习俗和客观的伦理实体的结合，家庭、市民社会和国家就是主要的三种伦理实体。"伦理实体"是黑格尔伦理思想中的一个核心概念，是价值合理性的最终依据，也是把握伦理关系和伦理秩序的关键所在。他借助于"实体"这样一种形而上的、具有世界本原意义的辩证表达，认为"绝对精神"就是"实体"，而实体是自因性的、不依赖于他物的，并且实体又因是自主变化运动的而成为"具体的实体"，家庭、市民社会、国家就是伦理作为主观与客观统一物的真理性存在。黑格尔认为，伦理实体要由家庭经过市民社会再到国家这种最高形态，虽然家庭和市民社会也是伦理共同体，但都是“单个人”的“集合”，只有国家才是必然性和普遍性的产物，才是最优的伦理实体。那么作为伦理实体的国家，在其实现性上又与伦理有哪些纠缠呢？换言之，国家具有哪些伦理上的特殊性呢？第一，国家就是真实的自由。在黑格尔哲学中，自由贯穿抽象法、道德和伦理各个环节，作为抽象法和道德的统一与真理环节，伦理是“作为实体的自由不仅作为主观意志而且也作为现实性和必然性的实存”。① 国家作为伦理实体消除了个别与整体、特殊与一般、个人与社会的对立，是一种普遍实现了的自由，是消除了个人任性的自由，“自由的理念中只有作为国家才是真实的”。② 所以国家是实现普遍自由的“家园”和依托，或者说，只有在国家这样的政治共同体中才有真实的自由。第二，国家就是伦理精神。伦理是实体性的普遍物，国家环节的自由又是一种实体性自由，而自由之所以只在国家环节是真实的，是因为国家是实体性伦理精神的最高体现。“国家是伦理理念的实现——是作为显示出来的、自知的实体性意志的伦理精神，这种伦理精神思考自身和知道自身，并完成一切它所知道的，而且只完成它所知道的。”③ 可见，国家体现的是一种普遍性的整体主义精神，是个人利益的普遍化。第三，国家就是伦理秩序。黑格尔认为，只有在国家这种伦理实体中，在抽象法和道德阶段所认定的权利、义务关系才从主观变成了客观、从偶然变成了必然，这不仅仅是主观应该，而且是主观应该与客观现实的统一。权利与义务相结合的概念是最重要的规定之一，并且是国家内在力量所在，所以国家的伦理秩序就是权利和义务的统一。第四，国家就是集权主义理念。由于国家代表普遍化的利益，并且对市民社会的个人权利主观化、个别化产生影响，这必然导致一种超国家主义的政治主张——集权主义。黑格尔对国家这一政治共同体伦理特性的阐发，给了我们深刻的启示：国家不仅是权力

---

① 黑格尔. 法哲学原理［M］. 范扬，张企泰，译. 北京：商务印书馆，2009：41.
② 黑格尔. 法哲学原理［M］. 范扬，张企泰，译. 北京：商务印书馆，2009：65.
③ 黑格尔. 法哲学原理［M］. 范扬，张企泰，译. 北京：商务印书馆，2009：253.

载体，而且是伦理实体，国家的治理离不开伦理的引导与规范。

国家治理的最高价值目标，就是基于伦理维度的“善治”。人类社会发展到今天，社会管理模式发生了实质性的变化，由政府或国家“统治”（government）向社会“治理”（governance）的转化就是其中之一。“治理”与“统治”从词面上看似乎差别不大，但其实际内涵存在根本上的不同。不少学者认为，区分“治理”与“统治”两个概念是正确理解治理的前提条件，也是理解“什么是善治”的关键。治理作为一种政治管理过程，同政府的政治统治一样与权威、权力不可分割，其最终目的也是实现社会秩序的和谐与稳定，但二者是存在明显差异的。其差异主要表现在两个方面：第一，统治的权威必定是政府，而治理的权威并非政府机关；统治的主体一定是政府的公共机构，而治理的主体既可以是公共机构，也可以是私人机构，还可以是公共机构与私人机构的合作。所以“治理”是一个比“统治”更宽泛的概念。在现代社会中，所有社会机构如果要高效而有序地运行，可以没有政府的统治，但绝对不可能没有治理。第二，管理过程中权力运行的向度不一样。政府统治的权力运行方向是自上而下的，是单一向度的管理；而治理则是一个上下互动的管理过程，其实质是建立在市场原则、公共利益和认同基础之上的合作。这就说明，我们今天的德治不是基于“统治”的理念，而是基于“治理”的理论视野，其最终目的是实现“善治”。

尽管西方的政治学家和管理学家在看到社会资源配置过程中市场和政府的双重失效之后，极力主张用治理取代统治，因为治理可以弥补国家与市场在调控过程中的某些不足，但他们同样认识到了治理本身也有失效的问题。既然治理也存在失效的可能，那么现实而紧迫的问题是如何克服治理的失效或低效。于是，许多学者和国际组织纷纷提出了“元治理”“有效的治理”“健全的治理”和“善治”等概念，其中“善治”理论最有影响。

自从有了国家及政府以后，善政（good government，可直译为“良好的政府”或“良好的统治”）便成为人们所期望的理想政治模式。在西方，由古希腊的“国家是有德者的共同体”到现代的“国家是正义的共同体”，它们都显示出对善政的期望。在中国传统政治文化中，善政的最主要意义就是能让官员清明、公正和廉洁，各级官员像父母对待自己的孩子一样热爱和对待自己的子民，没有私心，没有偏爱。古今中外的思想家们对善政的理解，包括如下要素：严明的法纪、清廉的官员、高效的行政、良好的服务。这种善政主要是人们对政府的期盼，或者说是一种政治理想，至于能否真正实现“良好的统治”，要看政府或国家本身。从“理想国”到“乌托邦”，从“大同世界”到“世外桃源”，它们都表达了人们对善政的苦心期待。但是这种善政在政治理想中的独占地位自20世纪90年代以来在世界各国日益受到了严重的挑战，即来自“善治”的挑战。

“善治就是使公共利益最大化的社会管理过程。善治的本质就在于它是政府与公民对公共生活的合作管理，是政治国家与公民社会的一种新颖关系，是两者的最佳状态。”① 善治不仅仅意味着一种新的管理理念，而且是一种新的与善政不同的政治运作模式。它是一种建立在市民社会基础之上的、具有不同于传统社会管理方式特性的全新的社会治理方式。善治的特性在国家治理中主要表现为应遵循如下基本原则。②

认同性原则。它不是指法律意义上的强制认可，也不是宗教学意义上的盲从，而是政治学意义上的合法性，即标示社会秩序和权威被人们自觉认可的性质和状态。政府的权威和秩序无论其法律支撑多有力，也无论其推行措施多强硬，如果没有在一定范围内被人们内心所体认，就谈不上合法性。并且公民体认的程度越高，合法性就越大，善治的程度便越高。取得和增大合法性的主要途径是尽可能增加公民的政治认同感，所以，是否是善治，首先要看管理机构和管理者在多大程度上使公共管理活动取得了公民的同意与认可。我们的治国方针政策得到广大人民群众的认同与支持，是社会主义德治的最终目标。

责任性原则。它是指社会管理机构及其个人应当对自己的行为负责，要尽相应的义务。责任性意味着管理机构和管理者个人必须忠实履

---

① 俞可平．治理与善治［M］．北京：社会科学文献出版社，2000：5-6.
② 俞可平．治理与善治［M］．北京：社会科学文献出版社，2000：9-11.

行自己的职责和义务，否则就是失职，就是没有责任性。责任性越大，善治程度就越高。正因为如此，现代社会人们越来越重视政治阶层的道德责任问题。马克斯·韦伯就曾在他的名为《作为职业的政治》的著名演讲中提出政治领域中“意图伦理”和“责任伦理”，前者不考虑后果，后者则要求行为者义无反顾地对后果负责任，政治家应当遵循的是责任伦理而不是意图伦理。赫尔穆特·施密特甚至认为，对自己的行动或者不行动的结果承担责任，其前提首先是承担在确定目标方面的责任。“政治家的目标以及实现目标的手段和途径不能同他所接受的伦理基本价值产生冲突。缺乏基本价值的政治必然是没有良知的政治，是在道德方面无所顾忌的政治，并且会趋向于犯罪。”①

法治性原则。这里“法治”的基本意义是，法律是政治管理的最高准则，任何政府官员和公民都必须依法行事，法权高于一切，在法律面前人人平等。法治的直接目标是规范公民的行为，管理社会事务，维护正常的社会生活秩序。但其最终目标在于保护公民的民主自由权利，不但要使参与契约的双方都能从利益交换中公平得益，也要以不损害社会公共利益为前提。因为在一个摆脱了身份关系的社会中，契约行为应当以平等的自由精神为要旨，社会公共利益正是他人自由权利的集中表达，所以维护社会公共利益正是对平等的自由这一契约行为的灵魂守护。而要维护公益不能没有国家强权，不能没有法治。法治“不是一种关注法律是什么的规则（a rule of the law），而是一种关注法律应当是什么的规则，亦即一种‘元法律规则’（a meta-legal doctrine）或一种政治理想”。② 所以，法治既规范公民的行为，更规范政府的行为。法治内生着民主自治的社会伦理要求，同时法治也是善治的基本要求。没有健全的法治，就没有善治。

透明性原则。这里主要是指政治信息的公开性，即政府在决策过程中应该公开、公正。因为在现代法治社会中，每一个公民都有权获得与

① 赫尔穆特·施密特. 全球化与道德重建［M］. 柴方国，译. 北京：社会科学文献出版社，2001：113.

② 哈耶克. 自由秩序原理（上卷）［M］. 邓正来，译. 北京：生活·读书·新知三联书店，1997：261.

自己的利益相关的政府政策信息，包括立法活动、政策制定、法律条款、政策实施、行政预算、公共开支及其他有关的政治信息。透明性原则要求上述政治信息能够及时通过各种大众媒体为公民所知，以便使公民能有效地参与公共决策过程，并且对公共管理过程实行有效监督。透明性标示着一个社会的民主化程度，也反映了市民社会的成熟程度，因为在市民社会中，每个成员都不是在被胁迫或强迫的情况下，而是根据自己的意愿或自我判断参与或加入某个社会群体或集团的事务或决策。政府以高度尊重个人的选择自由为前提，而个人又以对政府高度信任和负责的态度参与决策。这种双向的透明其重要意义在于，一方面可以使政府养成对人民负责的态度，另一方面可以使公民养成自我管理的习惯。一个社会的透明度越高，善治程度也越高。

有效性原则。这里是指管理的有效性。它包括两方面的含义：一是指管理机构设置合理，管理程序科学，管理活动灵活；二是最大限度地降低管理成本。人类管理根源于“自然资源普遍稀少和敌对的自然环境”与人类需求的矛盾。由于资源是稀缺的，不可能无限制地满足人的需要，由此而形成管理组织，行使管理职能，以便有效地获得、分配和利用自然资源来实现某个目标。因此，追求有效性必然成为社会管理最基本的内在规定，有效性也是衡量社会治理水平的重要标准。善治与无效或低效的管理活动是格格不入的，管理的有效性越高，善治程度也越高。这同时也说明，一个无效或低效的政府，一定是一个缺德的政府。

基于国家治理与现代伦理的内在关联，我们从政治伦理、经济伦理、文化伦理、社会伦理、生态伦理、网络伦理六个方面组织了这套研究丛书，这绝非一种任务式的科研使然，而是我们湖湘伦理学人对国家治理体系和治理能力现代化这一国家重大战略的理论自觉和伦理表达。

2018 年 8 月 28 日于三思书屋

目　次

导 论

什么是国家？它是具有合法性和道德合理性的政治共同体、经济共同体、文化共同体、生态共同体和伦理共同体。一个国家必须基于合法性和道德合理性而建立，否则，它就是非法的、不合道德的。

国家既是抽象的，也是现实的。抽象的国家是一个概念，它反映国家的一般性或普遍性特征。这种意义上的国家主要存在于人们的理论思维中，具有主观实在性。现实的国家是具体的、实定的，它反映国家的特殊性或具体性特征。这种意义上的国家主要存在于人们的实践思维中，具有实践实在性。抽象的国家是由人们的理论思维建构的，它的决定因素是人的理论思维能力；现实的国家是由人们的实践思维建构的，它的决定因素是人的实践思维能力。

国家治理既依靠人的理论思维能力，也依靠人的实践思维能力。前者让我们具有国家的观念，后者让我们将国家的观念变成现实。我们在理论思维中建构“国家”观念，而后又将它变成现实，这就是国家治理的实际过程和内容。具体地说，我们总是首先确立国家观念，然后依据它来进行国家治理。我们的国家观念是什么样的，我们就会拥有什么样的国家治理方式。如果说我们将国家界定为具有合法性和道德合理性的政治共同体、经济共同体、文化共同体、生态共同体和伦理共同体，那么我们的国家治理实践就是综合的。

国家是一定历史阶段的产物，但它的存在价值是通过人类的治理活动凸显出来的。没有治理的国家充其量是一个没有任何现实性的概念或观念。不过，一旦通过治理，国家就有了好坏之分。好国家基于好的国家治理而产生，坏国家则因为坏的国家治理而产生。显而易见，抽象的国家无所谓好坏，但现实的国家有好坏之分。好国家是治理出来的，坏国家也是治理出来的。所不同的是，好国家是“善治”的产物，坏国家是“恶治”的产物。

国家治理的历史与国家的历史一样悠久。国家治理问题历史久远，人类对国家治理问题的研究也源远流长。

在中国，国家治理问题早在先秦时代就是很多哲学家重点关注和研究的论题。以孔子、孟子、荀子等为主要代表人物的先秦儒家旗帜鲜明地强调德治，但并不否定法治，形成了以德治为主、法治为辅的国家治理思想。以老子、庄子等为主要代表人物的先秦道家也重视德治，但这一派别所强调的道德是“自然之德”和“无为而治”，其国家治理思想具有鲜明的自然主义特征。以韩非子为主要代表人物的先秦法家则呼吁“以法代德”，其国家治理思想的核心是主张“圣人之治”应该“不务德而务法”或“治民无常，唯法为治”。虽然先秦诸子百家的国家治理思想并不相同，但是它们至少存在两个共同点：普遍强调好国家是治理出来的；普遍认为国家治理手段存在德治和法治的区分。

在西方，国家治理问题早在古希腊时期就受到苏格拉底、柏拉图、亚里士多德等哲学家的高度关注和深度研究。苏格拉底认为，国家治理问题实质上涉及个人和国家（城邦）的关系问题，个人将其人生幸福寄托在国家身上，并且希望他们生活于其中的国家是“幸福国家”，而这样的国家应该具有智慧、节制、勇敢、公正等德性。柏拉图认为最适合治理国家的人是哲学家，因为哲学家是真正有智慧的人。他追求的是人们能够各司其职、各尽其责的“理想国”。亚里士多德不仅将人类视为政治动物，而且认为政治本质上是向善的。与孔子强调“政者，正也”的思想类似，他提出了“公正是为政的准绳”的政治伦理思想。古希腊哲学家的国家治理思想经历了一个不断演进的历史过程，但它们的总体思想倾向是清晰可见的：普遍认为好国家是治理出来的；普遍认为国家治理手段存在德治和法治的区别。

国家治理是人类进入有国家的社会状态之后才遭遇的问题。在原始社会，人类以血缘关系为纽带联结在一起，以氏族部落的方式过着简朴的原始群集生活，每一个氏族部落都按照原始氏族制度来进行管理，血缘关系的联结力和氏族酋长的权威在部落管理中发挥着举足轻重的作用，管理工作比较简单、容易。进入国家状态之后，人类不再受限于氏族部落的狭窄空间，其生活的交融性、流动性和公共性不断加强，人与人之间的利益矛盾日益尖锐化，国家治理也因此而成为紧迫的现实需要。国家治理与氏族部落管理的不同之处主要在于，它不再依靠氏族血缘关系的联结力和氏族酋长的权威来约束人们的思想和行为，转而采取公共治理的方式来整治社会秩序。国家治理必须依靠专门的公职人员和公共机构才能进行，对社会秩序的整治具有专门化、公共化、综合化、系统化、规范化等特征，所达到的内容、规模、水平、境界等都与原始社会的氏族部落管理模式有着根本区别。

经济治理是国家治理的一个重要内容。在当今世界，经济治理的实质是市场经济治理。这是由当今世界普遍实行市场经济体制的事实决定的。

市场经济体制是一种高效率的经济体制。它之所以具有高效率，是因为参与市场经济活动的主体能够各司其职、各尽其责，其经济活动的自主性、主动性和创造性能够得到最大程度的发挥。市场经济主体掌握着经济活动的自主性、主动性和创造性，这样既能够保证社会资源的优化配置，也能够为市场的长效运行提供不竭的动力源。历史经验说明，市场经济体制是人类社会迄今为止最富有活力、效率和可持续性的经济体制。

市场经济体制是当今世界的主导性经济体制。13—14 世纪，它首先在西方资本主义国家萌芽和发展，到 20 世纪也逐渐被社会主义国家普遍接受和采纳。市场经济体制并不是资本主义国家专有的东西，社会主义国家也可以实行市场经济体制。市场经济体制本身并非天生就具有资本主义性质或社会主义性质。在资本主义国家或社会主义国家的人采用它之后，它才被打上“资本主义”或“社会主义”的烙印。

是否实行市场经济体制，这是一个不以人的主观意志为转移的问题。根据历史唯物论观点，市场经济体制是人类社会经济基础发展到一定程度和达到一定水平的必然产物。当社会经济发展到必须依靠“市场”这只“看不见的手”配置社会资源才能实现经济效率最大化的水平时，实行市场经济体制就成为时代趋势；否则，整个社会经济的发展进程就会受到严重阻碍。人类希望高效率地开展经济活动，并且能够在此基础上不断改善自己的物质生活。

中国的成功经验证明了市场经济体制的价值和魅力。在中华人民共和国成立之后到改革开放之前，我国实行的是计划经济体制。计划经济体制在我国社会主义发展初期发挥了积极的作用，能在全社会范围内集中必要的人力、物力、财力进行重点建设，能对经济进行预测和干预，制定国民经济发展战略，优化资源配置，从而避免了市场经济体制的盲目性、不确定性等问题，是与我国当时的经济社会发展状况相适应的。然而，它又存在一定的弊端：人们所从事的所有经济活动受到行政指令性计划的支配，其经济生活缺乏最起码的自主性、主动性和创造性；导致整个社会的经济效率极其低下，经济活动不能给人们带来物质生活的不断改善；等等。发展到后来，计划经济体制成为一种效率低下、缺乏活力、死气沉沉的经济体制。处于该体制之下的中国经济发展缓慢，人们的物质生活水平提高缓慢，整个社会缺乏坚实、强大的经济基础。进入改革开放时代，中国实行了社会主义市场经济体制，市场配置资源的基础性功能得到最大限度的发挥，社会生产力空前解放，经济效率大幅提高，整个社会经济焕发出勃勃生机。

经济基础是市场经济体制得以形成和发展的客观条件，人类智慧是市场经济体制形成和发展必不可少的主观条件。一个社会在具备了发展市场经济的客观条件之后，还必须有各种人为建构的理念、思想、社会规范和制度为它的推进提供主观性支持；否则，它所拥有的市场经济体制必定残缺不全。市场经济体制是一个复杂体系，其中有不以人的主观意志为转移的客观因素，也有必须体现人的主观意志的主观因素。

市场经济体制具有存在的合理性基础，但这并不意味着它没有任何缺陷。它内含的自由精神有助于推动人类社会朝着开放、自由、民主、包容的方向发展，但它也容易激发人们的物质欲望，因而需要加以有效控制和积极引导。因此，市场经济体制必须被纳入经济治理的框架。

推进经济治理的关键是必须将市场经济体制纳入国家治理体系。由于国家治理体系本质上涵盖德治和法治两个基本维度，市场经济治理必然也有两个维度，即德治的维度和法治的维度。德治手段的介入会导致经济治理与道德治理的融合，人类市场经济活动也会因此而被打上道德活动的烙印。市场经济领域的道德活动基于经济伦理而展开，其实质是要将人类的市场经济活动纳入合乎经济伦理的轨道。

经济伦理是经济治理乃至国家治理不能不依靠的一种重要手段。它的存在不仅可以为人类市场经济活动提供伦理护航，而且可以为国家发展提供具有道德合理性的经济基础。现代国家治理必须具有良好的市场经济秩序。良好的市场经济秩序从何而来？它只能源自良好的德治和法治。经济伦理是指市场经济体制内在的伦理规定性。它推动政府、企业、个人等市场经济主体向善、求善和行善，将市场经济体制引入合乎伦理的发展轨道，将市场经济内在的伦理性激发出来，并将它变成道德经济。

经济治理需要依靠有效的道德治理体系。道德治理体系是国家治理体系的重要内容，更是经济治理体系的重要内容。它由具体的道德原则体系、道德信念体系、道德行为规范体系等构成，是将人类经济活动纳入道德合理性轨道的根本手段。道德治理体系需要建构并不断完善，才能发挥应有的效能。市场经济体制的运行不是放任自流的，诚信、公平、共赢等道德价值观念无时无刻不在发挥着作用。道德价值观念作为现代经济伦理的主要内容而存在，也作为道德治理的主要内容而存在，对人类市场经济活动形成不容忽视的强有力制约。经济伦理是现代国家治理必不可少的道德力量。

第一章　国家治理的伦理意蕴

国家治理是国家治理者借助一定的理念、机构、规范、人员等对国家的运行进行综合整治的活动。它是政治问题，也是伦理问题。目前，我国正处于从现代化大国迈向现代化强国的关键时期，全面深化改革的总目标是完善和发展中国特色社会主义制度，推进国家治理体系和治理能力现代化。在此时代背景下，从政治伦理的视域对国家治理问题展开深入系统的探究，具有理论意义和现实价值。政治伦理是政治伦理学的研究对象，它是由支配人类政治生活或政治活动的伦理思想、伦理规范、伦理精神和伦理行为整合而成的伦理价值体系，其核心是强调政治向善、求善和行善的内在善性，要求政治通过促进国家发展、社会进步和国民幸福的方式，彰显崇高的合伦理性。从政治伦理的角度来审视、探察和解析国家治理问题，不仅能够凸显国家治理的伦理意蕴或道德价值，而且能够对我国当前推进国家治理体系和治理能力现代化的历史实践提供有益启示。

一、国家治理的核心伦理问题

国家治理是具有深厚伦理意蕴的理论与实践问题，其伦理意蕴的最重要维度是通过道德对国家公共权力运行的制约作用来体现的。笔者认为，国家治理必须保证国家公共权力的运行合乎伦理要求；或者说，国家治理的核心伦理问题，是必须保证国家公共权力在人类道德价值观念允许的范围内运行。对此，我们需要借助唯物史观这一理论武器加以学理阐释。

在唯物史观视域中，公共权力的设立是国家的根本标志，同时表征国家的本质特征。国家从原始氏族组织中脱胎而出，与后者既有关联，也有区别。恩格斯将它们之间的区别归结为两个主要方面：一方面，原始氏族组织把氏族成员牢固地束缚在很有限的氏族部落范围内，而国家是按照居住地来划分它的国民的，“这种按照居住地组织国民的办法是一切国家共同的”[①]；另一方面，原始氏族组织中只存在人类自发组织的武装力量，而国家设立了公共权力，“这种公共权力在每一个国家里都存在”[②]。人类进入国家状态，会受到国家公共权力的强力制约。公共权力的设立导致了官僚机构和官员的产生。在国家里，官僚机构中的官员掌握着公共权力。国家公共权力强大，任何原始氏族组织都不能与之相提并论，因此，恩格斯指出：“文明国家的一个最微不足道的警察，都拥有比氏族社会的全部机构加在一起还要大的‘权威’。”[③] 另外，原始氏族组织的权威是通过氏族部落酋长在氏族内部获得的尊敬来体现的，它不是通过强迫手段确立的；而国家的权威是通过官僚机构和官员所掌握的公共权力来体现的。国家公共权力不仅是一种处于社会之外和社会之上的权力，而且是一种通过强迫手段确立起来的权力。

公共权力的出现与国家的诞生一样具有历史必然性。原始社会末期分裂出阶级之后，人与人之间的利益矛盾日益尖锐化，氏族部落依靠自发的武装组织维持社会秩序的可能性已经荡然无存，国家公共权力的设立就成为历史的必然。[④] 另外，公共权力一经产生，就意味着它不是私人物品或私有财产，也不是任何组织或个人可以随意取消或废止的东西，它的公共性指向只能是国家。不过，这里的国家

① 中共中央编译局. 马克思恩格斯文集：第 4 卷. 北京：人民出版社，2009：190.
② 中共中央编译局. 马克思恩格斯文集：第 4 卷. 北京：人民出版社，2009：190.
③ 中共中央编译局. 马克思恩格斯文集：第 4 卷. 北京：人民出版社，2009：191.
④ 中共中央编译局. 马克思恩格斯文集：第 4 卷. 北京：人民出版社，2009：190.

并不是一种抽象物，而是由具体的人、社会机构等要素构成的。国家存在的一个基本事实在于，一部分国民必须作为国家的治理者而存在。他们的职责是代表国家行使国家公共权力。在现代社会，这种人被称为国家公职人员。

笔者认为，公共性是国家公共权力的本质特征，也是国家公共权力的善性之源。国家公共权力本身无所谓善恶，可一旦为具体的阶级或人所掌握和使用，就会被打上善或恶的烙印。在阶级社会，公共权力的善恶性质从根本上来说是由它自身的阶级性决定的。唯物史观认为，国家有低级和高级之分。在国家发展的低级阶段，公共权力由哪个阶级掌握，这是由其财产状况决定的。由于统治阶级手中掌握的私有财产占绝对优势，其掌控的公共权力也具有压倒性优势；而由于被统治阶级手中掌握的私有财产占绝对劣势，其掌控的公共权力也处于绝对的劣势状态。奴隶制国家、封建制国家和资本主义国家都属于低级国家的范围。在这种低级国家里，占人口少数的奴隶主、封建贵族和资产阶级是公共权力的实际掌控者和使用者，公共权力的善恶性质也完全取决于这些阶级操控和使用它的价值目标和方式。由于奴隶主、封建贵族和资产阶级居于统治地位，他们对公共权力的操控和使用必然以最大限度地维护其统治阶级利益为根本目的，而占人口多数的广大奴隶、农民和无产阶级能够得到的公共权力的保护却是非常有限的。低级国家的公共权力总是与阶级的利益诉求紧密联系在一起，对它的掌控和使用不可避免地会映照出政治伦理意义上的善恶性质。

在笔者看来，国家治理的核心任务是必须保全国家公共权力的内在善性。国家治理者捍卫国家公共权力的公共性，即保全它的内在善性。他们能够在多大程度上捍卫国家公共权力的公共性，国家公共权力的内在善性就能够得到多大程度的保全。从理论上来说，由于在本质上是公共的，国家公共权力的适用范围和社会功能都是确定的。一方面，它只能用于处理国家公共事务，不能用于处理国家公职人员的私人事务；另一方面，它的主要社会功能是维护国家公共利益，不是维护国家公职人员的私人利益。公权公用，并且仅仅在维护和增进国家公共利益方面发挥作用，这是国家公共权力具有内在善性的根源所在，也是国家公共权力的内在善性能够得到保全的唯一途径。

要保全国家公共权力的内在善性，关键是要杜绝政治腐败。政治腐败是国家公共权力的敌人。所谓政治腐败，就是国家治理者利用国家公共权力谋取个人私利的行为。以权谋私、中饱私囊、损公肥私、假公济私等行为，生动地反映了政治腐败的邪恶本质，即它以公权私用的表现形式严重侵害了国家公共利益。由于在根本上与国家公共权力的公共性本质和内在善性相背离，政治腐败无论以何种形式表现出来，都不具有道德合理性基础。

公权私用的一种特殊表现形式是“为官不为”现象。它具体是指国家公职人员掌握着一定的国家公共权力，但并没有尽职尽责地运用手中的公共权力处理公共事务和履行维护国家公共利益的职责，致使国家公共权力被闲置、空转和浪费。“为官不为”之所以是公权私用的一种特殊表现形式，是因为它实质上反映了国家治理者将国家公共权力当作私有物品来随意对待和处置的事实。国家公共权力只有在用于处理公共事务和维护国家公共利益时，才能证明它存在的本质和价值，而如果被不合理地闲置或浪费，它实质上就蜕变成了一种缺乏公共性的私人物品或私有财产。

国家治理者既不应该贪污腐败，也不应该“为官不为”。贪腐的官员应该受到道德上的谴责，并受到应有的违纪违法惩处；“为官不为”的官员同样应该受到道德谴责，并承担相应的违纪违法责任。“清廉”是国家治理者的首要美德，但它必须与“奉公”的美德相结合才具有实实在在的伦理意义。“奉公”也不能流于“空谈”，必须通过“勤政”才能得到体现。廉洁才能奉公，奉公才能勤政，勤政才能有为，有为才能促进国家发展和社会进步。不在其位，可以不谋其政；在其位，就必须谋其政。笔者认为，廉洁奉公和勤政有为是每一个国家治理者都应该信守的两个基本政治道德价值观念，也是每一个国家治理者都应该具备的两种基本政治美德。

国家公共权力是一柄双刃剑。用之正当，它是将国家治理纳入合伦理轨道的利器；用之不当，它就是导致国家治理背离伦理的凶器。一个国家的治理者掌控和使用国家公共权力的方式不同，他们进行国家治理所达到的目的，就彰显着截然不同的伦理性质。一个治理良好的国家是能够将国家公共权力的掌控和使用引向“目的善”的国家。公权公用，并且增进了国家公共利益，则国家公共权力是一种能够造福于国家、社会和国民的社会正能量；公权私用，并且损害了国家公共利益，则国家公共权力是一种有害于国家、社会和国民的社会负能量。国家公共权力的合伦理性是通过它本身的公共性或内在善性来支撑和保障的。保全国家公共权力的内在善性，是一个国家推进国家治理工作的关键，也是它与政治腐败进行斗争必须坚守的道德主阵地。

二、国家治理的伦理价值目标

国家治理的伦理意蕴还表现在它自身蕴含伦理价值目标的事实方面。现实中的国家治理无论以何种形式出现，都具有一定的伦理价值取向和导向，这就是国家治理的伦理价值目标。伦理价值目标越明确，国家治理的目的性和方向感越强；反之，伦理价值目标越模糊，国家治理的目的性和方向感越弱。没有伦理价值目标引领的国家治理活动是盲目的，必定缺乏道德合理性支撑。确立伦理价值目标是国家治理不可或缺的重要内容，更是将国家治理引上合伦理轨道无法绕过的重要环节，因此，关心国家治理问题的思想家和有智慧的国家治理者，都特别注重建构和确立国家治理的伦理价值目标。

国家治理者应该如何建构和确立国家治理的伦理价值目标？该

问题不仅涉及“国家”这一概念的界定，而且涉及国家与国民之间的伦理关系。黑格尔认为：“国家是实现了的伦理理念与伦理精神，即它是现实中的伦理概念与其定在的统一。”① 其意为，国家是真正意义上的伦理领域，人类只有在国家之中才能实现个人独立性和普遍性、内在自由和外在自由、自律和他律的统一。一旦进入国家状态，人类就与国家结成了非常紧密的伦理关系。国家可以对国民提出道德义务要求，并赋予他们相应的道德权利。生活于国家中，人类所拥有的道德义务和道德权利是统一的，因为“人对国家所负的义务同时就是国家给予人的权利，权利的内容与义务的内容是完全相同的，这是人们实现自由的原则”②。这意味着，国家既是能够对国民提出义务要求的伦理实体，也是必须维护国民权利的伦理实体。国家与国民之间的真实关系是一种双向性的伦理关系：国家有权要求国民承担和履行它提出的正当义务要求，国民也有权要求国家尊重和维护他们的正当权利诉求。

需要指出的是，古代人往往将“国家”界定为一种绝对高于个人的政治共同体，并且将国家生活视为个人参与社会生活的最高目的，而将作为国民存在的个人视为必须服务于国家的工具。他们不仅将个人视为国家治理的被动对象，而且更多地强调个人对国家的义务。当代美国学者迦纳（James Wilford Garner）对此所作的描述是：“个人的生活是受国家管理的，个人的活动是为国家所规定的，好像个人是为国家而生存，国家不是为个人而设立。”③ 忽略国民基本权利是古代国家治理观的根本特征，是它遭到现代政治哲学家强烈反对和猛烈攻击的致命伤。这是因为，“国家只是为要达到某种目的的一种制度或手段，其本身并不是一种目的”④。将国家视为维护国民

① 黑格尔. 法哲学原理. 杨东柱，尹建军，王哲，编译. 北京：北京出版社，2007：113.

② 黑格尔. 法哲学原理. 杨东柱，尹建军，王哲，编译. 北京：北京出版社，2007：116.

③ 迦纳. 政治科学与政府·绪论·国家论. 孙寒冰，译. 北京：东方出版社，2014：90.

④ 迦纳. 政治科学与政府·绪论·国家论. 孙寒冰，译. 北京：东方出版社，2014：90-91.

基本权利的制度性手段，是国家治理走向现代化的最重要的标志。

国民的基本权利是指人类以国民身份参与国家生活必不可少的各种资格或权限。德国近代哲学家康德曾经说过："可以理解权利为全部条件，根据这些条件，任何人的有意识的行为，按照一条普遍的自由法则，确实能够和其他人的有意识的行为相协调。"① 其意指，权利实质上是依据普遍有效的自由法则对人的行为进行的条件性规定或限制。基于这种认识，笔者进一步将国民的基本权利作出这样的界定：它是指国民平等地拥有正当国家生活的基本自由，这种自由是在每一个国民的意志自由能够不相冲突地并存的基础上确立的，包括国民在国家状态下正当占有物质财富、思想观念、发展机会、幸福等社会资源的自由。在国家状态中，国民拥有基本权利，是通过他们拥有各种有条件限制的自由来体现的。

一个国家的国民能否充分享受基本权利的事实，折射的是它的分配正义状况。广义的分配正义概念就是基于国民的基本权利界定的，它指物质财富、思想观念、发展机会、幸福等社会资源在国民中间得到合理分配所体现的公正性。人类的国家生活方式实质上表现为国民以适当的方式占有各种社会资源的过程；或者说，国民在国家中适当占有各种社会资源的过程，实际上就是享受应有基本权利的过程。不过，国民在国家中对社会资源的占有并不是绝对自由的，而是必须通过国家分配的途径来实现。国家对物质财富、思想观念、发展机会、幸福等社会资源的分配均有严格的制度规定，而国民只能按照国家的制度规定来获取所需要的社会资源。这既是人类国家生活的重要内容，也是人类国家生活的显著特征。

维护国民的基本权利即维护分配正义。一个分配正义得到充分实现的国家，就是一个能够保证物质财富、思想观念、发展机会、幸福等社会资源在国民中间得到公正分配的国家，就是国民的基本权

① 康德. 法的形而上学原理：权利的科学. 沈叔平，译. 北京：商务印书馆，1991：40.

利能够得到充分维护的国家。“公正比星辰更加光辉”[①]，它是人类生活于国家中最珍视的一种社会价值，因此，当代美国哲学家约翰·罗尔斯（John Rawls）强调，“每个人都拥有一种基于正义的不可侵犯性，这种不可侵犯性即使以社会整体利益之名也不能逾越”[②]。在国家中，国民的分配正义诉求与基本权利诉求是高度一致的。“在一个公正社会里，公民平等地享有自由是确定无疑的；由公正保障的公民权利不应该受到政治上的讨价还价或社会利益算计的影响。”[③] 国民的基本权利与分配正义是相互贯通、相辅相成的。

国家治理者应该深刻认识国民的基本权利与分配正义之间的相通性和互补性。在国家治理的现实中，治理者既应该看到国民为国家尽义务的必要性，也应该看到国民享受基本权利的重要性。由于国家治理工作必须通过具体的治理者来完成，正确认识、理解和处理国家和国民之间的伦理关系，就成为国家治理者不可推卸的道德责任。在现实中，由于对国家与国民之间的伦理关系缺乏深刻认识，有些国家治理者倾向于片面强调国民对国家的义务，而不注重维护国民的基本权利，有时甚至打着维护国家利益的幌子肆意侵害国民权利，以至于造成分配正义遭到践踏和国民怨声载道的后果。善待国民是国家治理者应该培养的道德品质。生活于国家中的国民都将国家的善待视为至高无上的道德关怀。正因为如此，古代中国人总是对“仁政”表现出殷切的期望。孔子指出：“民之于仁也，甚于水火。”[④] 其意为，老百姓对仁政的渴望超过对水火的需要。孟子更是旗帜鲜明地用“仁政”来说明以德治国的精义。他认为“民为贵，社稷次之，君为

① 苗力田. 亚里士多德选集：伦理学卷. 北京：中国人民大学出版社，1999：103.

② RAWLS J. A theory of justice. Cambridge，Massachusetts：The Belknap Press of Harvard University Press，1971：3.

③ RAWLS J. A theory of justice. Cambridge，Massachusetts：The Belknap Press of Harvard University Press，1971：4.

④ 陈晓芬，徐儒宗. 论语·大学·中庸. 北京：中华书局，2011：194.

轻”[1]，并且强调“国君好仁，天下无敌焉”[2]。所谓仁政，就是以仁义之德治理国家的模式，它要求国家治理者（国君）避免居高临下的官僚主义作风，而应想民之所想，乐民之所乐，忧民之所忧。古代中国哲学家的“仁政”伦理思想，包含着要求国家治理者尊重国民基本权利和弘扬分配正义的伦理价值取向，是值得后世国家治理者借鉴和学习的。

维护国民的基本权利是国家治理者必须肩负的道德责任。人类进入国家状态的根本目的，无疑是要过上幸福生活。在国家状态中，不同的人对幸福的认识、理解和解释是不同的，但这并不影响他们将幸福作为共同生活理想的选择。亚里士多德指出，无论我们是将荣誉、快乐、德性还是别的东西作为幸福来看待，都是“为幸福而选择它们，通过它们我们得到幸福”[3]。亚里士多德并没有把“幸福”界定为个人只能通过“孤独”生活才可获得的一种东西，而是将它理解为个人必须通过参与国家生活才能得到的“自足感”。他说：“我们所说的自足并不是就单一的自身而言，并不是孤独地生活，而是既有父母，也有妻子，并且和朋友们、同邦人生活在一起，因为，人在本性上是政治的。”[4] 虽然亚里士多德所说的国家是指古希腊的城邦制国家，并不是现代意义上的国家，但是他用国家生活来解释国民幸福的观点无疑是值得肯定的。它至少告诉我们这样的真理：每一个国家的国民都以幸福作为共同生活的目标，但这一生活目标必须通过参与国家生活的方式才能得到实现；国民能否受到国家的良好保护，事关他们的幸福追求能否实现。

事实上，幸福也是一种可以分配的社会资源。与物质财富、思想观念、发展机会等社会资源一样，它也可以通过国家分配的方式为国

---

① 方勇．孟子．北京：中华书局，2010：289.

② 方勇．孟子．北京：中华书局，2010：285.

③ 苗力田．亚里士多德选集：伦理学卷．北京：中国人民大学出版社，1999：14.

④ 苗力田．亚里士多德选集：伦理学卷．北京：中国人民大学出版社，1999：14.

民所拥有。当我们生活于其中的国家能够公正地对待我们的时候，我们必定能够获得一种强烈的幸福感。我们作为“国民”所能拥有的幸福是多种多样的，但其中最大的幸福莫过于一个“好国家”善待我们所带来的幸福。苏格拉底就明确地将这样的“好国家”称为“幸福国家”①，并且将它描述为一种能够给所有人带来幸福的国家形态。在他看来，一个能够给所有人带来幸福的国家“一定是智慧的、勇敢的、节制的和正义的”②，但这种国家只能由有智慧的哲学家来治理，因为只有他们有能力“给个人给公众以幸福”③。柏拉图在《理想国》一书中将他的老师苏格拉底追求的“幸福国家”称为“理想国”。康德将他心目中的“好国家”称为“目的王国”。他说：“每一个理性存在者对自己和所有其他人，从不应该只当作手段，而应该在任何情况下，也当作其自身即是目的……这是一个可被称作‘目的王国’的王国（当然只是一个理想的王国）。”康德意在强调，一个“好国家”是那种能够赋予它的所有国民人格尊严的国家，而要达到这一目标，唯一行之有效的途径是将所有国民都当成“目的”来对待，而不是将他们仅仅当成可以利用的工具来看待。罗尔斯则将“好国家”解读为一个分配正义得到充分实现的“良序社会”④。毫无疑问，每个国民都希望生活于其中的国家，是能够给他带来人生幸福的“好国家”。

真正有伦理智慧的国家治理者必定会深切关心、高度重视和着力维护国民追求个人幸福的权利。习近平同志在号召当代中华儿女努力实现以中华民族伟大复兴为核心内容的“中国梦”时强调，“中国梦”有三个维度，即“国家富强、民族振兴、人民幸福”⑤。这意

① 柏拉图. 理想国. 郭斌和，张竹明，译. 北京：商务印书馆，1986：133.

② 柏拉图. 理想国. 郭斌和，张竹明，译. 北京：商务印书馆，1986：145.

③ 柏拉图. 理想国. 郭斌和，张竹明，译. 北京：商务印书馆，1986：215.

④ RAWLS J. A theory of justice. Cambridge, Massachusetts: The Belknap Press of Harvard University Press, 1971: 14.

⑤ 习近平. 习近平谈治国理政. 北京：外文出版社，2014：56.

味着，“中国梦”既是当代中华民族的强国之梦，也是民族振兴之梦，更是实现人民幸福之梦。一方面，它以国家富强和民族振兴作为中华民族实现伟大复兴的前提、根基和重要内容，强调“国家好，民族好，大家才会好”[①]；另一方面，它以个人幸福作为中华民族实现伟大复兴的根本目的和落脚点，强调“中国梦归根到底是人民的梦，必须紧紧依靠人民来实现，必须不断为人民造福”，认为每一个中国人都应该“共同享有人生出彩的机会，共同享有梦想成真的机会，共同享有同祖国和时代一起成长与进步的机会”[②]。笔者认为，肯定和凸显个人幸福的重要性，是“中国梦”能够在当今中国社会接地气、接人气的重要原因。

“公正是为政的准绳，因为实施公正可以确定是非曲直，而这就是一个政治共同体秩序的基础。”[③] 国家治理的最重要伦理价值目标是维护分配正义。维护分配正义即维护国民的基本权利，即维护国家最根本、最重要的公共利益。在国家状态中，分配正义、国民基本权利和国家公共利益在本质上具有内在一致性。发展固然是一个国家的第一要务，但如果国家发展所带来的丰硕成果不能在国民中间得到公正分配，发展所造就的国家只能是贫富悬殊、官僚主义严重、发展机会欠均等和社会保障制度不健全的国家。这样的国家缺乏存在的道德合理性基础，更称不上理想的国家。正因为如此，习近平同志强调社会主义中国必须坚持共享发展的理念：“坚持共享发展，必须坚持发展为了人民、发展依靠人民、发展成果由人民共享，作出更有效的制度安排，使全体人民在共建共享发展中有更多获得感，增强发展动力，增进人民团结，朝着共同富裕方向稳步前进。”[④] 党中央倡导的共享发展理念，就是以强调分配正义为核心内容的中国特色社

① 习近平. 习近平谈治国理政. 北京：外文出版社，2014：36.

② 习近平. 习近平谈治国理政. 北京：外文出版社，2014：40.

③ 亚里士多德. 政治学. 颜一，秦典华，译. 北京：中国人民大学出版社，2003：5.

④ 中国共产党第十八届中央委员会第五次全体会议公报. 北京：人民出版社，2015：14.

会主义发展理念，它说明党中央具有维护国民基本权利的坚定道德信念。

三、国家治理手段的伦理选择

国家治理必须保证国家公共权力的掌控和使用，有利于维护国家公共利益、国民基本权利和分配正义。要实现这种“目的善”，国家治理者除坚持国家治理活动向善、求善和行善的基本政治伦理理念之外，还应该诉诸合理、有效的国家治理手段或方略。具体地说，他们应该借助一定的“手段善”或“工具善”，来实现国家治理追求的“目的善”。

纵观人类社会发展史，人类治理国家的手段或方略主要有两种：一是德治；二是法治。德治即以德治国，它是借助道德规范来整治国家的方略；法治即依法治国，它是借助以法律制度为主要内容的社会制度来整治国家的方略。这两种方略的根本区别在于：德治所依靠的道德规范是非强制性的，它告诉人们什么是善和什么是恶，并告知人们应该做什么和不应该做什么，但并不强制性地命令人们只能做什么和不能做什么，因此，它对人类行为的约束或规约是软性的、有弹性的；相比之下，法治所依靠的社会制度具有强制性，它告诉人们什么是合乎制度的行为和什么是违背制度的行为，并要求人们严格按照制度规定为人处世，而不是非强制性地告诉人们应该做什么和不应该做什么，因此，它对人类行为的约束或规约是硬性的、非弹性的。一般来说，德治方略的运用旨在将人们的行为控制在一个富有弹性的基础层面，它允许人们的个人道德修养存在人际差异性，并且将遵守底线道德和服从最高道德要求的人都视为有道德修养的人；而法治方略的运用旨在将人们的行为控制在一个没有任何弹性的严格层面，它要求所有人在同一个水准上严格遵守社会制度的规定，不允许任何人在服从社会制度规定方面讨价还价。笔者认为，在道德规范面前，人与人之间是难以平等的；但在社会制度面前，人与人之间是必须平等的。

德治是国家治理不能不依靠的一种最基本手段。在国家状态中，绝大多数人自觉接受道德规范的制约，并且能够自觉地按照道德规范的要求处理彼此之间的关系以及个人与社会之间的关系，这是一个国家能够拥有正常社会秩序的基本保证；相比之下，在任何一个国家里突破社会制度底线的人往往仅占据少数。这说明，虽然道德规范对人们的约束是非强制性的，但是它的约束力在人类社会是普遍有效的。正因为如此，道德实在论者强调“道德是人类生活中一种实实在在的力量”①，它“对我们有发言权，能够命令、强迫、鼓励或引导我们行动；或者至少可以说，当我们求助于它的时候，我们对彼此的行为有发言权”②。道德规范是一种非成文的非强制性社会规范，但它可以作为人类的内心信念来影响他们的行为，也可以借助社会舆论、风俗习惯、礼节礼仪等形式来对他们提出行为要求，因此，它对人类行为的约束几乎达到无时不在、无处不在的程度。尤其重要的是，道德约束是通过树立人们的荣辱观来发挥作用的，或荣或辱对每一个人来说都是极其重要的事情，甚至事关人生事业的成败得失，因此，绝大多数人愿做光荣的道德人，不愿意做被钉在耻辱柱上的人。道德规范对人类行为的约束力不容忽视，这是国家治理者青睐德治方略的现实原因。

在国家治理领域，德治方略针对的对象应该主要是国家治理者。在中国传统社会，国家治理者主要是指帝王和官吏；在当今中国，国家治理者主要是指国家领袖和领导干部群体。由于掌握着国家公共

① KORSGAARD C M. The sources of normativity. Cambridge：Cambridge University Press，1996：13.

② KORSGAARD C M. The sources of normativity. Cambridge：Cambridge University Press，1996：8.

权力，国家治理者的所思所想和所作所为直接决定着国家公共权力的运行状况。他们能否以合乎道德要求的方式使用手中掌握的国家公共权力，一方面取决于国家制度的设计和安排状况的好坏，另一方面在很大程度上取决于他们的个人道德修养的高低。正因为如此，实施德治方略必须将国家道德建设的重点放在官德建设上。官德昌明，则国家公共权力能够在阳光下运行；官德黯淡，则国家公共权力很容易在暗箱操作中运行。官德建设的关键，是必须推动国家治理者形成公私分明的伦理思想境界，树立严以用权、用权为公的道德价值观念。

“道德禁令是国家基本强制权力所拥有的全部合法性之根源。”①德治的有效实施，能够给国家治理者掌控和使用国家公共权力设置第一道防线。以个人道德信念、社会舆论等方式存在的道德，能够对国家治理者掌控和使用国家公共权力的观念和行为起到一定的规范或制约作用。如果国家治理者具有良好的个人道德修养，他们就比较容易表现出合理掌控和使用国家公共权力的道德行为，以用权为公为荣，而以用权谋私为耻。不过，作为一种非成文的非强制性社会规范，道德规范对国家治理者的约束力毕竟是有限的。国家治理毕竟是充满五花八门利益诱惑的政治生活领域，很容易将那些道德修养不到位的国家治理者引上离德、弃德、背德的轨道。一个国家治理者一旦突破道德防线，就很容易踏上以权谋私的邪恶道路。因此，道德对国家治理者的国家治理行为不可能形成绝对有效的控制。这暴露了德治方略的局限性，但为法治方略的出场提供了道德合理性。

法治是国家治理必不可少的第二道防线。与德治不同，法治方略强制性地要求国家治理者必须在社会制度允许的范围内掌控和使用国家公共权力。一方面，它会划定国家治理者掌控和使用国家公共权力的合理性边界；另一方面，它会对那些不按照社会制度规定掌控和

① 诺奇克. 无政府、国家和乌托邦. 姚大志，译. 北京：中国社会科学出版社，2008：6.

使用国家公共权力的国家治理者进行严厉的惩罚。也就是说，社会制度通过两种方式来约束国家治理者掌控和使用国家公共权力的行为：“有时它禁止人们从事某种活动；有时则界定在什么样的条件下某些人可以被允许从事某种活动。”[①] 更进一步说，社会制度仅仅保护严格遵守它的国家治理者，而对那些突破其防线的国家治理者予以严厉惩罚。用习近平同志的话来说，法治能够“把权力关进制度的笼子里，形成不敢腐的惩戒机制、不能腐的防范机制、不易腐的保障机制”[②]。法治方略的成功实施，能够弥补德治方略缺乏强制性的不足，能够将国家治理者治理国家的行为纳入制度化的轨道，能够极大地减少国家治理者以权谋私的机会。

德治和法治是国家治理的两种主要手段，但不同时代的人在运用这两种手段治理国家时会有所侧重。以德治为主、法治为辅的国家治理模式主要适用于奴隶社会和封建社会。在奴隶社会和封建社会，国民经济以自给自足的农业经济为主，工商业和商品经济不够发达，人与人之间的经济交往和契约关系很有限，家庭掌握着国家的经济权力。与这种经济基础相适应的是政治上的等级制度。等级森严是奴隶制度和封建制度的共同特征，它使等级划分不仅具有不容忽视的政治意义，而且具有至关重要的伦理意义。奴隶社会和封建社会的社会关系主要是靠人与人之间的等级伦理关系来定义的。因此，孔子说：“君君，臣臣，父父，子子。”[③] 其意为，为政之道在于明确人与人之间的等级伦理关系，这是治理好一个国家的根本方法。

进入资本主义社会后，由于资本主义市场经济、政治和文化的不断发展，人与人之间的利益矛盾变得非常复杂，特别是资产阶级和无产阶级之间的阶级利益矛盾日趋尖锐化，如何借助强制性社会制度来治理国家这一问题受到了资产阶级的高度重视。在经济生活领域，

---

① 诺思．制度、制度变迁与经济绩效．杭行，译．上海：格致出版社，2008：4.

② 习近平．习近平谈治国理政．北京：外文出版社，2014：388.

③ 陈晓芬，徐儒宗．论语·大学·中庸．北京：中华书局，2011：143.

他们普遍实行市场经济体制，并推行严格的生产资料私有制度、市场准入制度、金融税收制度等；在政治生活领域，他们普遍实行三权分立的政治制度模式，使立法机关、行政机关、司法机关分别掌握国家的立法权、行政权、司法权，从而使国家公共权力的使用处于相互制衡的状态；在文化生活领域，他们普遍实行自由主义文化体制，鼓励人们进行文化创新，从而使资本主义文化呈现出众声喧哗的态势。总体来看，资本主义国家普遍更多地重视社会制度的国家治理功能。正是基于这种认识，当代英国哲学家布莱恩·巴利（Brian Barry）指出："制度是实现社会正义的关键。"①

我国是在没有经历资本主义社会的历史条件下转入社会主义社会的，这一特殊社会背景为长久坚持以德治为主、法治为辅的国家治理模式提供了理由，也极大地抑制了我国的法治建设进程。与西方资本主义国家相比，我国在法治方面一直处于明显的落后状态，这可以通过目前法治建设中尚存在诸多不令人满意的现状得到证明。对此，习近平同志明确指出，目前我国在法治建设方面仍然存在许多与党和国家事业发展的要求、广大人民群众的期待以及我国推进国家治理体系和治理能力现代化的目标不适应、不符合的问题，其主要表现是"有的法律法规未能全面反映客观规律和人民意愿，针对性、可操作性不强，立法工作中部门化倾向、争权诿责现象较为突出；有法不依、执法不严、违法不究现象比较严重，执法体制权责脱节、多头执法、选择性执法现象仍然存在，执法司法不规范、不严格、不透明、不文明现象较为突出，群众对执法司法不公和腐败问题反映强烈；部分社会成员尊法信法守法用法、依法维权意识不强，一些国家工作人员特别是领导干部依法办事观念不强、能力不足，知法犯法、以言代法、以权压法、徇私枉法现象依然存在"②。

党的十八届三中全会将完善和发展中国特色社会主义制度，推

① 巴利. 社会正义论. 曹海军，译. 南京：江苏人民出版社，2007：21.

② 中共中央关于全面推进依法治国若干重大问题的决定. 北京：人民出版社，2014：3.

进国家治理体系和治理能力现代化确定为我国当前全面深化改革的总目标。什么是国家治理体系的现代化？笔者认为，就是从以德治为主、法治为辅的国家治理模式转向德治和法治相结合的国家治理模式。

“工欲善其事，必先利其器。”① 虽然适当的国家治理手段仅仅是国家治理者实现“好国家”理想的“手段善”，但是它毕竟是“好国家”得以产生的必要条件，因而也是国家治理者不能不高度重视的“手段善”。非强制性的道德规范不能单独承担治理国家的重任，强制性的社会制度也不能单独承担治理国家的重任。当今中国确立德治和法治相结合的治国理政之道，既有历史依据，也有现实基础。这说明当代中国对国家治理手段的认识、理解和把握，达到了应有的水平、境界和高度。

笔者认为，实行德治和法治相结合的国家治理方略的伦理意义主要在于：它能够同时借助国家治理者的个人道德修养和以法律为主要内容的社会制度，对国家公共权力的运行进行“双保险”式的管控，从而使德治和法治方略真正成为有助于国家治理的“手段善”或“工具善”。“国家和社会治理需要法律和道德共同发挥作用。”② 要治理好一个国家，必须走德治和法治并举的道路。德治和法治都是国家治理必不可少的手段或方略，各有所长，也各有所短，彼此之间具有很强的互补性。德治的有效实施，有助于培育和滋养人们的法治思维、法治意识、法治思想和法治精神；法治的成功推进，也有助于建构和增强人们的德治思维、德治意识、德治思想和德治精神。一个治理得好的国家，必定是德治和法治方略相互结合、相辅相成、相得益彰的产物。

---

① 陈晓芬，徐儒宗. 论语·大学·中庸. 北京：中华书局，2011：187.

② 中共中央关于全面推进依法治国若干重大问题的决定. 北京：人民出版社，2014：7.

四、国家治理的伦理空间

伦理需要有具体的空间才能发挥作用。国家治理的伦理意蕴也需要借助一定的伦理空间彰显。国家治理者的国际伦理视野，也是国家治理之伦理意蕴的重要来源。这是由国家治理的适用范围决定的。笔者认为，国家治理的适用范围有多大，它的伦理空间也就有多大。

现实中的国家治理不仅涉及国内事务的处理，而且涉及国际事务的处理。前者体现国家的对内主权，后者反映国家的对外主权。国家的对内主权实质上是国家公共权力与国民私人权利之间的关系。由于“人就是人的世界，就是国家，社会”①，国家利益和个人利益之间必定具有内在相通性和一致性，国家公共权力与国民私人权利之间的关系不可能完全是对立冲突的关系，国家与国民之间的关系也不可能完全是相互否定的关系。国家的对外主权也一样。在笔者看来，虽然国与国之间的关系不可避免地具有一定的相互排斥性和相互否定性，但是彼此之间的相互依赖性和相互肯定性也很强。

国家公共权力的运行并不仅仅局限于国家的疆界，它会根据国际交往或外交的实际需要而延伸至国际关系领域。在经济全球化的今天，国与国之间的交往和交流越来越频繁，国家公共权力进入国际关系领域的机会也越来越多。显而易见，国家公共权力不是一种仅仅适用于处理国内公共事务的权力，它也能够在处理国际公共事务方面发挥重要作用。在解决国际领土争端、维护本国企业跨国投资的正当权利以及应对生态危机、贫困等全球性问题方面，国家公共权力的作用都是不容低估的。在国际交往和交流的舞台上，一个国家的主体性总是必须借助它的公共权力彰显。

---

① 中共中央编译局. 马克思恩格斯文集：第1卷. 北京：人民出版社，2009：3.

国家治理的伦理空间可以区分为国内伦理空间和国际伦理空间两种。当一个国家的公共权力延伸至国际关系领域时，它运行的伦理空间就会发生根本性变化，国家治理的伦理空间也会相应地从国内延伸至国际。除应该继续受到本国或本民族的伦理要求限制之外，它还必须接受国际伦理的制约。什么是国际伦理？它是由支配国际关系的伦理思想、伦理规范、伦理精神和伦理实践统一而成的伦理体系，其要义是通过“国际正义”这一伦理概念来表达的。国际伦理是因为这样一个现实难题产生的：国家治理者在借助本国公共权力进行国际交往和交流时，要经常性地面对如何在国家利益和国际正义之间进行取舍的问题。它往往表现为一个道德上的两难选择——国家治理者通常会陷入顾此失彼的尴尬境地。

黑格尔坚信国家是最高的伦理实体或伦理领域的最高阶段，认为国家能够保证个人实现独立性和普遍性的统一，但他将国与国之间的关系仅仅归结为一种契约关系，并且认为它只能依靠国际法来维护。在黑格尔看来，国际法产生于国际关系中，但它不是一种伦理精神，仅仅是一种不会被世界各国严格遵守的“世界精神”[①]。正是基于这种认识，他将国与国之间的关系完全归结为一种相互排斥、相互否定、相互冲突的利益关系。他说：“国家作为一个独立性的实体，它与其他国家发生的关系是一种否定的关系，并且这种否定关系通过各种形式的摩擦而表现出来。”[②] 黑格尔意在强调，所有国家都必须通过国际关系彰显其独立性，但国与国之间只有利益的算计和竞争，甚至一个国家试图以不合乎道德的方式征服和消灭另外一个国家的事情在任何时代都有可能发生。不难看出，黑格尔表面上是在宣扬一种“国际无伦理”的思想，但他实际上是在用许多西方哲学家宣扬的人性自私论来界定民族的本质属性，并以此为基础建构了一种狭隘的民族利己主义国际伦理观。

① 黑格尔. 法哲学原理. 杨东柱，尹建军，王哲，编译. 北京：北京出版社，2007：152.
② 黑格尔. 法哲学原理. 杨东柱，尹建军，王哲，编译. 北京：北京出版社，2007：149.

黑格尔的国际伦理观之所以是狭隘的，是因为他错误地将国与国之间的关系完全归结为相互对立、相互排斥、相互否定的利益关系，这不仅从根本上否定了国与国之间的相互依赖和相互肯定的现实可能性，而且从根本上否定了国与国之间和平相处的伦理可能性。纵观人类社会发展史，虽然国际矛盾和冲突从来就没有真正停止过，但是国与国之间和平相处的事态也并不少见。正因为如此，康德曾经设想国与国之间可以通过缔结杜绝战争的和平条约实现“永久和平”①。罗尔斯在继承康德追求“永久和平”思想的基础上，提出了借助“万民法”维护国际正义和世界和平的观点。② 他认为，不同民族之间应该“有相互援助的条款，以便可以共同应对饥荒和干旱；而且如果可行的话，也应该包括一些条款去确保所有已获得合理发展的自由社会里人们的基本需求得到满足”③。显然，在罗尔斯看来，国际关系总是存在相互依赖、相互肯定和相互合作的一面，特别是在应对饥荒、干旱等灾难时，国与国之间承担相互援助的责任是应该的，也是可能的。

在错综复杂的国际关系格局中，国家治理者无疑具有用国家公共权力捍卫本国利益的道德责任。特别是当国家治理涉及国家核心利益——国家生死存亡的利益时，他们更应该义无反顾地捍卫这种利益，否则，就会成为国家的罪人。“民族国家是以一种主权和领土为基础的组织”④，维护领土主权的完整是所有国家的核心利益，如果一个国家的治理者不能确保国家领土主权的完整，就没有尽到国

① 康德. 永久和平论. 何兆武，译. 上海：上海人民出版社，2005.

② “万民法”是罗尔斯在其晚年著作《万民法》中使用的一个概念，其要义是将他在《正义论》和《政治自由主义》等著作中以社会制度保障的社会正义观延伸至国际关系领域，以推动国际社会形成尊重人权、文化差异性以及维护国际和平的国际正义秩序。罗尔斯的“万民法”是一种国际正义观念。参阅：罗尔斯. 万民法. 陈肖生，译. 长春：吉林出版集团有限责任公司，2013：4.

③ 罗尔斯. 万民法. 陈肖生，译. 长春：吉林出版集团有限责任公司，2013：18.

④ 吉登斯，郭忠华. 全球时代的民族国家：吉登斯讲演录. 南京：江苏人民出版社，2012：13.

家治理者的基本道德责任，他们治理国家的能力就是令人怀疑的。在近代，西方资本主义列强凭借坚船利炮打开了中国的大门，强迫软弱无能的晚清政府签订了一系列丧权辱国的条约，中国沦为半殖民地半封建社会，就是历史明证。

维护本国利益是国家治理者不可推卸的道德责任，但这并不意味着他们可以成为民族利己主义者。民族利己主义者总是狭隘地将自己的国家视为世界的中心，并且片面地强调本国利益，而将其他国家仅仅当成可以利用的工具来对待，有时甚至为了本国私利而不惜破坏应有的国际秩序。我们不难想象，如果每一个国家的国家治理者都是民族利己主义者，国与国之间就会陷入永久的战争，国际秩序就无从谈起，遑论人类的整体现代化发展与历史进步。

在笔者看来，国家治理的伦理空间与国际治理的伦理空间之间存在重叠、交织的地方。要克服狭隘的民族利己主义，国家治理者需要具备尊重国情差异性和世界文明多样性、积极促进世界和平与发展的国际伦理观。这种积极的国际伦理观反对国家治理者将国与国之间的关系归结为纯粹利益关系，尤其反对为了一国私利粗暴地干涉他国内政并推行霸权主义、强权政治；主张尊重和维护世界各国享有和平发展的平等权利；强调相互包容、和平相处、同生共荣、互利互惠和协同共享的道德合理性。这种积极的国际伦理观是以维护国际正义为核心伦理价值取向的，它可以在国家治理和国际治理重叠、交织的伦理空间中得到体现。

国际正义是人类维护国际秩序的伦理基础，它通过国际分配正义、国际矫正正义、国际环境正义等多种形式表现出来。国际分配正义要求世界各国在分配物质财富、政治权利、发展机会等社会资源方面最大限度地体现公正性，这是世界各国和平相处和共同发展的伦理前提；国际矫正正义要求对社会资源的国际分配不公进行有效的矫正，这是世界各国减少对立冲突的必要伦理途径；国际环境正义则要求世界各国在自然资源的开发利用问题上充分体现环境权利和环境义务的对等性，这是推进人类社会实现可持续发展的生态伦理保证。与国内正义一样，国际正义不可能是绝对的，它需要借助一定的国际机构（如联合国）、国际惯例和国际法得到某种程度的维护和实现，否则当今世界的发展与未来是无法想象的。同时，维护国际正义必须与国际秩序的改革完善相匹配，否则同样难以彻底巩固国家治理实践成果。

维护国际正义是所有国家治理者的共同道德使命。世界是所有国家的世界。国与国之间的竞争在所难免，但合作的空间也非常广阔。正因为如此，维护国际正义需要国家治理者防止推崇民族利己主义的错误，倡导“己所不欲，勿施于人”和“己欲立而立人，己欲达而达人”的仁爱原则，既注重捍卫本国的发展权利，也能够充分尊重其他国家的发展权利。当今中国的国家治理者坚持走和平发展、同生共荣、互利共赢、协同共享的民族复兴道路。正如习近平同志所说：“实现中国梦，必须坚持和平发展。我们将始终不渝走和平发展道路，始终不渝奉行互利共赢的开放战略，不仅致力于中国自身发展，也强调对世界的责任和贡献；不仅造福中国人民，而且造福世界人民。”①

国家治理与人类的道德诉求紧密相关。一方面，国家治理者总是依据一定的道德价值观念进行国家治理活动。秉持“天下为公”的道德价值观念与秉持“自私利己”或其他的道德价值观念治国理政，对国家治理的成败得失会产生不同的深刻影响。另一方面，人类社会约定俗成的道德原则和规范能够对国家治理形成强有力的规范性制约。国家治理不能不遵循人类普遍认可和接受的道德原则和规范，否则，就不具有道德合理性基础，更不可能得到人们的广泛道德认同。

“国无德不兴，人无德不立。”② 国家治理无疑兼有政治性和伦理性双重维度。政治性是国家治理的事实维度，其要旨在于将人类治理

① 习近平. 习近平谈治国理政. 北京：外文出版社，2014：57.

② 习近平. 习近平谈治国理政. 北京：外文出版社，2014：168.

国家的活动纳入由政治利益诉求、政治机构、政治制度等构成的政治体制框架。伦理性是国家治理的价值维度，其要旨是通过对国家治理的政治体制进行道德价值认识、道德价值判断、道德价值定位和道德价值选择的方式，在国家治理的整体框架内建构强有力的伦理制约机制。笔者坚信，国家治理的伦理性高于它的政治性，因为后者的价值边界或道德合理性边界是由前者划定的。伦理的强有力规约是国家治理者能够将国家治理活动引向向善、求善和行善方向的根本原因。国家治理重在彰显它的伦理性维度。

我国目前仍然处于推进现代化的过程中。要全面实现现代化，关键是必须实现国家治理体系和治理能力的现代化。推进国家治理体系和治理能力现代化的核心内容，是要充分凸显国家治理的伦理维度，或者说，是要将国家治理真正引向合乎伦理的方向。现代化的国家治理模式要求彻底改变奴隶制国家、封建制国家等传统国家形态的统治式国家管理模式，要求通过倡导现代意义上的自由、平等、民主、公正、共享等理念推动国家朝着越来越好的方向发展，要求通过维护国民基本权利的方式彰显以人为本的伦理精神，要求通过采取德治和法治并举的国家治理方略将国家治理的“手段善”最大化，要求通过维护国际正义的方式展现必要的国际伦理视野。充分发挥伦理在国家治理中的规约作用，使国家治理合乎伦理要求，应该成为我国推进国家治理体系和治理能力现代化的总体奋斗目标。

第二章　国家治理现代化的理论意涵

推进国家治理现代化，是我国现代化总进程的应有之义。要推进国家治理现代化，我们需要同时在理论研究和社会实践上用力和用功。只有首先深刻认识、理解和把握国家治理现代化的理论意涵，我们对国家治理现代化问题的理论运用和把握才不致陷入误区，对它的实践推进也才不致落于盲目、任性、无序和迷乱。本章从哲学、政治学、管理学等学科交叉融合的复合视角，对国家治理现代化的理论意涵展开深入系统的探析，以为我国目前推进国家治理现代化的社会实践提供理论支持。

一、国家治理现代化问题的历史沿革

现代国家与古代国家的区别集中体现在国家治理上。美国历史学家约瑟夫·R. 斯特雷耶（Joseph R. Strayer）正确地认为，古代国家仅仅赋予少数人参与政治活动的权利，而现代国家“成功地使很大一部分居民参与到或至少是关注政治活动过程，并成功地在地方团体里建立了共同身份的理念”①。其言下之意是，古代国家采取的是少数人统治国家的国家治理模式，而现代国家采取的是民治的国家治理模式。不过，他同时错误地强调：“今天我们看到的任何现代国家，都是基于1100年到1600年在欧洲出现的模式。”② 斯特雷耶的

① 斯特雷耶. 现代国家的起源. 华佳，王夏，宗福常，译. 上海：格致出版社，2011：6.
② 斯特雷耶. 现代国家的起源. 华佳，王夏，宗福常，译. 上海：格致出版社，2011：7.

错误在于，他不仅否定了现代国家形态的多样性，而且片面地将最先在欧洲形成的资本主义国家模式视为所有现代国家形态的原型和来源。

笔者认为，“现代国家”的诞生是以国家治理现代化作为前提条件和根本标志的，但每一个国家所经历的国家治理现代化进程不可能完全相同，“现代国家”这一概念在内涵上也具有民族差异性。可以达成共识的是，国家治理现代化问题是每一个国家在从古代国家形态向现代国家形态转型的过程中都会遭遇的问题。什么是古代国家形态？在这一问题上，中国人和西方人能够立场一致地将它归结为奴隶制国家和封建制国家两种形态。什么是现代国家形态？这显然是一个具有中西差异的问题。对于西方人来说，它是指资本主义国家；而对于中国人来说，它是指社会主义国家。由于对现代国家形态有不同的指称，中国人和西方人对国家治理现代化问题的认识、理解和诠释必然是不同的。

在西方，较早关注和研究国家治理现代化问题的是洛克（John Locke）、卢梭等政治哲学家。他们生活在西方资产阶级革命时代，抨击奴隶制度和封建制度，借助社会契约论解释国家产生的原因，揭示国家必须同时依靠德治和法治手段建构社会秩序的事实，并且对西方资本主义国家在资产阶级革命中形成的自由、平等、民主、博爱等现代道德价值观念进行了强有力的辩护。这些政治哲学家的思想在西方发挥了现代启蒙的历史作用，为推进西方国家治理现代化做出了巨大贡献。虽然他们并没有使用“国家治理现代化”这一概念，但是他们的政治哲学思想是以强调国家治理现代化为核心主题的。事实上，他们的国家治理现代化思想不仅推动现代西方人逐渐摆脱了根深蒂固的等级观念，而且引导西方资本主义国家实现了从古代国家治理模式向现代国家治理模式的重大转变。

在中国，有关国家治理现代化问题的探索至少可以追溯到辛亥革命时期。辛亥革命以反对君主专制制度、建立资产阶级共和国为奋斗目标，是中国历史上第一次比较完全意义上的资产阶级民主革命。毛泽东同志曾经指出：“中国反帝反封建的资产阶级民主革命，正规地说起来，是从孙中山先生开始的。”[①] 辛亥革命给我国带来的政治和思想解放不容低估，它至少使民主共和的观念开始在我国社会深入人心。我国反帝反封建斗争以辛亥革命为新的起点，此后如火如荼地开展了起来。尤其重要的是，孙中山提出了以民族主义、民权主义和民生主义为内容的“三民主义”，这标志着我国拉开了追求国家治理现代化的序幕，但由于辛亥革命以失败而告终，加之我国社会紧接着陷入了长期战乱，我国的国家治理现代化进程一度陷入停顿。

中华民族的国家治理现代化进程最终是由中华人民共和国开启和实际推进的。以毛泽东同志为核心的党中央第一代领导集体带领中国人民创建了中华人民共和国，实现了社会主义改造，确立了社会主义制度，建立了人民代表大会制度、政治协商制度、民族区域自治制度等适合中国国情的现代政治制度，并且提出了以农业现代化、工业现代化、国防现代化和科学技术现代化为内容的“四个现代化”国家治理现代化目标。以邓小平同志为核心的党中央第二代领导集体提出建设有中国特色社会主义的伟大构想，做出改革开放战略布局，着力建构一手抓物质文明、一手抓精神文明的国家治理体系，尤其强调加强社会主义法制建设的重要性。以江泽民同志为核心的党中央第三代领导集体开始重视党德建设，提出“三个代表”重要思想，首次提出以德治国和依法治国相结合的治国理政思想。以胡锦涛同志为总书记的党中央提出科学发展观，将中国特色社会主义表述为道路、理论和制度三个维度，号召中国人民树立道路自信、理论自信和制度自信，强调德治和法治并举的重大意义，将我国国家治理现代化提高到新境界、新水平。

以习近平同志为核心的党中央明确提出推进国家治理现代化思

① 毛泽东. 毛泽东选集：第2卷. 北京：人民出版社，1991：563.

想。《中国共产党第十八届中央委员会第三次全体会议公报》明确指出："全面深化改革的总目标是完善和发展中国特色社会主义制度，推进国家治理体系和治理能力现代化。"① 从此以后，习近平同志多次强调推进国家治理体系和治理能力现代化的必要性、重要性和可能性，他的治国理政思想就是围绕这一思想主线展开的。

在习近平同志提出推进国家治理体系和治理能力现代化的战略思想之后，我国学术界迅速掀起了研究国家治理现代化问题的热潮，推出了不少成果，对我国推进国家治理现代化建设的现实原因、主要领域、具体内容以及习近平同志论述国家治理现代化的思想等内容作了比较深入系统的探析。例如，胡鞍钢等学者所著的《中国国家治理现代化》一书将我国探索国家治理体系和治理能力现代化的历程追溯到以毛泽东同志为核心的党中央第一代领导集体，对"国家现代化""国家治理现代化""国家治理体系现代化""国家治理能力现代化"等概念作了界定，并就国家治理现代化问题涉及的政府与市场的关系、国有经济与民营经济的关系、中央与地方的关系等内容作了比较深入的探析；俞可平所著的《论国家治理现代化》从国家治理和善治的理论基础、全球化与国家治理的历史变迁、社会自治与治理秩序、全球治理等多个角度，对国家治理之于当今中国的现实意义展开探究，其核心观点是把"民主法治"视为当今中国实现国家治理体系现代化的关键；许海清所著的《国家治理体系和治理能力现代化》对我国推进国家治理现代化的历史缘由、国家治理体系和国家治理能力现代化的内涵、当今中国在国家治理过程中遭遇的主要问题等作了深入探讨，并对国家治理现代化所涉及的经济治理、政治治理、文化治理、社会治理、生态治理、党建等内容作了比较深入的探析；虞崇胜、唐皇凤所著的《第五个现代化：国家治理体系和治理能力现代化》更是将国家治理体系和治理能力现代化作为我

① 中国共产党第十八届中央委员会第三次全体会议文件汇编. 北京：人民出版社，2013：4.

国致力于实现的“第五个现代化”来加以论述，对当今中国推进国家治理体系和治理能力现代化的历史和现实原因以及国家治理现代化的外国经验、具体表现形式、领导力量等论题展开了探析。应该说，这些理论研究成果具有不容忽视的理论意义和现实价值，为我们认识、理解和把握国家治理现代化问题提供了可资借鉴的思想和理论。需要指出的是，我国学术界对国家治理现代化问题展开的理论研究存在下列不足：

第一，对国家治理现代化问题的学理分析不够深入。国家治理现代化问题是一个现实性问题，也是一个历史性问题；是一个特殊性问题，也是一个普遍性问题；是一个事实性问题，也是一个价值性问题；是一个实践性问题，也是一个理论性问题。我国绝大多数学者在探析该问题时侧重于复述和解读习近平同志的思想，较少关注和研究该问题在现实性与历史性、特殊性与普遍性、事实性和价值性、实践性与理论性等方面的逻辑关联性，致使其研究成果具有复述多、创新少，解读多、批判少，内容多、学理少等不足。这在一定程度上削弱了这些理论成果本身的理论意义和现实价值。

第二，对习近平国家治理现代化思想缺乏整体把握。习近平同志多次强调，国家治理体系和治理能力是一个国家的制度和制度执行能力的集中体现，二者相辅相成。很多学者以此为依据，认为习近平同志将国家治理体系和治理能力现代化问题完全归结为如何实现制度体系和制度执行能力现代化的问题。笔者认为，这是对习近平国家治理现代化思想的严重曲解。事实上，除强调制度维度之外，习近平同志认为国家治理体系和治理能力现代化还存在一个“道德维度”。他明确指出：“推进国家治理体系和治理能力现代化，要大力培育和弘扬社会主义核心价值体系和核心价值观，加快建构充分反映中国特色、民族特性、时代特征的价值体系。”① 社会主义核心价值的价

① 习近平. 习近平谈治国理政. 北京：外文出版社，2014：106.

值体系和核心价值观是什么？它们是社会主义中国应该树立和弘扬的大德，是社会主义国家公民判断善恶、是非和美丑的最重要价值标准，是当代中华民族最富有正能量的价值诉求。因此，习近平同志进一步强调："只要中华民族一代接着一代追求美好崇高的道德境界，我们的民族就永远充满希望。"[①] 习近平同志 2016 年在中央政治局第三十七次集体学习时更是明确强调：法律是准绳，任何时候都必须遵循；道德是基石，任何时候都不可忽视。在新的历史条件下，我们要把依法治国基本方略、依法执政基本方式落实好，把法治中国建设好，必须坚持依法治国和以德治国相结合，使法治和德治在国家治理中相互补充、相互促进、相得益彰，推进国家治理体系和治理能力现代化。[②] 显然，习近平同志并没有仅仅用"制度性"来规定国家治理现代化的全部含义，而是将其归结为两个维度，即制度的维度和道德的维度。只有同时从这两个方面来认识、理解和把握习近平国家治理现代化思想，我们才能避免步入片面化的认识误区。

第三，对国家治理现代化建设的具体内容缺乏研究。我国全面深化改革的总目标是完善和发展中国特色社会主义制度，推进国家治理体系和治理能力现代化。那么，我国推进国家治理体系和治理能力现代化建设的具体内容是什么呢？对此，党中央没有明确论述，我国学术界也缺乏深入研究。由于对国家治理现代化问题的学理分析不够深入，加上对习近平的国家治理现代化思想缺乏整体把握，我国学术界对国家治理现代化建设内容的研究还有很大的提升空间。从目前的情况来看，很多学者倾向于依据习近平同志的部分思想，将我国推进国家治理现代化的建设内容片面地归结为"完善和发展中国特色社会主义制度"这一内容。笔者认为，这只是抓住了我国推进国家治理现代化建设的部分重要内容。

① 习近平．习近平谈治国理政．北京：外文出版社，2014：106.

② 习近平同志强调：法安天下，德润人心；法律的有效实施有赖于道德支持，道德践行也离不开法律约束；法治和德治不可分离、不可偏废，国家治理需要法律和道德协同发力。

第四，对国家治理现代化建设的价值目标缺少深度探察。国家治理现代化建设的具体内容不等于国家治理现代化的价值目标。前者是指推进国家治理现代化建设的具体任务和使命，而后者是指国家治理现代化建设的具体任务和使命得以完成之后的价值指向或目标定位。《中共中央关于全面推进依法治国若干重大问题的决定》指出：“法律是治国之重器，良法是善治之前提。”[①] 一些国内学者认为“善治”一词首次出现在党中央重要文件中具有重大意义，说明党中央在十八大以后开始以“善治”作为国家治理现代化的价值目标。例如，程冠军认为：“十八大之后，善治将成为以习近平为总书记的党中央治国理政的目标追求。也可以说，十八大以来的中国，是一个正走向善治的中国。”[②] 以“善治”来说明党中央推进国家治理现代化的目标追求，这是我国学术界在研究习近平国家治理现代化思想方面取得的一个重大成就，但在界定“善治”的问题上，国内学者以“法治”解释“善治”的片面倾向十分明显，这说明我国学术界需要进一步深化关于国家治理现代化的“善治”目标的研究。

我国学术界目前对国家治理现代化问题的研究主要是从政治学、社会学等学科的单一视角展开的，在学术视野上显得不够开阔，在学理分析上也存在实证有余、思辨不够的缺陷。笔者认为，应该采取跨学科研究和增强哲学思辨性的方法来解决这两个问题。国家治理现代化问题是一个综合性问题。如果不能对它进行学理性很强的理论分析，我们的理论研究成果不仅缺乏必要的说服力，而且不能对我国推进国家治理现代化的社会实践提供有力的理论支持。要增强学理性，我们既不能停留在复述或解读习近平国家治理现代化思想的层

---

① 中共中央关于全面推进依法治国若干重大问题的决定. 北京：人民出版社，2014：8.

② 程冠军. 走向善治的中国：十八大以来治国理政观察. 北京：中共中央党校出版社，2015：“前言”1.

面，也不能仅仅局限于某一个学科的视角，而是应该从综合运用哲学、政治学、社会学等学科思想、知识、理论和方法而形成的复合视角来展开理论运用和实践探索。

二、国家治理现代化的两个维度

马克思说："全部社会生活在本质上是实践的。"[①] 国家治理是人类对国家的运行进行综合整治的实践活动。它是以"国家"这一政治体制的诞生作为前提的。作为一种政治体制，国家的出现是以国家公共权力的形成作为根本标志的。国家公共权力一旦出现，它就不仅成为人类社会生活的主导力量，而且将人类区分为拥有不同国籍的国民。在受到国家支配的社会生活中，每一个人类个体的命运都与国家的命运息息相关，个人的特殊利益与国家的普遍利益相互贯通。因此，黑格尔说："国家实现了个人利益与普遍利益的统一，个人对国家所尽的义务与国家给予他们的权利是对等的。"[②] 为了保证国家的正常运行，人类必须借助一定的公职人员、公共机构、公共性社会规范等来充分发挥国家公共权力对人类社会生活的支配功能，国家治理活动因此而出现。

国家治理具有十分复杂的内容，但它归纳起来无外乎两个维度，即国家治理体系和国家治理能力。我们认为，国家治理体系有广义和狭义之分。广义的国家治理体系是指人类开展国家治理活动所依靠的各种条件或要素的总称，它包括思想观念体系、社会规范体系、领导体系、政权组织体系、人事管理体系、能力体系等内容。这种意义上的国家治理体系涵盖了国家治理能力体系。狭义的国家治理体系是指国家治理所依靠的社会规范体系。本章使用的是狭义的国家治

① 中共中央编译局. 马克思恩格斯文集：第1卷. 北京：人民出版社，2009：501.
② 黑格尔. 法哲学原理. 杨东柱，尹建军，王哲，编译. 北京：北京出版社，2007：115.

理体系概念。

社会规范体系在国家治理中占据十分重要的地位：（1）它是国家治理体系中的规则系统，是在一个国家的国家治理体系中发挥支配或统帅作用的原则或规矩；（2）它是否健全的状况是衡量一个国家的国家治理体系是否完善的最基本标志；（3）它是国家治理者的行为准则。更进一步说，国家治理主要是围绕社会规范体系展开的，国家治理体系也主要是围绕社会规范体系得到铺展的。社会规范就是人类参与国家生活的规矩，就是人类开展国家治理活动的规矩，就是执政党、国家机构、国家公职人员、企事业单位、人民团体、公众等国家治理主体在国家生活中都应该严格遵守的规矩。国家治理依靠的规矩就是国家这一政治体制的规章，因此，马克思认为“一切共同的规章都是以国家为中介的，都获得了政治形式”①。讲规范、守规矩是国家治理的关键所在。

社会规范体系包括道德规范、社会制度规范、礼仪规范、习俗规范等内容，其中对人类社会生活影响最广泛、最深刻的是道德规范和社会制度规范。道德规范是一套基础性社会规范体系，它要求人类将自身与其他自然存在物区分开来，摆脱弱肉强食的野蛮生活方式，明辨是非、善恶和美丑，过上相互尊重、相互关爱、相互扶持的文明生活。因此，有中国学者指出：“所谓文明，就在于不只是用自己的眼睛，而是也能透过别人的眼睛来观察自己和世界。正是这种与他人相处的必然性，为道德的产生提供了基础，即人既然一定要与他人相处才能存活的话，就一定要遵循行为规则。”② 不过，道德规范本质上是非强制性的，它对人类行为的约束作用也是有限的。社会制度规范就是人类在对道德规范的局限性形成深刻认识的基础上，将道德规范的一些内容转变成强制性社会规范的结果。一个国家的治理，既需要非强制性道德规范，也需要强制性社会制度规范。前者要求人们自

① 中共中央编译局. 马克思恩格斯文集：第1卷. 北京：人民出版社，2009：584.

② 甘绍平. 伦理学的当代建构. 北京：中国发展出版社，2015：10.

律，后者要求人们接受他律。

需要指出的是，一切社会规范都是人为建构的产物，并且服务于人的目的，因此，社会规范的存在状况实质上反映的是人类与社会规范之间的关系。一般来说，人类与社会规范之间的关系总是要通过人类的认知、情感、意志、信念、行为五个方面来体现。无论是以个体形式存在，还是以集体形式存在，人类都会与社会规范之间建立一定的认知关系、情感关系、意志关系、信念关系和行为关系。人类或者对社会规范有认知，或者对社会规范有情感，或者对社会规范有维护的意志，或者对社会规范有确信的态度，或者对社会规范有践行的行为表现。在国家治理领域，这五个方面都会通过国家治理主体的国家治理能力表现出来。

国家治理能力是指执政党、国家机构、国家公职人员、企事业单位、人民团体、社会组织、公众等国家治理主体借助一定的国家治理体系整治国家的能力。国家治理体系主要表现为道德规范体系和社会制度体系，因而国家治理能力主要有两种，即以德治国的能力和依法治国的能力。

“能力”总是指一定主体的能力。国家治理能力的主体就是国家治理者。在现代国家，凡是有权利或资格参与国家治理的党派、国家机构、国家公职人员、企事业单位、人民团体、社会组织、公众等都是国家治理能力的主体。基于这种认识，我们将国家治理能力区分为执政党的执政能力，国家机构和国家公职人员的履职能力，企事业单位、人民团体和社会组织管理内部事务和参与公共事务管理的能力，公众管理自身事务和参与国家公共事务管理的能力，等等。

培养国家治理能力是国家治理的决定性环节。确立国家治理体系（社会规范体系）是国家治理的必要环节，但如果国家治理体系不能落实到国家治理能力上，它就仅仅具有形式意义，缺乏服务国家治理实践的实质价值，因此，国家治理不能仅仅停留在确立国家治理体系的层面，必须进一步拓展到培养国家治理能力的环节。国家治理能力是指国家治理者或国家治理主体对国家治理体系（社会规范体系）的执行能力，它的强弱是国家治理成败的决定性因素。在现实中，国家治理因为国家治理主体执行能力不够而难以达到预期效果的事情并不少见。国家治理能力还是决定国家治理水平的最重要指标。如果一个国家的国家治理能力整体上偏强，那么它的国家治理水平整体上也会比较高；如果一个国家的国家治理能力整体上偏弱，那么它的国家治理水平整体上也会比较低。正因为如此，国家治理能力建设自古以来一直是国家治理的工作重点。

国家和文明是不断变化的，但变化之中总是保持着一定的传承性和连续性。正如法国历史学家费尔南·布罗代尔（Fernand Braudel）所说："国家与文明的生命，以及人们的心理态度或精神，并不像物质世界那样看上去亘古不变；不过一代人与一代人之间不会发生真正剧烈的变化。"① 我们认为，推进国家治理现代化，并不是要否定和抛弃国家治理必须基于国家治理体系和治理能力这两个维度来展开的基本事实，而是要赋予国家治理体系和治理能力适应现代国家发展需要的内涵。一方面，国家治理现代化是人类依靠国家治理体系和治理能力治理国家的历史在现代得到进一步延伸的必然结果，表征着人类国家治理活动的历史连续性特征；另一方面，国家治理现代化是当代人类试图变革国家治理形式和内容的新时代要求得以现实化的必然结果，彰显着人类国家治理活动的现实性特征。国家治理现代化反映人类在治理国家方面达到的新高度、新境界，但它并没有超越人类依靠国家治理体系和治理能力治理国家的基本格局，仍然属于国家治理的大问题域。基于这种认识，我们认为国家治理现代化由两个维度构成：（1）国家治理体系现代化；（2）国家治理能力现代化。

"国家治理体系现代化"，是指一个国家的国家治理体系实现了

① 布罗代尔. 文明史：人类五千年文明的传承与交流. 常绍民，冯棠，张文英，等译. 北京：中信出版社，2014：27.

从古代形态向现代形态的根本转型。什么是古代国家治理体系？它主要是指人类在奴隶制国家和封建制国家建构和坚持的道德规范体系和社会制度体系，其要义是强调人与人之间的等级性。什么是现代国家治理体系？它是人类在现代国家建设中建构和坚持的道德规范体系和社会制度体系，其要旨是强调人与人之间的平等性。我国推进国家治理体系现代化，就是要推动我国国家治理所运用的道德规范体系和社会制度体系从强调人与人之间的等级性向强调人与人之间的平等性转变。

“国家治理能力现代化”则是指国家治理主体对国家治理体系的执行能力从古代模式向现代模式的根本转变。什么是古代国家治理能力模式？它是以少数统治阶级构成的国家治理主体的阶级意向性①或阶级意志为主导的国家治理能力模式。具体地说，它是指少数统治阶级的以德治国能力和依法治国能力。什么是现代国家治理能力模式？它是以能够反映所有国家治理主体的普遍意向性或普遍意志的社会规范为主导的国家治理能力模式。也就是说，它是指有权利或资格参与国家治理的党派、国家机构、国家公职人员、企事业单位、人民团体、社会组织、公众等所有国家治理主体以德治国和依法治国的能力。

国家治理体系和治理能力现代化的关系状况是由国家治理体系和治理能力之间的关系决定的。国家治理体系和治理能力之间是相辅相成的辩证关系。一方面，国家治理体系是国家治理能力得以发挥的依据，国家治理能力必须依托一定的国家治理体系才能够彰显其功能和存在价值；另一方面，国家治理能力又是国家治理体系得到实际应用的根本途径，国家治理体系必须依托具体的国家治理能力才能体现其存在价值。同理，国家治理体系和治理能力现代化之间也是

---

① “意向性”是一个心理学概念，在现象学、分析哲学等现代西方哲学理论中被广泛使用，意指作为思维主体的人类在思维的时候，总是针对一定的对象，并且总是将个体性或集体性的欲望、需要、偏好等夹杂在思维之中。阶级意向性是集体意向性的一种表现形式。

相辅相成的。它们是国家治理现代化的两翼，必须比翼齐飞、相互支持。这意味着，国家治理体系现代化必然要求国家治理能力现代化与之相配，国家治理能力现代化也内在地要求国家治理体系现代化与之相伴。

需要指出的是，国家治理现代化总是在具体的场域中发生，因此，《中国共产党第十八届中央委员会第五次全体会议公报》将国家建设的领域划分为经济建设、政治建设、文化建设、社会建设、生态文明建设和党的建设六个领域。我们认为，国家建设的这六个领域也是我们推进国家治理体系和治理能力现代化的主要场域，我们称之为经济治理现代化场域、政治治理现代化场域、文化治理现代化场域、社会治理现代化场域、生态治理现代化场域和党建现代化场域。

我们还需要看到，在经济全球化条件下，任何一个国家的国家治理活动都不可能仅仅局限于本国的范围内，而是不可避免地要拓展到国际社会。对中国来说，这不仅意味着当代中华民族旨在推进的国家治理体系和治理能力现代化进程完全可能受到异质国家治理体系和治理能力的影响，而且意味着我们应该接受国际伦理规范和国际法的制约。在推进国家治理体系和治理能力现代化的过程中，我国必须重视如何实现国家治理与国际治理、国际法接轨的问题。

经济全球化时代既是国际交往和交流日益频繁的时代，也是国际矛盾和冲突更加易于发生的时代。在此背景下，我国国家治理者不仅应该保持必要的道路自信、理论自信、制度自信和文化自信，更重要的是应该增强用本国的道德规范体系和社会制度体系影响国际社会发展进程的智慧和能力。中国有遵守国际伦理和国际法的道德责任，也有用自己的道德规范体系和社会制度体系引领国际社会发展的道德义务。

三、国家治理现代化建设的具体内容

国家治理现代化是形式和内容的统一。从形式上来看，它要求我们以民主的国家治理理念取代专制的国家治理理念，以推动国家治理实现从专制模式向民主模式的根本性转变。从内容上看，它要求我们用能够反映现代国家发展需要的社会规范和能力取代古代国家要求的社会规范和能力。我们将在本部分重点探讨国家治理现代化建设的内容。

首先，我们应该研究国家治理体系现代化建设的具体内容。由于国家治理体系现代化包括道德规范体系现代化和社会制度体系现代化两个部分，推进国家治理体系现代化建设的内容也就由两个部分构成，即道德规范体系现代化建设的内容和社会制度体系现代化建设的内容。对此，我们分别作出解释。

习近平同志说："一个国家选择什么样的治理体系，是由这个国家的历史传承、文化传统、经济社会发展水平决定的，是由这个国家的人民决定的。我国今天的国家治理体系，是在我国历史继承、文化传统、经济社会发展的基础上长期发展、渐进改进、内生性演化的结果。我国国家治理体系需要改进和完善，但怎么改、怎么完善，我们要有主张、有定力。"① 习近平同志强调"有主张、有定力"，就是要求我们在推进国家治理体系现代化的过程中，一定要选择适合中国国情、体现中国特色和中国特点的国家治理体系。

"社会结构的变迁必然会导致道德的变化。"② 国家治理现代化必然带来社会结构的深刻变化，并且必然要求推进道德规范体系现代化建设。确立道德规范体系现代化的建设内容，就是要确立适应国家

---

① 习近平. 习近平谈治国理政. 北京：外文出版社，2014：105.

② 涂尔干. 社会分工论. 渠东，译. 北京：生活·读书·新知三联书店，2000：7.

现代化需要的普遍道德原则或道德价值观念。我们认为，适应国家现代化需要的道德原则或道德价值观念主要有五个，即平等、诚信、包容、共享、和谐。

现代民主国家与古代专制国家的首要区别在于，它不再像后者那样，将国家治理建立在根深蒂固的等级观念基础之上，而是以“平等”作为国家治理的价值基础。例如，我国的古代专制国家将人区分为三六九等，不仅对君与臣、夫与妻、父与子、兄与弟、男与女作出严格的等级划分，而且将这种等级划分纳入国家治理依靠的社会规范体系，从而使人际关系和社会规范体系均被深深地打上了等级的烙印。现代民主国家以倡导“平等”作为首要标志，以身份平等、权利平等、机会平等等作为“平等”的具体内容，反对基于性别差异、种族差异、年龄差异等事实对人进行人为的等级划分。正是基于这种考虑，当代美国政治哲学家罗纳德·德沃金（Ronald Dworkin）指出：“平等的关切是政治社会至上的美德。”[①] 在德沃金看来，如果没有平等的美德，政府只能是专制政府，国家只能是专制国家。当代美国新马克思主义者约翰·罗默（John Roemer）更是将“平等”视为社会主义应该弘扬的一个重要道德原则。他尤其强调“机会平等”的重要性，认为社会主义者应该在三个方面追求机会平等，即自我实现和福利、政治影响力、社会地位。[②] 我们认为，要推进国家治理现代化，必须首先清除专制国家的等级观念及其残余影响，以“平等”的道德原则或道德价值观念取而代之。

“诚信”是我们推进道德规范体系现代化必须倡导的另一个重要道德原则或道德价值观念。孔子早在春秋时期就开始将“诚信”作为“仁”的要义之一加以强调，并且认为“信则人任焉”[③]。其意为，

---

① 德沃金. 至上的美德：平等的理论与实践. 冯克利，译. 南京：江苏人民出版社，2007：“导论”1.

② ROEMER J. A future for socialism. Cambridge, Massachusetts: Harvard University Press, 1994: 11.

③ 陈晓芬，徐儒宗. 论语·大学·中庸. 北京：中华书局，2011：209.

只有诚信的人才能被人任用。战国时期的孟子不仅认为“天下之本在国，国之本在家，家之本在身”①，而且强调“人之道”在于“思诚”②。孟子意在强调，思考如何做到诚心诚意是做人的道理。荀子则旗帜鲜明地主张以信立霸。他说：“政令已陈，虽睹利败，不欺其民；约结已定，虽睹利败，不欺其与。如是，则兵劲城固，敌国畏之；国一綦明，与国信之。”③ 其意为，政令已经发布，即使看到自己的利益将要有所损害，为政者也不失信于民众；盟约已经签订，即使看到自己的利益将要有所损害，为政者也不失信于盟友。这样一来，军队强劲，城防牢固，敌国就会害怕他；国家统一，道义昌明，盟国也会信任他。在现代国家，个人的公共生活空间越来越宽广，人与人之间的公共交往越来越频繁，政府、企业和个人之间的互动也越来越多，因而诚信的价值变得更加重要。它不仅是个人在社会和国家中安身立命之本，而且是企业实现可持续发展的法宝和政府公信力的重要来源，因此，现代国家应该高度重视诚信建设。

要推进道德规范体系现代化，“包容”这一道德原则或道德价值观念的重要性也不容低估。中华民族具有崇尚“包容”的伦理思想传统。《易经》中的“厚德载物”④ 思想、孔子的“和而不同”⑤ 思想、老子的“知常容，容乃公”⑥ 思想等都强调了“包容”的意蕴。进入改革开放时代，我国人民的思想得到空前解放，来自其他国家和民族的异质思想、观念和理论日渐增多，文化的多元性和复杂性变得越来越明显，这种社会现实一方面要求我们保持文化自信，另一方面也要求我们更多地展现包容的美德。所谓包容，不仅是要承认人与人之间在思想、观念、理论、行为等方面存在差异性的事实，而且应该

① 方勇. 孟子. 北京：中华书局，2010：132.
② 方勇. 孟子. 北京：中华书局，2010：138.
③ 司马光. 资治通鉴. 长沙：岳麓书社，1990：36.
④ 孟泽. 中国四大宝典：易经 老子 论语 庄子. 海口：海南出版社，1995：32.
⑤ 陈晓芬，徐儒宗. 论语 · 大学 · 中庸. 北京：中华书局，2011：160.
⑥ 饶尚宽. 老子. 北京：中华书局，2006：40.

对那些与我们的思想、观念、理论和行为相左的思想、观念、理论和行为抱持容忍的态度。我们不得不承认，人类的思想、观念、理论和行为不可能达到铁板一块的程度，只要一个人的思想、观念、理论和行为不会对社会秩序和国家安全产生危害，我们就应该容忍它们的存在。当今中国应该成为一个包容性国家。我们不仅应该在国内增进强势群体与弱势群体、男性与女性、政府与民众、企业与消费者之间的包容，而且应该积极促进国家与国家、民族与民族之间的包容，以推动我国社会乃至国际社会朝着包容性模式发展。

政治生活的益处在于人们能够在“国家”这一“联合体”中共享“公共产品”①。我国推进道德规范体系现代化应该着力弘扬的第四个道德原则或道德价值观念是“共享”。人类社会在绝大多数时候并不缺乏社会资源或社会发展成果，缺乏的是社会资源或社会发展成果的共享性。古代专制国家与现代民主国家的一个重要区别在于，前者是非共享性国家形态，统治阶级设计和安排的社会规范体系总是有利于他们自身，他们在社会资源或社会发展成果分配领域始终处于绝对的优势地位，而在国家中占人口多数的被统治阶级则被置于绝对的劣势地位，分配不公问题因此总是非常突出。相比之下，现代民主国家是共享性国家形态，其社会规范体系的设计和安排以缩小人与人之间在社会资源或社会发展成果分配领域的获得感差距为根本目的，因而能够更好地维护人民大众参与社会资源或社会发展成果分配的权利，并极大地改善国家的分配正义状况。弘扬“共享”这一道德原则或道德价值观念，旨在保证社会资源或社会发展成果在现代国家的分配能够最大限度地体现共享性。正因为如此，党中央明确指出：“共享是中国特色社会主义的本质要求。”②

“和谐”是我们推进道德规范体系现代化应该重视的第五个重要

① 格林. 国家的权威. 毛兴贵，译. 北京：中国政法大学出版社，2013：245.

② 中共中央关于制定国民经济和社会发展第十三个五年规划的建议. 北京：人民出版社，2015：9.

道德原则或道德价值观念。崇尚战争和武力征服一直是西方伦理文化的主流。赫拉克利特早在古希腊时期就指出："战争是万物之父，也是万物之王。它使一些人成为神，使一些人成为人，使一些人成为奴隶，使一些人成为自由人。"① 当代美国哲学家威尔·杜兰特（Will Durant）和阿里尔·杜兰特（Ariel Durant）认为："战争是历史中司空见惯的事情之一，不会随着文明和民主的发展而减少。"② 西方之所以具有崇尚战争和武力征服的伦理文化传统，主要是因为西方人更多地强调个人与个人、个人与社会、国家与国家之间的对立性和冲突性——"战争的原因与个人之间竞争的原因完全一样：贪婪、争强好胜、骄傲，以及对食物、土地、资源、燃料与霸主地位的欲望。"③ 与西方崇尚战争和武力征服的伦理文化传统不同，中华民族历来重视个人与他人、个人与社会、个人与国家以及国家与国家、民族与民族之间的和谐共存。中华民族所说的"和谐"既有和平共处的意蕴，也有同生共荣的意涵。倡导"和谐"这一道德原则或道德价值观念，不仅有利于在现代国家治理中消解个人利己主义和民族利己主义的危害，而且有助于推动世界各国在民族意识与人类意识、国家意识和国际意识之间达到平衡和协调。和谐能够给人类带来幸福。正如英国哲学家伯特兰·罗素（Bertrand Russell）所说："生活在不同个人或集团的目的可共存的世界中，要比生活在矛盾冲突的世界中幸福。"④

我们认为，上述五个道德原则或道德价值观念是推进道德规范体系现代化的最重要内容。虽然它们并不都是在现代才形成的道德

① 北京大学哲学系外国哲学史教研室. 西方哲学原著选读：上卷. 北京：商务印书馆，1981：27.

② 杜兰特 W，杜兰特 A. 历史的教训. 倪玉平，张闶，译. 成都：四川人民出版社，2015：137.

③ 杜兰特 W，杜兰特 A. 历史的教训. 倪玉平，张闶，译. 成都：四川人民出版社，2015：137-138.

④ 罗素. 伦理学和政治学中的人类社会. 肖巍，译. 石家庄：河北教育出版社，2003：8.

原则或道德价值观念，但是它们都被赋予了现代意义。具体地说，它们都不是为专制国家服务的道德原则或道德价值观念，而是为民主国家服务的道德原则或道德价值观念。我们之所以将它们视为国家治理体系现代化建设的最重要内容，是因为它们最具有代表性。有些人可能认为，推进道德规范体系现代化建设应该倡导自由、公正、共赢这些具有现代意蕴的道德原则或道德价值观念，但在我们看来，这三个道德原则可以被纳入上述五个主要道德原则或道德价值观念的框架来加以理解和诠释。例如，“自由”可以作为“平等”的一个必要条件和重要内容来看待，“公正”可以视作“共享”的内在要求和价值边界，而“共赢”更是可以当作“共享”的一个近义词来对待。因此，现代化的道德规范体系应该被视为一个以平等、诚信、包容、共享、和谐为主要内容的社会规范体系。

另外，推进社会制度体系现代化建设，就是要建设现代化的社会制度体系。什么是现代化的社会制度体系？就是具有现代意蕴和特征的社会制度设计和安排。具体地说，我国推进社会制度体系现代化建设的主要内容应该涵盖六个方面：（1）实行市场经济体制，并有具体的基本经济制度、经济法律制度等与之配套；（2）实行国体和政体统一的政治体制，并有相应的专政制度、民族制度、基层群众管理制度等政治制度形式与之配套；（3）实行“百花齐放，百家争鸣”的文化管理体制，并有相应的文化政策、文化法律制度等文化制度形式与之配套；（4）实行以社会保障制度为核心的社会管理体制，并有相应的基本社会政策、社会治理法律制度等与之配套；（5）实行环境保护体制，并有相应的基本环境政策、环境法律法规等与之配套；（6）实行政党体制，并有相应的政党政策、政党法规等与之配套。

现代化的社会制度体系应该以“公正”为核心价值取向。美国哲学家罗尔斯说过：“公正是社会制度的首要德性，正如真理是思想体系的首要德性一样。”[①] 罗尔斯所说的社会制度就是现代化的社会制度体系。在他看来，社会制度就是社会的基本结构，它们是国家在国民中间合理分配基本权利和义务以及基于社会合作基础上产生的利益的最有效手段。[②] 现代化的社会制度体系具有内在的公正性。它要求所有社会制度的具体设计和安排必须有“公正”这一内涵，即要求所有社会制度的具体内容都必须体现对全体国民的同等关怀。更进一步说，它要求社会制度的内容规定必须有利于所有人，而不是仅仅有利于那些在国家中居于优势地位的少数人。建构现代化的社会制度体系，就是建构具有内在公正性或以“公正”为核心价值取向的社会制度体系。

其次，我们应该研究国家治理能力现代化建设的具体内容。推进国家治理能力现代化，就是要培养或建设适应国家现代化要求的国家治理能力；或者说，就是要推动国家治理主体培养现代化的国家治理能力。对此，我们应该从五个方面予以认识和理解：

第一，现代化的国家治理能力从根本上来说是指国家治理者以德治国和依法治国能力的现代化状况。具体地说，它主要是指国家治理主体依据现代化道德规范体系和社会制度体系治理国家的能力。

第二，现代化的国家治理能力是在国家治理主体身上实现了现代化的国家治理能力。具体地说，它是指执政党、国家机构、国家公职人员、人民团体、企事业单位、社会组织、公众等国家治理主体的以德治国和依法治国能力实现现代化的实际情况。

第三，国家治理能力现代化的前提条件是国家治理体系必须实现现代化。没有现代化的国家治理体系，就不可能有现代化的国家治理能力。要实现国家治理能力现代化，必须先建构现代化的道德规范

① RAWLS, J. A theory of justice. Cambridge, Massachusetts: The Belknap Press of Harvard University Press, 1971: 3.

② RAWLS, J. A theory of justice. Cambridge, Massachusetts: The Belknap Press of Harvard University Press, 1971: 7.

体系和社会制度体系。

第四，国家治理主体讲规范、守规矩的情况是衡量和评估国家治理能力现代化水平的实质内容和根本标准。推进国家治理能力现代化建设，应该致力于提升国家治理主体的现代化国家治理能力素质。具体地说，就是要重视和突出国家治理主体对现代化道德规范体系和社会制度体系的执行能力。

第五，国家治理主体对现代化道德规范体系和社会制度体系的执行能力，需要通过认知能力、情感能力、意志能力、信念能力、行为能力五种能力形式表现出来。

一是国家治理能力现代化要求国家治理主体对现代化道德规范体系和社会制度体系形成深刻的认知。这是国家治理主体能够执行现代化道德规范体系和社会制度体系的首要环节。对现代化道德规范体系和社会制度体系缺乏深刻认知的国家治理主体，必定缺乏执行它们的思想观念基础。

二是国家治理能力现代化要求国家治理主体对现代化道德规范体系和社会制度体系形成真挚的价值认同。国家治理主体对现代化道德规范体系和社会制度体系有深刻的认知，但不一定会发自内心地热爱它们、认同它们。能否对现代化道德规范体系和社会制度体系形成真挚的价值认同，是国家治理主体是否具有社会规范执行能力的一个重要表现。

三是国家治理能力现代化要求国家治理主体具有维护或捍卫现代化道德规范体系和社会制度体系的坚强意志。“知者不惑，仁者不忧，勇者不惧。”[①] 只有意志坚强的国家治理主体才会表现出维护或捍卫现代化社会规范的勇气。意志不坚强的国家治理主体纵然对现代化道德规范体系和社会制度体系有深刻的认知和真挚的价值认同，也难以成为它们的维护者或捍卫者。

① 陈晓芬，徐儒宗. 论语·大学·中庸. 北京：中华书局，2011：109.

四是国家治理能力现代化要求国家治理主体对现代化道德规范体系和社会制度体系怀有坚定的信念。信念反映人们对事物存在的实在性和真理性的确信态度。如果国家治理主体对现代化道德规范体系和社会制度体系缺乏坚定的信念，他们是难以将其贯彻执行到位的。

五是国家治理能力现代化要求国家治理主体对现代化道德规范体系和社会制度体系具备切实的践行能力。国家治理主体对现代化道德规范体系和社会制度体系的执行能力，最终是通过他们的行为或行动能力来体现的。行为能力强的国家治理主体能够将他们对现代化道德规范体系和社会制度体系所形成的深刻认知、真挚价值认同、维护意志、坚定信念落实到具体的行为或行动上，而行为能力弱的国家治理主体则难以做到这一点，甚至根本做不到这一点。

完整意义上的国家治理能力是由国家治理主体对国家治理体系的认知能力、情感能力、意志能力、信念能力和行为能力构成的。推进国家治理能力现代化建设，并不是要从根本上否定这五种能力形式，而是要赋予它们符合国家现代化要求的内涵和内容。在现实中，如果国家治理主体的国家治理能力没有完全实现现代化，则可能出现不懂德或不懂法、不尊德或不尊法、不护德或不护法、不信德或不信法、不守德或不守法等现象。这些现象都是国家治理主体的国家治理能力现代化不到位的表现。

需要强调的是，德治能力现代化是国家治理主体对现代化道德规范体系的认知能力、情感能力、意志能力、信念能力和行为能力实现现代化的统一，它具体表现为执政党、国家机构、国家公职人员、人民团体、企事业单位、社会组织、公众等国家治理主体对现代化道德规范体系的执行能力；法治能力现代化是国家治理主体对现代化社会制度体系的认知能力、情感能力、意志能力、信念能力和行为能力实现现代化的统一，它具体表现为执政党、国家机构、国家公职人员、人民团体、企事业单位、社会组织、公众等国家治理主体对现代化社会制度体系的执行能力。

四、国家治理现代化的价值目标

“人类社会的状况取决于其成员对追求的目标以及为实现这些目标而采取的手段的共识程度。”① 要推进国家治理现代化进程，我们不仅仅需要对“国家治理现代化”这一概念的含义、具体内容等达成共识，更重要的是必须对国家治理现代化的价值目标达成共识。国家治理现代化的具体内容是实现国家治理体系和治理能力现代化，而一旦实现国家治理体系和治理能力现代化，我们将得到什么呢？对该问题的追问和解答涉及我们对国家治理现代化价值目标的设计和安排。毋庸置疑，国家治理现代化的价值目标是确立现代化的国家治理模式，但什么是现代化的国家治理模式？

我们认为，现代化的国家治理模式就是善治的模式。所谓善治，是指好的国家治理；② 或者说，它是具有现代精神的国家治理模式。什么是现代精神？齐格蒙特·鲍曼（Zygmunt Bauman）说：“消除现实的危害，以便使之更宽松、更易于管理、更易于变化，这是现代精神的规定性特征。”③ 显然，具有现代精神的“善治”不等同于“有效的国家治理”。一种国家治理可能是有效的，但不一定是善的或好的。例如，专制式的国家治理可以带来国家公共权力集中于某一个人（君主）或少数人的成效，但它在现代民主社会不可能被人们普遍视为善的或好的国家治理模式。“善治”的根本特性是合伦理性。

合伦理性是指人类的行为或活动具有合乎伦理要求的性质。黑

① CLAUSEN J A. Socialization and society. Boston: Little Brown and Company, 1968: 3.

② “善治”这一概念可能最早出自老子的“政善治”说，意指“好的国家治理”。参阅：饶尚宽. 老子. 北京：中华书局，2006：20.

③ 鲍曼. 被围困的社会. 郇建立，译. 南京：江苏人民出版社，2005：“引言”2.

格尔说：“伦理是现实的善或活的善，它通过人的知识和行动得以体现出来，而成为现实的或活的。”① 其意指，伦理是从事物本性中产生出来的普遍规定性和客观规定性，它反映人类社会存在的客观性、规律性和必然性，是人们对社会性事物存在的客观性、规律性和必然性的自觉反映，具体地表现为人类社会的“规章制度”②。黑格尔对“伦理”概念的界定告诉我们，合伦理性是合道德性和合制度性的统一。一方面，伦理是客观的，它以具有普遍适用性和普遍有效性的规章制度这种形式而存在，在人们生活中表现为一种实实在在的“伦理力量”③，并且要求人们无条件地服从它的规定；另一方面，它又是主观的，是可以通过人的性格来体现的一种东西，因为“当伦理同个人现实相结合时，它就作为一种普遍的行为方式表现成为风尚。这时伦理就作为人的第二天性渗透于人们的灵魂之中，同时，它也第一次作为一种精神实体而存在于现实”④。这意味着，在受“国家”这一政治体制支配的社会状态下生活，人类生活的核心内容是遵循国家的各种规章制度，遵守规章制度是人类有道德修养的集中表现。

善治就是具有合伦理性的国家治理模式。善治之善是通过国家治理者遵守国家规章制度的道德修养体现出来的。规章制度外在于我们时，它们就是国家的各种社会制度设计和安排；规章制度内在于我们时，它们就是我们内心深处的道德法则：因此，人类受“国家”这一政治体制支配的社会生活是他律和自律的统一，善治就是能够实现他律和自律相统一的国家治理模式。

国家治理说到底是关于人的治理。专制式的国家治理更多地强调他律。在专制国家里，所有规章制度都是统治阶级依据其统治意志制定的，它们的执行也完全取决于统治阶级的利益需要；统治阶级将

① 黑格尔. 法哲学原理. 杨东柱，尹建军，王哲，编译. 北京：北京出版社，2007：76.
② 黑格尔. 法哲学原理. 杨东柱，尹建军，王哲，编译. 北京：北京出版社，2007：76.
③ 黑格尔. 法哲学原理. 杨东柱，尹建军，王哲，编译. 北京：北京出版社，2007：76.
④ 黑格尔. 法哲学原理. 杨东柱，尹建军，王哲，编译. 北京：北京出版社，2007：78.

基于其阶级意志制定的规章制度强加于广大人民群众，而后者对规章制度的服从往往并非自觉自愿的；政治强制将广大人民群众推上“不得不”受规章制度支配的轨道，其参与国家治理的主体性和遵守规章制度的自律性难以形成。正因为如此，一旦参与国家治理的主体性和遵守规章制度的自律性被激发，他们就可能联合起来，并且为建立民主国家而抗争。

民主国家之所以容易受到人们的欢迎，不仅是因为它所拥有的民主制度优于专制制度，而且因为它更多地尊重广大人民群众的国家治理权。在专制国家里，占人口多数的人民群众并不能真正参与国家治理，因此，“国家”对于他们来说几乎是一种外在的东西；而在民主国家里，由于参与国家治理的机会很多，人民群众在国家生活中的“主人翁”意识得到强化，他们对国家的依托感也变得更加强烈。在民主国家里，人们更容易形成“以国为家”的意识和观念，也更容易形成自觉自愿遵守国家规章制度的意识。更进一步说，一个民主国家更容易将国民变成兼有自律和他律精神的公民。

要让生活于国家中的人成为兼有自律和他律精神的好公民，必须让他们在国家生活中找到“好”感觉。公民就是生活于国家中的人，就是具有国民身份的人。他们生活于国家中，对国家的好坏有最深切的认识和体会，因而也最有资格或权利对国家的存在价值作出判断。不过，国家存在价值的高低主要不在于它本身是否存在的事实，而在于它得到治理的优劣。一个好国家就是治理得好的国家，而一个坏国家就是治理得差的国家。我们认为，善治至少具有下列五个主要特征：

第一，善治的主体是全体国民或公民。善治和恶治的区别主要体现在主体方面。恶治的主体是在国家中占人口少数但居于统治地位的统治阶级。他们凭借自己在经济和政治上的优势地位，掌控着国家公共权力，使国家完全按照他们的阶级意志运行。由于仅仅从少数人的阶级利益出发来规划国家的发展，他们的国家治理活动不仅具有阶级压迫性和剥削性，而且不能反映国民的普遍意志，因而本质上是不公正的。善治的主体是国家中的全体国民或公民。允许广大国民或公民广泛参与国家治理活动是善治的首要特征。善治建立在广大国民的普遍意志基础之上，是一种民治性国家治理模式，其目的是建设“参与式国家”[①]。

第二，善治的核心理念是“民主”。每一种国家治理模式都是基于一定的核心理念形成的。核心理念的差异是区分善治和恶治的关键所在。纵观人类社会发展史，恶治之所以是恶的，首先是因为它的核心理念是“专制”，而善治本质上是一种民主治理模式。民主治理是全体国民或公民在国家治理方面具有话语权的国家治理模式。何谓民主？首先，它强调政治平等，“民主的核心特征之一就是政治平等原则，也就是应尽可能广泛和平均地分配政治权力”[②]；其次，它强调政治对话，要求政府决策所涉及的两个问题，即“应该做什么”和“应该如何做”，必须广泛征求公众的意见。[③]“民主”既是一个政治概念，也是一个伦理概念。作为一个政治概念，它的核心思想是强调人类政治生活或活动的协商性；作为一个伦理概念，它的核心思想是强调政治对话和合作的道德合理性。“民主”重在强调国家治理应该建立在政治协商和政治对话基础上的事实，我们应把这一政治概念和伦理概念运用于国家治理领域。更进一步说，它将良好政治建立在国民或公民进行广泛政治协商和政治对话的基础之上，要求国家治理以实现民主政治为根本目的。可见，善治是一种民主性国家治理模式。

第三，善治的手段是德治和法治的有机统一。任何称得上善治的

① 这是美国学者 B. 盖伊 · 彼得斯使用的一个概念，其主要内涵是强调政府决策必须建立在广泛的政治协商和公众参与的基础之上。参阅：彼得斯. 政府未来的治理模式. 吴爱明，夏宏图，译. 中文修订版. 北京：中国人民大学出版社，2013：51-56.

② 海伍德. 政治学. 张立鹏，译. 2 版. 北京：中国人民大学出版社，2006：85.

③ 彼得斯. 政府未来的治理模式. 吴爱明，夏宏图，译. 中文修订版. 北京：中国人民大学出版社，2013：59.

国家治理模式都建立在德治和法治这两种治国手段或方略有机结合的基础之上。国家治理问题主要是如何治理人的问题，而治理人的核心任务是要将人的所思所想和所作所为纳入社会规范的规约。具体地说，治理人的目的有两个：一是推动人们在内心深处形成强烈的社会规范意识；二是推动人们在行为上严格遵守习俗性的或成文的社会规范。人们内心深处的社会规范意识就是人们的道德规范意识和社会制度规范意识。人们遵守社会规范的行为包括遵守道德规范的行为和遵守社会制度规范的行为。在善治的国家治理模式中，德治和法治不仅能够对人们的观念和行为施加强有力的影响，而且能够使人们在自律和他律之间找到很好的平衡。从这种意义上来说，善治是一种综合性国家治理模式。

第四，善治的公共善性是最大化的。善治之善必须建立在国家公共权力的内在善性得到保全的事实基础之上。只有国家治理所凭借的公共权力的内在善性得到保全，它的运行才能维护国家公共利益。国家公共利益就是一个国家的“公共善”，就是一个国家的国民或公民的共同利益，就是一个国家的国民或公民的基本权利的总和，就是善治旨在实现的根本价值目标。因此，我国学者俞可平指出：“善治就是使公共利益最大化的社会管理过程。善治的本质特征，就在于它是政府与公民对公共生活的合作管理，是政治国家与市民社会的一种新颖关系，是两者的最佳状态。”① 善治体现国家与国民之间的良性互动和良好合作，反映二者之间在利益上的高度一致性。它是一种能够保证“公共善”最大化的国家治理模式。

第五，善治的成果具有共享性。“共享”是国家治理现代化应该实现的重要价值目标。广大国民或公民不仅是国家治理的直接参与者，而且是国家治理好坏的直接体会者。我们或者从国家治理中受益，或者从国家治理中受害，这两种情况构成我们在国家生活中的获

① 俞可平．论国家治理现代化．北京：社会科学文献出版社，2014：26-27.

得感。获得感的强弱，既反映我们作为国民或公民享受国家治理成果的多寡，也反映国家治理本身的好坏。现代化的国家治理模式应该致力于让广大国民或公民最大限度地享有国家发展成果。如果我们作为国民或公民不能对国家治理成果形成强烈的获得感，我们对国家治理的支持度就会下降，进行他律和自律的动力也会严重不足。正因为如此，提高国家治理成果的共享性往往被纳入国家治理现代化的价值目标体系。善治具有鲜明的共享性特征。

第三章　社会制度实现分配正义的价值维度

分配正义是人类在分配政治权利、政治权力、物质财富、发展机会、幸福、义务等社会资源的活动中致力于实现的最高价值目标，它意指社会资源在社会成员中间的分配应该最大限度地体现公正性。分配正义还是人类道德价值观念的一种重要表现形式。它是人类对社会资源分配的公正性进行价值认识、价值判断、价值定位和价值选择而形成的核心道德价值观念。作为这种道德价值观念存在的分配正义是引导个人在社会资源分配活动中追求公正的最高道德信念，也是引导社会制度得到合理设计和安排的最重要道德理念。一个社会要实现分配正义，既需要诉诸个人的良好道德修养，也需要诉诸社会制度的合理设计和安排。本章侧重于探讨社会制度实现分配正义的价值维度，并将其归结为三个主要方面：（1）合理设计和安排的社会制度具有实现分配正义的强大功能；（2）基于分配正义原则得到设计和安排的社会制度具有实现分配正义的原则依据；（3）社会制度实现分配正义的事实具有不容忽视的现实意义。

一、社会制度实现分配正义的强大功能

在任何一个社会，“个人”和“社会”都是能够表达或提出分配正义诉求的两种主体。个人的分配正义诉求往往基于个人的个体性、私人性和特殊性分配利益需要被提出，社会的分配正义诉求往往基

于社会集体的整体性、公共性和普遍性分配利益需要被提出，因此，分配正义既不是个人的分配正义要求得到单方面满足的结果，也不是社会的分配正义要求得到单方面满足的结果，而是这两种分配正义诉求达到吻合和协调的产物。分配正义是一种双向性道德要求：它一方面要求个人用良好的道德修养对待社会集体的整体性、公共性和普遍性分配利益；另一方面也要求社会用合理的社会制度设计和安排保护个人的个体性、私人性和特殊性分配利益。也就是说，人类总是需要通过两个途径来实现分配正义：一是个人道德修养；二是社会制度。前者指分配正义可以借助个人的良好道德品质得到实现；后者指分配正义可以借助社会制度的合理设计和安排得到实现。

个人道德修养是个人作为道德主体在道德品质锻炼上所达到的水平，“它不是人性的自然发展，而是主体自觉、能动的道德活动”①。个人锻炼道德修养的过程表现为个人将社会所倡导的道德原则和道德规范转化为个人道德信念、道德观念、道德感和道德行为的过程。在人类分配活动领域，个人道德修养往往是通过个人的分配正义信念、分配正义观念、分配正义感和分配正义行为来表现的。分配正义信念是个人对“分配正义”这一价值目标的现实性所抱持的一种信念，它说明个人相信分配正义是一种能够在人类社会得到实现的社会价值。分配正义观念是个人对“分配正义”这一价值目标的内涵、实质、存在价值、实现途径等进行理性认识、理解和解读所展现的一种思维方式。它不是一种仅仅考虑社会资源分配对某个人来说是否公正的思维方式，而是一种考虑社会资源分配对所有人来说是否公正的思维方式。当一个人在面对分配正义问题时能够把“分配正义”当成所有人应该共享的一种社会价值来看待时，他的分配正义观念就不仅兼有个体性和整体性、私人性和公共性、特殊性和普遍性特征，而且具有道德价值观念的鲜明特征。分配正义感是个人在

① 唐凯麟，张怀承. 成人与成圣：儒家伦理道德精粹. 长沙：湖南大学出版社，1999：131.

涉及分配正义问题的语境里能够合理对待“分配正义”这一价值目标而表现出的一种道德态度，它说明个人能够把追求分配正义当成一种应有的道德要求来对待。分配正义行为是个人的分配正义信念、分配正义观念和分配正义感见诸行为的具体表现。具有分配正义信念、分配正义观念、分配正义感和分配正义行为的个人是具有良好道德修养的个人，也是能够实现分配正义的个人。

社会制度是社会成员必须共同遵守和按一定程序办事的规程或行动准则，[①] 它包括政治制度、经济制度、法律制度、婚姻家庭制度、教育制度、宗教制度、环境制度等多种形式。社会制度的设计和安排往往是一种国家行为，它体现的是国家意志。在阶级社会，由于国家意志就是统治阶级的意志，社会制度的设计和安排实质上反映的是统治阶级的意志。不同社会实行的社会制度可能在基本构成或形式上是相似的，甚至是相同的，但它们的实际内容往往存在显著差别。纵然两个社会宣称实行相同的社会制度，它们对社会制度的具体内容规定也总是存在这样或那样的区别。不过，社会制度是人类社会生活无法回避的一种现实背景，因为人总是制度里的公民，“制度确定并限制了人们的选择集合”[②]。人类分配社会资源的活动也必须在社会制度的支配下进行。人类需要政治权利、政治权力等政治性社会资源过政治生活，但它们必须经过政治制度的分配才能为人类所掌握。人类需要物质财富过经济生活，但它必须通过经济制度的分配才能为人类所拥有。人类需要尊严、幸福、自由等精神性社会资源过精神生活，但它们也在很大程度上依赖社会制度的分配。社会制度能否实现分配正义对人类来说历来是一件至关重要的事情。如果一种社会制度在支配社会资源分配的时候不能在某种程度上实现分配正义，它的存在价值就会遭到人类的质疑甚至否定。

道德和社会制度都属于社会规范的范围，但它们是两种不同类

---

① 辞海编辑委员会. 辞海. 1999 年版缩印本. 上海：上海辞书出版社，2000：223.

② 诺思. 制度、制度变迁与经济绩效. 杭行，译. 上海：格致出版社，2008：4.

型的社会规范。道德主要借助个人的道德信念、道德观念和道德感来约束或规范个人的行为，它是一种非强制性的社会规范。相比之下，社会制度是人类对社会状态的基本结构和各种必要的社会关系所做的一种强制性设计和安排，它是一种强制性的社会规范。道德和社会制度都具有约束或规范个人行为的功能，但它们约束或规范个人行为的力度和效果是有区别的：前者是非强制性的或柔性的，因而很容易被个人突破防线；后者是强制性的或刚性的，因而不容易被个人突破防线。

个人道德修养是人类实现分配正义的一个重要途径，但它并不能独立承担实现分配正义的重任，这是由它自身的局限性决定的。个人道德修养的主要局限性在于它的人际差异性、不完善性和不确定性。在人类分配活动领域，个人的分配正义信念、分配正义观念、分配正义感和分配正义行为不仅不可避免地具有人际差异，而且会因为容易受到个人意志、欲望、兴趣、需要等主观性因素的深刻影响而表现出明显的不完善性和不确定性。在现实社会中，个人破坏分配正义的现象之所以时有发生，其根源就在于个人道德修养难以摆脱人际差异性、不完善性和不确定性的事实。由于个人道德修养并不能独立承担实现分配正义的任务，人类不得不借助于社会制度的合理设计和安排来实现分配正义，社会制度也因此被赋予了实现分配正义的功能。虽然社会制度也可能是不完善的，但是它可以凭借其普遍适用性、普遍有效性和普遍强制性克服个人道德修养的人际差异性、不完善性和不确定性，因而能够有效克服个人道德修养实现分配正义之功能的局限性。

在西方，最早对社会制度实现分配正义的功能给予深刻关注和研究的当推马克思主义经典作家。在 19 世纪中期以前，西方哲学家往往追随古希腊哲学家的思想，把分配正义视为个人公正德性的一种具体表现形式。正如亚里士多德所说：“所谓公正，是一种所有人由之而做出公正的事情来的品质，使他们成为做公正事情的人。”①19世纪中期以后，由于资产阶级与无产阶级之间的阶级矛盾日趋尖锐化，西方资本主义国家的社会矛盾达到空前未有的严重程度。在此历史背景下，马克思主义经典作家不仅对资产阶级的贪婪和残暴进行了无情揭露，而且对资本主义制度乃至一切建立在私有制基础上的不公正社会制度进行了史无前例的猛烈抨击。他们明确指出，由不合理经济基础决定的不公正社会制度是社会资源分配不公的根本原因，奴隶制度和封建制度是不公正的社会制度，因为我们在它们之中“到处都可以看到社会完全划分为各个不同的等级，看到社会地位分成多种多样的层次”②；资本主义制度也是不公正的社会制度，因为“从封建社会的灭亡中产生出来的现代资产阶级社会并没有消灭阶级对立。它只是用新的阶级、新的压迫条件、新的斗争形式代替了旧的”③。

20世纪中期以后，美国和英国涌现了罗尔斯、诺奇克（Robert Nozick）、麦金太尔（Alasdair Maclntyre）、纳格尔（Ernest Nagel）、德沃金、桑德尔（Michael J. Sandel）、巴利等一大批研究分配正义问题的哲学家，并提出了多种分配正义理论。虽然这些哲学家之间存在非常激烈的思想和理论争鸣，但是他们研究分配正义问题的总体思路大体上是一致的，即他们都不再把关注个人道德修养实现分配正义的功能作为研究分配正义问题和建构分配正义理论的重点，而是普遍转向重点研究社会制度实现分配正义的功能。在这些英美哲学家中间，最有影响的当推罗尔斯。他在20世纪五六十年代就开始发表研究分配正义问题的论文，并在1971年出版了专著《正义论》（*A Theory of Justice*）。他在该著作中旗帜鲜明地说：“公正是社会制度的

---

① 亚里士多德. 尼各马科伦理学. 苗力田，译. 北京：中国社会科学出版社，1999：95.

② 中共中央编译局. 马克思恩格斯文集：第2卷. 北京：人民出版社，2009：31.

③ 中共中央编译局. 马克思恩格斯文集：第2卷. 北京：人民出版社，2009：32.

首要德性。”[①]这一著名政治伦理学命题是罗尔斯建构其分配正义理论的逻辑起点，它正确地把“公正”归结为社会制度的最重要价值，并暗示社会制度实现分配正义的前提条件是它本身必须具有内在公正性。一种社会制度是否具有存在的合理性基础，关键在于它本身是否具有内在公正性。只有公正社会制度才具有存在的合理性基础，也只有公正社会制度才具有实现分配正义的功能。公正性有限的社会制度只能有限地实现分配正义。公正性不足的社会制度不能充分地实现分配正义。如果一种社会制度完全缺乏公正性，那么它根本就不具有存在的合理性基础，更不用说具有实现分配正义的功能。内在公正性是社会制度的根本所在。缺乏内在公正性对任何一种社会制度来说都是致命的缺陷。

不过，罗尔斯等当代英美哲学家对社会制度实现分配正义的功能的研究普遍缺乏历史唯物主义和辩证唯物主义的方法论基础。他们往往不从生产力和生产关系、经济基础和上层建筑的辩证关系方面来探讨社会制度实现分配正义的功能，而只是抽象地谈论社会制度的公正性与分配正义的关系。虽然他们普遍看到了公正性对社会制度的重要性，但是他们往往没有用历史的、辩证的眼光来看待和分析社会制度的公正性问题。他们立足于资本主义社会的现实之中，但他们不仅不关注和研究对资本主义制度具有决定作用的资本主义经济基础和生产力状况，而且对资本主义制度的内在不公正性缺乏深刻批判。他们偶尔也会谈论资本主义社会中的分配不公现象，但他们并不把那些不公现象从根本上归因于资本主义私有制经济的不合理性和资本主义制度的不公正性。

马克思主义经典作家的分配正义理论为我们全面认识和深刻理解社会制度实现分配正义的功能提供了科学指南。他们不仅坚信完

---

① RAWLS J. A theory of justice. Cambridge, Massachusetts: The Belknap Press of Harvard University Press, 1971: 3.

善社会制度的设计和安排是实现分配正义的根本途径，而且主张用社会革命的手段彻底摧毁资本主义经济基础和资本主义制度，以从根本上改变人类社会的分配正义状况。他们预言：“代替那存在着阶级和阶级对立的资产阶级旧社会的，将是这样一个联合体，在那里，每个人的自由发展是一切人的自由发展的条件。”① 在马克思主义经典作家的分配正义理论里，人类实现分配正义的最有效途径是诉诸合理设计和安排的社会制度，但这种社会制度的建构需要通过社会革命的途径来完成。他们就是在此思想基础之上论证了用社会主义制度取代资本主义制度以及推动人类最终实行共产主义制度的合理性，并对社会主义社会的按劳分配制度和共产主义社会的按需分配制度进行了科学构想。

我们需要用历史唯物主义和辩证唯物主义的眼光看待社会制度实现分配正义的强大功能。社会制度是人类社会的一个构成要素，也是人类在社会状态下分配各种社会资源和实现分配正义必不可少的一种重要手段，但并非所有社会制度都具有实现分配正义的功能。社会制度有合理和不合理之别，其关键在于社会制度本身是否具有内在公正性。只有具有内在公正性的社会制度才具有存在的合理性基础，也只有这样的社会制度才能帮助人类实现分配正义。人类经历过原始社会制度、奴隶社会制度、封建社会制度时期，目前正处于社会主义制度与资本主义制度同时存在、相互对立、相互争鸣的历史时期。纵观人类社会发展史，社会制度总体上是沿着越来越合理的方向发展的，因为人类设计和安排的社会制度总体上呈现出越来越公正的态势。我们之所以坚信封建社会优于奴隶社会，资本主义社会优于封建社会，社会主义社会优于资本主义社会，最重要的原因就在于——我们相信社会制度从奴隶制度到封建制度、从封建制度到资本主义制度、再从资本主义制度到社会主义制度的发展过程是社会制

① 中共中央编译局. 马克思恩格斯文集：第 2 卷. 北京：人民出版社，2009：53.

度的内在公正性得到不断强化的过程，是社会制度的合理性基础变得越来越坚实的过程，也是社会制度实现分配正义的功能得到越来越充分发挥的过程。

二、社会制度实现分配正义的原则依据

社会制度是社会上层建筑的最重要内容，也是建构社会基本结构的根本方式。人类社会总是在社会制度不断变迁的过程中向前演化，因此，道格拉斯·C. 诺思（Douglass C. North）说："制度变迁决定了人类历史中的社会演化方式，因而是理解历史变迁的关键。"①

社会制度在人类社会中的变迁是一个复杂过程，但这一复杂过程是围绕社会制度的公正性问题展开的，因为社会制度的根本问题是其自身的内在公正性能否得到确立的问题。由于社会制度必须通过人类的集体立法行为来制定，能够赋予社会制度内在公正性的只能是人类。人类能够在多大程度上赋予社会制度内在公正性，社会制度就具有多少公正性。那么，人类是通过何种途径来赋予社会制度内在公正性的呢？纵观人类社会发展史，他们是通过借助分配正义原则引导社会制度设计和安排的方式来达到这一目的的。

分配正义原则是引导人类追求和实现分配正义的行动准则或价值标准。分配正义原则有两种：一种是作为个人行为准则存在的分配正义原则；另一种是作为社会制度得到合理设计和安排的原则依据存在的分配正义原则。前者是一种道德原则，它要求个人在分配社会资源的活动中追求分配正义，并对个人的分配行为发挥着道德规范作用；后者既是一种道德原则，也是一种立法原则，它要求社会制度的设计和安排应该合乎"分配正义"这一道德价值观念的内在要求，

① 诺思. 制度、制度变迁与经济绩效. 杭行，译. 上海：格致出版社，2008：3.

并对社会制度的设计和安排发挥着强有力的伦理引导作用。

引导社会制度得到合理设计和安排的分配正义原则只能由社会制度的制定者——人类——在社会实践中选择和确立。人类需要借助社会制度的合理设计和安排来为他们的社会生活服务，他们对社会制度是否合理的事实有着最深刻的体会、认识和理解，他们也有能力在社会实践中找到那些能够赋予社会制度内在公正性的分配正义原则。

社会制度都是基于一定的原则制定的，但只有公正社会制度是依据分配正义原则制定的。在奴隶社会和封建社会，占据统治地位的奴隶主和封建地主宣称奴隶制度和封建制度是公正合理的社会制度，但他们掩盖不了他们与被统治阶级（奴隶和农民）之间的压迫和被压迫、剥削和被剥削、奴役与被奴役关系。奴隶制度和封建制度得以确立的根本原则是“等级原则”或“不平等原则”。森严的等级划分制度不仅将奴隶主和封建地主变成了尊贵的阶级，将奴隶和农民变成了卑贱的阶级，而且使他们在社会资源分配领域处于截然不同的地位。在社会人口中占据少数的奴隶主和封建地主在社会资源分配方面处于绝对的优势地位，而广大的奴隶和农民在社会资源分配方面则处于绝对的劣势地位。奴隶制度和封建制度之所以是不合理或不公正的社会制度，是因为它们根本没有赋予广大奴隶和农民获取社会资源的平等机会。由于在获取社会资源方面不能享有与奴隶主、封建地主平等的机会，奴隶和农民只能生活在水深火热之中。这一历史事实告诉我们，人类要设计和安排合理的社会制度，首先应该遵循的分配正义原则是“机会平等原则”。这一分配正义原则的要义在于：每一个社会成员参与社会资源分配的机会都应该是平等的，这种机会平等性在社会制度的设计和安排中应该得到充分肯定、尊重和保护，它不会因为社会成员的性别、年龄、种族、教育背景、社会地位等的差异而遭到社会制度的区别对待。

机会平等指每一个社会成员通过分配途径获取社会资源的机会

是平等的或均等的。“机会平等原则”以承认社会成员的平等主体身份和地位为前提，它强调把人视为平等存在的要求与人类追求公正的需要有关，[①] 认为人类借助社会制度实现分配正义的诉求首先表现在他们将自身视为平等主体的道德价值观念之中。“如果没有主体，也就没有有用的实践理性，更不用说存在关于正义的实践理性。”[②] 对人类来说，用“机会平等原则”支配和引导社会制度的设计和安排是其自身具有实践理性能力的重要表现，它说明人类有能力把“分配正义”这一道德价值观念运用于设计和安排社会制度的实践。

“社会制度具有为人们提供不同生活机会的作用。”[③] 作为人类集体行为建构的产物，社会制度的设计和安排总是与人类社会生活非常紧密地联系在一起，也总是服务于人类的各种生活目的。人类的生活目的主要是指追求各种社会资源的目的。如果说社会制度确实能够为人类提供各种生活机会，那么这类生活机会主要是指社会制度能够为人类提供拥有各种社会资源的机会。社会制度发挥其为人类提供生活机会的功能就是为人类拥有各种社会资源创造有利条件。

“机会平等原则”反对任何一个社会成员利用社会制度的设计和安排不合理地占有社会资源、剥夺其他社会成员获取社会资源的平等机会或只享受利益不承担责任，因此，它必然反对等级制度、专制制度、剥削制度等不平等社会制度，也必然反对政治权力不受制约、贫富悬殊、发展机会欠均等等社会资源分配不公现象。

用“机会平等原则”来引导社会制度的设计和安排意味着社会制度必须保证每一个社会成员具有参与社会资源分配的平等机会，这为社会制度支配社会资源的分配提供了一个合理的逻辑起点，但如果社会制度不对社会资源分配的内容作出明确规定，社会成员参

① SEN A. The idea of justice. Cambridge, Massachusetts: The Belknap Press of Harvard University Press, 2009: 293.

② O'NEILL O. Bounds of justice. New York: Cambridge University Press, 2000: 29.

③ BARRY B. Why social justice matters. Cambridge: Polity Press, 2005: 17.

与社会资源分配的“平等机会”是无法落到实处的。这就需要有一个确定社会资源分配内容的分配正义原则来进一步引导社会制度的设计和安排。这个分配正义原则可以称为“利益与责任同等分配原则”，其意指社会制度在把利益分配给社会成员的同时应该把相应或相关的责任同等地分配给他们，绝不允许任何一个社会成员拥有只享受利益不承担责任的特权。

社会制度能够对社会成员分配的社会资源可以归纳为两种：一是政治权利、政治权力、物质财富、发展机会等普遍受到社会成员喜欢或欢迎的社会资源。这种社会资源往往被社会成员普遍视为他们的“切身利益”，可以统称为“利益”或利益性社会资源。二是以义务、负担、惩罚等形式存在但不被社会成员普遍喜欢或欢迎的社会资源。这种社会资源往往是社会成员不得不承担的东西，可以统称为“责任”或责任性社会资源。

人类在很多时候会想方设法逃避责任。追求利益、逃避责任似乎是人类的通病。正因为如此，在考虑如何借助社会制度的设计和安排解决社会资源分配问题时，许多人倾向于把眼光更多地投向对其自身有利的东西——利益，而不去关注或较少关注责任的分配问题。人类社会的许多分配不公问题与责任没有得到公正分配的事实紧密相关。在政治生活领域，如果政府官员仅仅享有政治权力，不承担用手中的政治权力为人民谋福利的责任，这必定造成政治权力不能公正分配。在经济生活领域，如果富人仅仅贪婪地占有物质财富，不愿意承担用他们的物质财富造福社会的责任，这必定导致贫富悬殊。如果一些人仅仅强调开发利用自然资源的权利，不承担保护自然环境的责任，这也必定致使自然资源得不到公正分配。

合理设计和安排的社会制度不仅应该支配和引导就业机会、教育机会、医疗卫生、住房、交通设施等被社会成员普遍喜欢或欢迎的利益性社会资源的分配，而且应该支配和引导以义务、负担、惩罚等形式表现出来的责任性社会资源的分配。利益和责任都是可以在社会成员中间分配的社会资源，也都是应该在社会成员中间得到公正分配的社会资源。它们都是与人类的分配正义诉求有关的社会资源。它们之所以与人类的分配正义诉求有关，是因为它们是“受重视的善（或被当作负担而不受重视的善），但它们的分配都会受到主要社会制度的支配”①。

“利益与责任同等分配原则”要求社会制度在设计和安排上必须对社会资源分配应该涵盖的完整内容作出明确规定，但这一原则要求仍然不足以保证社会资源能够在社会成员中间得到公正分配。一个明显的事实是，如果社会制度没有对社会资源分配的标准和程序作出合理规定，利益和责任都不可能在社会成员中间得到合理分配。解决这一问题的有效途径是将社会制度的设计和安排置于另一个分配正义原则的引导之下，这就是“分配标准和程序合理原则”。其要求是：社会制度在平等的社会成员中间分配同一种社会资源的标准和程序必须是合理的，绝不允许任何一个社会成员拥有超越合理分配标准和程序的特权。

分配标准是社会资源分配所依据的准则，分配程序则是社会资源分配的实际操作规程。“分配标准和程序合理原则”要求社会制度对每一个平等的社会成员分配同一种社会资源所依据的分配准则和所实行的分配程序必须是合理的。合理的分配标准和程序至少有三个主要特征：（1）它们是集体制定的。合理的分配标准和程序必须通过集体行为来确定。（2）它们是统一的。合理的分配标准和程序必须是统一的。（3）它们是公开的。合理的分配标准和程序必须经得起质疑和批评，因而也必须是公开的。

集体行为是团体行为，它旨在增进所有集体成员的利益。社会制度确定合理分配标准和程序的根本目的是增进或维护受其支配的每一个社会成员的分配利益。用合理的分配标准和程序分配社会资源

① MILLER D. Principles of social justice. Cambridge, Massachusetts: Harvard University Press, 1999: 7.

也是社会制度具有内在公正性的一个重要表现。通过追求分配标准和程序的合理性，社会制度不仅拓展了“机会平等原则”要求充分肯定、尊重和保护社会成员的平等主体性的内在精神，而且将“利益”和“责任”的分配同等地置于合理的分配标准和程序之中。由于坚持“一把尺子量到底”的分配标准和“一种程序应用到底”的分配程序，社会制度不会对任何一个社会成员的特殊分配利益需要予以特别的照顾，也不可能使分配正义的天平向任何一个社会成员倾斜。它要求分配正义的天平在所有社会成员的面前是平衡的。因此，如果我国现行的分配制度把“按劳分配”和“按生产要素分配”同时确定为物质财富分配的合理标准，[①] 并把市场自由分配和政府干预分配作为实现按劳分配和按生产要素分配的合理程序，那么，它们就是促使物质财富在我国社会公民中间达到公正分配的合理标准和程序。

“分配标准和程序合理原则”旨在实现的分配正义是社会成员在参与社会资源分配过程中受合理分配标准和程序支配而追求的分配正义。这种分配正义相对于社会制度来说是一种绝对公平，但相对于每一个社会成员的个体性、私人性和特殊性分配利益需要来说只能是一种相对公平。用这一分配正义原则来引导社会制度的设计和安排，能够使每一个社会成员平等地从统一的、集体的、公开的分配标准和分配程序中受益，但不可能全面满足每一个社会成员的个体性、私人性和特殊性分配利益需要。从这种意义上来说，这一分配正义原则通过社会制度设计和安排体现的分配正义是有限度的。

“分配标准和程序合理原则”反对任何社会成员利用社会制度的设计和安排把社会资源的分配标准和程序变成暗箱操作的东西。暗

① 党的十七大对我国现行分配制度的表述是：“要坚持和完善按劳分配为主体、多种分配方式并存的分配制度，健全劳动、资本、技术、管理等生产要素按贡献参与分配的制度，初次分配和再分配都要处理好效率和公平的关系，再分配更加注重公平。”参阅：本书编写组. 十七大报告学习辅导百问. 北京：党建读物出版社，2007：167-168.

箱操作的分配标准和程序往往是某个或某些社会成员试图利用社会制度的设计和安排谋取私利的产物，因此，它们不可能是合理的分配标准和分配程序。社会资源分配可以依靠的合理分配标准和程序一定是通过集体行为确定的，并且是统一的和公开透明的。

从理论上来讲，如果“机会平等原则”“利益与责任同等分配原则”“分配标准和程序合理原则”得到了充分体现，则依据它们设计和安排的社会制度就应该达到了完美无缺的程度。人类也希望他们依据这些分配正义原则设计和安排的社会制度是完美无缺的，但规则总有例外，制度也总有漏洞。迄今为止人类还未拥有完美无缺的社会制度，社会制度旨在实现的分配正义也远远没有达到理想状态。其实，纵然人类能够依据一定的分配正义原则设计和安排完美无缺的社会制度，也可能遭遇社会制度执行不力的问题。如果一种完美无缺的社会制度不能得到很好的执行，它的有效性就是非常有限的。除此之外，社会制度还必须时刻面对来自个人的威胁。那些缺乏道德修养的人完全可能不遵守合理设计和安排的社会制度。由于这些原因，人类社会总是存在这样或那样的分配不公现象。也正是由于这些原因，人类还必须拥有一个引导社会制度设计和安排的分配正义原则——“纠正不公原则”。这一分配正义原则的精义是：社会制度应该通过自身的合理设计和安排对由社会制度本身不健全、个人道德修养不到位等原因造成的社会资源分配不公现象进行及时有效的纠正。

分配不公现象就是政治权利、政治权力、物质财富等社会资源在社会成员中间的分配存在严重不合理的现象。领导干部过多地掌控政治权力、贫富悬殊、发展机会欠均等等是典型的分配不公现象。这些分配不公现象与社会制度旨在实现的“分配正义”价值目标是背道而驰的，因此，它们是社会制度应该否定的现象，也是设计和安排社会制度的人类不能容忍的现象。正因为如此，一个社会的社会制度设计和安排应该有纠正分配不公现象的内容。这种以纠正分配不公现象为内容的社会制度可以称为纠正制度。这种社会制度在现实社会中是存在的。社会保障制度就是一种典型的纠正制度，它主要通过向社会成员提供公共福利的方式来纠正物质财富分配存在的不公现象。

人类借助社会制度的合理设计和安排来纠正分配不公现象的方式主要有两种：一是通过合理配置政治权力、增加公共财政支出、扩大社会保障投入等方式缩小社会资源分配在社会成员中间形成的不合理差距；二是对破坏分配正义的社会成员予以制度惩罚。这两种方式都是人类社会纠正分配不公现象必须诉诸的方式。如果一个社会存在领导干部掌控的政治权力过大、贫富悬殊等问题，它就应该借助第一种方式来缩小社会成员在占有社会资源方面形成的不合理差距。如果一个社会出现了社会成员破坏分配正义的问题（例如，一些政府官员以权谋私），它就应该借助第二种方式来纠正那些社会成员破坏分配正义的行为导致的分配不公现象。

上述四个分配正义原则一起构成一个原则体系。它们对社会制度的合理设计和安排作出了全面的原则规定，要求社会制度从原则上保证社会成员具有获取社会资源的平等机会，保证利益性社会资源和责任性社会资源能够得到同等分配，保证社会资源能够在合理分配标准和程序的支配下得到公正分配，并保证分配不公现象能够得到及时有效的纠正。这四个分配正义原则是按照先后顺序排列的，它们之间的逻辑秩序不能被打乱。“机会平等原则”是整个原则体系的逻辑起点，因为如果不能首先保证社会成员参与社会资源分配的平等机会，社会制度必然缺乏最基本的公正性，它们实现分配正义的大厦也是不可能矗立起来的。“利益与责任同等分配原则”和“分配标准和程序合理原则”是整个分配正义原则体系的核心内容。前者不仅明确规定了社会制度设计和安排所涉及的社会资源分配的主要内容——利益和责任，而且对利益和责任分配所应达到的价值目标作出了规定——要求它们在社会成员中间实现同等分配；后者则规定了社会资源达到公正分配必不可少的合理标准和程序。“纠正不公原则”是作为前三个原则的补充性原则被提出的。

政治权利、政治权力、物质财富等社会资源的分配都是复杂的系统工程，支配社会资源分配的社会制度在设计和安排上也应该充分反映这一事实。上述四个分配正义原则要求社会制度的合理设计和安排涵盖社会资源分配的每一个环节，因而能够保证社会资源在公正社会制度的框架内得到公正合理的分配。现实中有些社会制度之所以是不公正的，要么是因为它们根本不是基于上述四个分配正义原则制定的，要么是因为它们没有全面遵循这些分配正义原则。如果一种社会制度仅仅基于“机会平等原则”而制定，它既没有对分配的内容、标准、程序等作出合理的制度规定，也没有对如何纠正可能出现的分配不公现象作出合理的制度规定，则它强调的机会平等必然是空洞的、虚假的。如果一种社会制度对社会成员参与某一种社会资源分配的平等机会、内容等作出了合理的制度规定，但没有就这种社会资源分配的合理标准和程序做好制度设计和安排，则这种社会资源的分配必定会因为缺乏必要的程序正义而变得不公正。一种社会制度要成为公正合理的社会制度，并发挥实现分配正义的强大功能，必须在设计和安排上同时遵循或体现上述四个分配正义原则。

三、社会制度实现分配正义的现实意义

社会制度实现分配正义的价值维度不仅表现在它实现分配正义的强大功能及其蕴含分配正义原则的事实中，而且表现在它实现分配正义的现实意义中。基于分配正义原则得到合理设计和安排的社会制度具有实现分配正义的强大功能，能够对人类的现实社会生活带来多方面的积极影响。这种积极影响反映的就是社会制度实现分配正义的现实意义，它主要表现在如下几个方面：

第一，社会制度实现分配正义的事实说明一个社会具有追求分

配正义的集体意向性，并且这种集体意向性通过社会制度的合理设计和安排得到了很好的体现。

“集体意向性”（collective intentionality）是指人类具有集体性信念、欲望和意愿，它是人类集体行为的动机来源。与“集体意向性”相对而言的是“个体意向性”（singular intentionality），它是指作为个体存在的人类具有个体性信念、欲望和意愿。个人行为在很多时候是受个体意向性驱动的结果。集体意向性不能被个体意向性取代，因为“它包含一种合作做事（共同追求、共同相信某种东西等）的感觉，并且个人的个体意向性来源于他们分享的集体意向性”[①]。个体意向性往往必须在集体意向性的支配下发挥作用，因为集体性信念、欲望和意愿对个人的个体性信念、欲望和意愿有着强有力的支配作用。“理解集体意向性是理解社会事实的关键所在。”[②] 一个社会的集体意向性主要是通过它的社会制度设计和安排来体现的。

“大多数人类矛盾的解决需要依赖集体意向性的干预。”[③] 个人基于其个体意向性提出的分配正义诉求往往各不相同，彼此之间很容易形成张力，这种张力是人与人之间产生分配矛盾的根源所在。个人道德修养在缓解因个体意向性差异导致的人类分配矛盾方面能够发挥一定的作用，但它不能彻底化解这种矛盾，因为（正如笔者在本章第一节中所说）个人道德修养具有其自身难以克服的局限性。要解决人类分配矛盾，不仅需要诉诸个人道德修养，而且需要诉诸合理设计和安排的社会制度。

要考察一个社会的分配正义状况，应该重点考察该社会致力于实现分配正义的集体意向性，即考察社会制度实现分配正义的功能在该社会得到发挥的情况。如果一个社会的分配正义状况很好，这不仅说明该社会具有追求分配正义的集体意向性，而且说明这种集体

① SEARLE J R. The construction of social reality. New York: The Free Press, 1995: 24-25.
② SEARLE J R. The construction of social reality. New York: The Free Press, 1995: 24.
③ SEARLE J R. The construction of social reality. New York: The Free Press, 1995: 23.

意向性通过该社会的社会制度设计和安排得到了很好的体现。如果一个社会的分配正义状况比较差，这说明该社会追求分配正义的集体意向性并不强烈，它追求分配正义的集体意向性也没有很好地通过社会制度的设计和安排体现出来。在一个分配正义状况差的社会里，追求分配正义的呼声往往主要作为个体意向性的内容存在，分配正义诉求并没有或至少没有完全变成通过社会制度体现的集体意向性。这种情况的现实表现可能是，广大社会民众要求实现分配正义的呼声很高，但分配正义并没有通过社会制度的合理设计和安排得到很好的实现。

显然，一个社会实现分配正义的首要步骤是必须把分散在个体意向性中的分配正义诉求整合成一种集体意向性，并通过社会制度的合理设计和安排很好地反映这种集体意向性。这一步骤的完成能够使一个社会致力于实现的分配正义的集体信念、集体欲望和集体意愿得到充分彰显，并能够对个人追求分配正义的个体意向性发挥强有力的支配作用，从而使该社会形成一种有利于实现分配正义的主流意向性。这种主流意向性是以社会制度的合理设计和安排为载体的。

第二，社会制度实现分配正义的事实说明一个社会不仅具有审视分配正义问题的个人视角，而且普遍具有审视分配正义问题的社会视角。

每一个社会都存在分配正义问题。一个人参与了某种选举活动，也在亲自投票过程中展示了自己的选举权，但由于政府宣传不够，他通常是在并未深入了解候选人的情况下盲目地投出了自己的选票，因此，他可能质疑这种选举制度的公正性。一个人付出了辛勤劳动，也得到了相应的劳动报酬，但由于他的家庭存在特殊经济困难，他可能认为单位给他提供的工资太少，并把“按劳分配”视为一种不公正的分配制度。一个人是环境保护主义者，他也时刻通过自己的实际行动保护着自然环境，但在他身边发生的破坏环境行为屡禁不止，因此，他可能对其他人破坏自然环境的行为感到义愤填膺。如此等等。所有这些都是发生在人类社会的分配正义问题。人类几乎时时刻刻都生活在这样的问题之中。这些问题之所以能够激起人们对选举制度的怀疑、对按劳分配制度的不满和对破坏环境行为的义愤，主要是因为他们在用自己的视角审视它们。

不可否认，人类审视分配正义问题的视角在很多时候是一种个人视角。个人视角并不一定是错误的，但它因为容易受到个人欲望、兴趣、爱好等主观因素的干扰而往往会表现出一定的片面性、狭隘性和局限性。如果一个人用纯粹的个人视角来审视分配正义问题，他往往很难看到问题的实质。通常的情况是，他的个人欲望、兴趣、爱好等主观因素会遮蔽他的眼睛，“分配正义”在他的眼里往往也会因此而变成一个被扭曲的意象。所以现实社会常常会出现这样一些荒谬现象：有些人把无限占有物质财富视为分配正义；有些人把以权谋私视为分配正义；有些人把剥削他人视为分配正义；有些人把损人利己视为分配正义；有些人因为自己的利益需要没有得到完全满足就否定整个社会的分配正义状况。

社会制度实现分配正义的事实给我们的启示是：除个人视角之外，人类还可以从社会视角来审视分配正义问题。如果一个人能够从社会的角度来审视分配正义问题，他不仅能够体会他自己追求分配正义的个体意向性，而且能够洞察他人追求分配正义的个体意向性以及整个社会追求分配正义的集体意向性。用美国哲学家约翰·塞尔（John R. Searle）的话来说，他就会超越狭隘的“我—意识”（I consciousness）和“我—意向性”（I intentionality），转而形成一种开阔的“我们—意识”（we consciousness）和“我们—意向性”（we intentionality）。[1] 具有“我们—意向性”的人就是具有集体意向性的人，也是具有社会视角的人。这种人不仅能够看到所有与他同类的人

① SEARLE J R. The construction of social reality. New York：The Free Press，1995：24.

都需要分配正义的事实，而且能够看到分配正义在很多时候必须表现为社会集体利益、公共利益和普遍利益的事实。一个人在具有社会视角之后，他就能够站在“他人”“所有人”或“社会集体”的角度来看待和分析分配正义问题，并能够对“他人”“所有人”或“社会集体”的分配正义诉求给予充分的理解、尊重和维护。

分配正义问题说到底是人类如何看待分配利益的问题。人类审视分配正义问题的个人视角可能是合理的，也可能是不合理的。合理的个人视角能够使个人在参与社会资源分配的时候尊重、关心与维护他人和整个社会的分配利益，不合理的个人视角则往往使个人在参与社会资源分配的时候表现出利己主义倾向，甚至极端的利己主义倾向。人类不能仅仅从个人视角来看待分配正义问题。社会制度存在的一个重要价值就在于，它能够通过自身实现分配正义的功能引导作为人类个体存在的个人普遍从社会的角度审视分配正义问题，从而使他们在追求分配正义的过程中能够对他人和社会集体的分配利益给予必要的尊重、关心和维护。

第三，社会制度实现分配正义的事实说明一个社会形成了成熟的平等主义分配正义观。

社会制度对分配正义的追求不以让某个或少数社会成员从社会资源的分配中受益为目的，而是以让所有社会成员从社会资源的公正分配中平等地受益为目的。因此，通过社会制度的合理设计和安排实现的分配正义是以“平等”为内在伦理精神的；或者说，社会制度旨在实现的分配正义是以追求社会资源的平等分配为核心价值取向和价值导向的。在支配社会资源分配时，社会制度不会偏袒任何一个社会成员的不正当分配利益，也不会侵害任何一个社会成员的正当分配利益。它追求的是一种平等意义上的分配正义。

“平等”是一个说明人际关系的特别概念。平等是人的一种生存状态，但它主要反映个人处于人际关系之中的生存状态。平等可以指人格上的平等。这种意义上的平等是指所有人在人之为人的身份和地位上是平等的。人格平等的关键在于尊严平等。人之为人的尊严不仅意味着人与其他动物具有根本性区别，而且意味着人与人之间不应该是一种压迫和被压迫、剥削和被剥削、奴役和被奴役的关系。奴隶社会、封建社会和资本主义社会之所以是不平等社会，是因为奴隶主与奴隶、封建地主与农民、资产阶级与无产阶级之间是一种压迫和被压迫、剥削和被剥削、奴役和被奴役的不平等关系。平等也可以指政治上的平等。这种意义上的平等是指人与人之间在政治地位上是平等的，其要义在于政治权利和政治权力能够在人与人之间得到平等分配。平等还可以指经济上的平等。这种意义上的平等是指人与人之间在经济地位上是平等的，其要义在于经济利益或物质财富能够在人与人之间得到平等分配。因此，恩格斯说，现代意义上的平等是指“一切人，或至少是一个国家的一切公民，或一个社会的一切成员，都应当有平等的政治地位和社会地位”①。

“平等观念本身是一种历史的产物，这个观念的形成，需要全部以往的历史，因此它不是自古以来就作为真理而存在的。”② 人类经历过漫长的不平等社会，但人类也一直在追求平等。哲学家亚里士多德早在古希腊时期就指出：“正义被广泛地认为是某种形式的平等……正义涉及如何把物品分配给人们的问题——平等的人有权分配到平等的东西。”③“平等”一直是人类追求的一种分配正义，也是人类一直关注的一个话题。在政治学、法学和哲学话语系统中，“平等”是一个常见的术语。在人们的日常话语中，“平等”更是一个司空见惯的词语。人类之所以对“平等”孜孜以求，是因为它的反面“不平等”对每一个人来说都是一种痛苦。“不平等”是人类普遍不喜欢的一种生存状态。

社会制度实现的分配正义以追求社会资源的平等分配为核心价

① 中共中央编译局. 马克思恩格斯文集：第9卷. 北京：人民出版社，2009：108.
② 中共中央编译局. 马克思恩格斯文集：第9卷. 北京：人民出版社，2009：355.
③ ARISTOTLE. Politics. London and Totowa, N. J.: Everyman's Library, 1959: 86.

值取向和价值导向，它要求一个社会设计和安排的各种社会制度都能够使社会成员的命运不受经济背景差异、性别差异、种族差异等因素的影响，以保证每一个社会成员都能够从社会资源的公正分配中平等地受益。当代美国哲学家德沃金认为，社会制度对分配正义的追求应该体现“平等的关切”。他倡导“重要性平等原则”：“以平等的关切对待处在某种景况下的一些群体。一个统治着其公民并要求他们忠诚和守法的政治社会，必须对其全体公民一视同仁，每个公民都必须投票，它的官员也必须在制定法律、确定施政方针时牢记那项责任。”①

平等本身也是一种社会资源，并且是一种可以借助社会制度加以分配的社会资源。在很多语境下，我们渴望平等，但支配我们的社会制度将我们置于“不平等”的桎梏之中。我们不能说奴隶社会的奴隶都不要求平等，但不平等的奴隶制度却将其置于被奴役的地位。我们也不能说社会主义社会的公民能够享受平等完全是他们主观追求的结果，因为如果社会主义制度不赋予人民当家做主的机会，那么平等对于社会主义社会的公民来说必定是一种非常稀缺的社会资源。平等问题是一个非常重要的分配正义问题。平等的实现需要个人努力争取，更需要社会制度予以制度上的保障。

社会制度追求社会资源平等分配的价值取向和价值导向有利于引导一个社会形成成熟的平等主义分配正义观。这种分配正义观反对依据个人在年龄、性别、种族、智力、能力、外貌、社会地位、文化背景等方面的差异性来决定社会资源在社会成员中间的分配状况，而要求每一个社会成员都能够平等地享有所有社会资源。它反对某个社会成员或少数社会成员过多占有社会资源的现象，因此，政治专制、贫富悬殊等是它的敌人。它也反对某个或某些社会成员占有社会资源不足的现象，因此，社会成员被非法剥夺政治权利、贫困等是它

① 德沃金. 至上的美德：平等的理论与实践. 冯克利，译. 南京：江苏人民出版社，2007：“导论”6.

拒斥的东西。要求政治权利、政治权力、物质财富、发展机会、尊严、幸福等社会资源在所有社会成员中间实现平等分配是平等主义分配正义观的精义所在。

第四，社会制度实现分配正义的事实说明一个社会对伸张分配正义的行为给予了制度保护，同时对破坏分配正义的行为进行了有效的制度惩罚。

一个社会分配正义的状况既取决于该社会对伸张分配正义的行为给予制度保护的程度，也取决于它对破坏分配正义的行为进行制度惩罚的程度。对破坏分配正义的行为给予制度惩罚，即通过强制性的制度惩罚，使破坏分配正义的人为他们的破坏行为付出应有的代价。破坏分配正义的人肯定是要付出代价的，但这种代价有轻重之分。较轻的代价来自道德谴责，较重的代价出自制度惩罚。

道德谴责通过震慑个人良知发挥作用，但它仅仅能够对那些有道德修养的人发挥作用。如果一个人丧失了道德良知，那么道德谴责的震慑作用对其是微乎其微的。道德谴责的软弱性源于道德这一社会规范的非强制性特征。由于道德不能强制性地要求一个人做什么，突破道德防线的事情就很容易出现，道德谴责对个人行为的制约作用也显示出局限性。

“制度运行的关键在于犯规确有成本，并且惩罚也有轻重之分。”① 与道德谴责相比较，制度惩罚不仅具有更强的威慑力，而且具有更显著的效果。制度惩罚在人类分配活动领域的威慑力和效果在于，它可以借助强制性的制度规定迫使那些破坏分配正义的人为他们的破坏行为付出应有的政治代价、经济代价等。这些代价比道德谴责造成的代价更实在——因为它们会迫使破坏分配正义的人牺牲其实际的政治利益、经济利益等。制度惩罚也更具有惩戒性——因为它们能够迫使那些破坏分配正义的人付出沉重的代价。

① 诺思. 制度、制度变迁与经济绩效. 杭行，译. 上海：格致出版社，2008：5.

一个社会要有效制止破坏分配正义的行为，需要发挥道德谴责的作用，更需要发挥制度惩罚的作用。许多分配正义问题之所以在一些社会无法得到有效解决，不是因为人们对破坏分配正义的行为进行的道德谴责不够，而是因为社会没有对那样的行为给予足够的制度惩罚。在当今中国，那些依靠加工、贩卖或使用“地沟油”牟取暴利的人几乎时刻都遭到来自社会各界的道德谴责，但他们的非法活动并没有得到有效遏止。他们之所以敢于通过危害人们健康的方式牟取暴利，是因为他们已经丧失人之为人的道德良知，道德谴责并不能从根本上阻止他们破坏分配正义的行为。如由于“地沟油”的加工、贩卖或使用能够给部分商贩带来暴利，加上他们加工、贩卖或使用“地沟油”的行为通常难以受到严厉的制度惩罚，他们常常会突破道德和法律的双重防线。有效解决中国“地沟油”问题的根本途径是诉诸强有力的制度惩罚，即应该使那些置人们身体健康于不顾的“地沟油”加工者、营销者、使用者等受到严厉的制度惩罚，要达到使他们对“地沟油”望而却步的效果。

在现实社会中，政治权利、政治权力、物质财富、发展机会等社会资源的分配往往都超出了道德调控的范围。如果社会公民的政治权利遭到了非法侵害、政治权力遭到了领导干部的滥用、物质财富分配出现了贫富悬殊或发展机会的平等性遭到了暗箱操作的破坏，这些分配正义问题的解决就不能仅仅停留在道德谴责的层面，更多的是应该诉诸强有力的制度惩罚。虽然制度惩罚也有轻重之分，但是在威慑力和有效性方面，道德谴责不能与之相提并论。在道德谴责不足以阻止或抑制个人破坏分配正义的行为时，制度惩罚的出场是必要的，也是最有效的。

第五，社会制度实现分配正义的事实说明一个社会既注重保护社会强势群体的分配利益，也重视增进社会弱势群体的分配利益。

在任何一个社会，人都可以区分为两种：强势群体和弱势群体。社会中的强势群体是指那些因为个人智力、毅力、体力、家庭背景等条件比较好而在社会生活竞争中处于相对优势地位或有利地位的社会成员。由于个人条件、家庭条件等比较好，这种人往往更容易在社会生活的某个领域获得较大的成功。社会中的弱势群体是指那些因为个人智力、毅力、体力、家庭背景等条件比较差而在社会生活竞争中处于相对劣势地位或不利地位的社会成员。由于个人条件、家庭条件等比较差，这种人不容易在社会生活竞争中获得成功。在现实生活中，无论人们愿意或不愿意被划分为这样两个不同的群体，强势群体和弱势群体的区分总是实际存在的。

苏格拉底曾经说过："如果同处一国，同一遭遇，各人的感情却不一样，哀乐不同，那么，团结的纽带就会中断了。"① 如何协调强势群体和弱势群体之间的分配利益关系在任何一个社会都是一个不容忽视的分配正义问题。强势群体和弱势群体占有社会资源的能力差异往往是客观存在的，他们所占有的社会资源也不可避免地存在量上的差异，但这并不意味着他们占有社会资源的差距越大越好。一个社会进步或发展到什么程度或水平，并不取决于该社会中的强势群体，而是取决于该社会中的弱势群体。如果一个社会的弱势群体既无法得到强者的帮助，也无法得到社会制度的保护，那么，该社会一定不是一个公正社会。一个公正社会应该保护强势群体的分配利益，更应该增进弱势群体的分配利益。它应该保护和增进所有社会成员的分配利益。

要改善弱势群体的生存状况，最有效的途径是诉诸合理设计和安排的社会制度。个人可以通过做慈善事业为改善弱势群体的生存状况做贡献，但这种贡献是有局限性的。在一个社会中，并不是每一个人都有做慈善事业的能力，也不是每一个人都愿意参与慈善事业。社会制度在帮助社会弱势群体方面的优势在于：它可以借助社会制度的合理设计和安排对社会资源的分配进行合理的宏观调控，从而

① 柏拉图. 理想国. 郭斌和，张竹明，译. 北京：商务印书馆，1986：197.

使弱势群体和强势群体在占有社会资源方面形成的差距最小化。具体地说，社会制度可以通过强制性的制度规定增加公共财政支出和社会保障支出，从而使弱势群体在占有社会资源方面的不利地位得到改善。

社会制度实现分配正义的事实对一个社会的弱势群体是有利的。在人类社会中，最需要得到社会制度保护的是弱势群体。借助社会制度的合理设计和安排来实现平等意义上的分配正义，这意味着社会强势群体在社会竞争中的优势地位会受到社会制度的限制，同时意味着社会弱势群体在社会竞争中的弱势地位能够借助社会制度的保护得到改善。

注重增进和保护社会弱势群体的分配利益是社会主义制度优越于资本主义制度的一个重要标志。邓小平同志明确指出社会主义的根本原则，一个是公有制占主体，一个是共同富裕。他反复强调，社会主义制度应该旗帜鲜明地反对两极分化，虽然它“鼓励一部分地区、一部分人先富裕起来”，但是它的最终目的是“带动越来越多的人富裕起来，达到共同富裕”。[①] 邓小平同志不仅认为“贫穷不是社会主义，更不是共产主义”[②]，而且把“共同富裕”视为社会主义制度优越于资本主义制度的一个根本性标志。他的“共同富裕”思想要求社会主义制度注重增进和保护社会弱势群体的分配利益。

---

① 邓小平．邓小平文选：第3卷．北京：人民出版社，1993：142.

② 邓小平．邓小平文选：第3卷．北京：人民出版社，1993：64.

第四章　经济伦理的建构与发展

经济是人类文明发展的物质基础和前提，所以发展经济是人类社会的第一要务。一定社会的生产方式和生活方式相加在一起构成该社会特有的经济发展模式。生产方式是人类谋取社会生活所必需的物质资料的方式。生活方式是指个人或群体生活活动所具有的相对稳定形式。广义的生活方式指人们一切生活的总和，狭义的生活方式则指人们享用生活消费品和支配个人闲暇时间的方式。在生产方式和生活方式的关系上，生活方式受生产方式的制约和影响，生活方式具有一定的稳定性和独立性，但会反作用于生产方式，促进或阻碍生产方式的发展。生产方式是社会存在和社会发展的决定力量，生产方式的变革会导致整个社会生活方式的改变。

经济学作为一门人文社会学科，其根本特性是其伦理性。人类社会不存在要不要发展经济的问题，而是存在要如何发展经济的问题。马克思说“真正的经济”是内含道德的经济。人的存在和人的活动方式是与人的客观物质活动相一致的，“他们是什么样的，这同他们的生产是一致的——既和他们生产什么一致，又和他们怎样生产一致。因而，个人是什么样的，这取决于他们进行生产的物质条件”①。人以什么方式存在和进行活动，取决于主体的价值需求性。人的实践活动是包含着人的主观因素的物质活动，实践的动力是人的需要以及由需要所决定的目的等因素，物质实践中的主观因素就是人的需要和目的。

---

① 中共中央编译局. 马克思恩格斯选集：第 1 卷. 2 版. 北京：人民出版社，1995：67-68.

在商品经济社会里，人与人之间的关系是以物的形式表现出来的人的社会关系，按胡塞尔（E. Edmund Husserl）的说法，主体间的关系实际上是一个主体与另一主体即他者的交往关系，主体与他者之间的关系并不是一种直接的关系，而是依靠一定的媒介得以实现的。交往主体总是从自身的需要和目的出发，他们运用自身的体力和智力从事一定的劳动生产，然后将其所生产出来的产品作为媒介与他者之间构建交往或交换的关系，通过交换满足彼此的需要，实现自身的目的。这就要求主体与他者之间的经济关系是按照一定的秩序、规则构建起来的交往关系或交换关系。在商品交换中，交换双方的交换行为是要以彼此需要的差别性为前提才能实现的，并且“谁都不用暴力占有他人的财产，每个人都是自愿地出让财产”①。商品交换要求当事人相互尊重，以彼此的意志自由为交换的前提，除此之外，在商品的交换关系里，交换主体的社会关系是平等的，“作为交换主体，他们的关系是平等的关系。在他们之间看不出任何差别，更看不出对立，甚至连丝毫的差异也没有”②。

从以上分析中我们可以看出，人类的经济活动，尤其在商品生产和交换的动态过程中，都是蕴含着道德观念的。一般意义上的经济与道德的问题，自古有之，如中国古代的“重公轻私”“重义轻利”经济伦理思想，西方古典伦理学中亚里士多德关于“德福论”思想的探究。而在商品经济活动中，只要存在商品经济，个人对自身物质利益的关注就是一种必然合理的追求。在商品经济社会里，这种人对自身物质利益的关注表现在生产和交换行为过程中必然要求一定的行为原则，这样一种过程也必然是人自身人格塑造与实现的过程，所以经济的发展也必然伴随着人自身的完善，而这一切的实现都依靠“经济人”和“道德人”的重合。人的经济活动和伦理活动在一定程

① 中共中央编译局. 马克思恩格斯选集：第 1 卷. 2 版. 北京：人民出版社，1995：195-196.

② 中共中央编译局. 马克思恩格斯全集：第 30 卷. 2 版. 北京：人民出版社，1995：195.

度上开始了共生共存的现象。

中国社会长期以来的经济是一种小农经济形式，商品经济不发达，中国的传统伦理思想是以血缘关系为基础的家本位的伦理思想，不像西方社会长期以来的伦理意识是以人神立约为基础的契约精神为主导。契约精神是具有平等交换意识的伦理精神，是符合市场经济运行规律的。而家本位的小农经济意识，具有一定的自私性、狭隘性，相对来说与市场经济具有一定的不可调和性。党的十一届三中全会以来，随着市场经济在我国的建立和发展，经济生活日益成为人们社会生活的中心。经济生活的剧烈变化，特别是新旧体制的转换，使经济活动中表现出来的伦理道德问题日益凸显。改革开放以来，我国市场经济改革已取得巨大成就，全社会形成了积极健康向上的思想道德主流意识；但同时，社会各个领域都出现了诚信缺失、损公肥私、损人利己、以权谋私、生活奢靡、道德冷漠等现象，这就要求执政党和政府具有高超的治理能力和良好的道德领导力。在经济活动中，通过交往或交换而获得相应报酬的过程还是一个分配的过程，分配总是交往或交换的结果，因为经济的交换与交往最终是一个实现分配的过程。所以在市场经济中，为实现资源的最合理配置，进而获得最佳的经济效益，除依靠市场自身的自由调控以外，还需要加强国家治理。社会主义市场经济应该是理性状态下的规范性经济，需要在道德伦理和制度伦理的双重约束下发展。党的十八届三中全会第一次提出“国家治理”概念，将全面深化改革的总目标确定为完善和发展中国特色社会主义制度，推进国家治理体系和治理能力现代化。国家治理的本质是通过权力配置各种社会资源，以实现推动经济发展、社会进步的政治实践活动，最终实现的是人的自由全面发展。

一、经济伦理学与经济伦理

“经济伦理”的概念最早是由德国社会科学家马克斯·韦伯（Max Weber）在《世界宗教的经济伦理》一文中提出来的。马克斯·韦伯系统地研究了新教伦理与资本主义精神，揭示了资本主义生产和发展包括伦理在内的深层次的文化底蕴。经济伦理学作为一门学科首先是在20世纪70年代的美国兴起的，它在美国首先以企业伦理的姿态出现。20世纪80年代以后，该学科在欧洲和日本等地区和国家迅速发展。我国对经济伦理学的研究始于20世纪80年代初，到90年代中期以后经济伦理问题成为社会热点。社会主义改革开放的伟大实践为其发展提供了丰厚的土壤，几十年来学术界的努力，也促使经济伦理学成长为一门独立的学科。

什么是经济伦理学？经济伦理学作为一门新兴学科，是经济学和伦理学的交叉学科。虽然经济伦理学以经济学和伦理学为理论基础，但经济伦理学不是经济学和伦理学的简单相加。“之所以称其为经济伦理学而不称其为伦理经济学，那是由于其立足点为‘伦理学’所决定，它要探索的是经济中的伦理问题，而不是探讨伦理中的经济问题。”[①] 关于经济伦理学是什么，学术界对其研究很多，代表性的观点主要有：（1）经济伦理学是研究经济领域中道德发展规律和道德社会功用的一门交叉学科；[②]（2）经济伦理学是人们在经济活动中的伦理精神或伦理气质和根本看法的理论化形态，或者说是人们从道德的角度对经济活动的系统理论研究和规范；[③]（3）经济伦理学是一

① 朱金瑞. 中国经济伦理学十大热点问题研究. 江苏社会科学，2003（5）：174-180.

② 罗国杰. 加强经济伦理学研究：为经济的德性（序）//王小锡. 经济的德性. 北京：人民出版社，2002：2.

③ 陈泽环. 现代经济伦理学初探. 社会科学，1995（7）：73-76，51.

门研究经济制度、经济政策、经济决策、经济行为的伦理合理性，以及经济活动中的组织和个人的伦理规范的学科；[①]（4）经济伦理学的基本问题是经济价值与伦理价值、标准、要求的关系问题；[②]（5）经济伦理学是以社会经济生活中的伦理道德现象为研究对象，揭示经济活动中道德的形成、发展和发挥作用的规律，为社会和个人的经济行为确立道德价值准则和道德理想的学科；[③]（6）经济伦理学本质上是具有应用性和综合性的伦理学，是一门以经济伦理为研究对象，探讨经济伦理的生成、本质、功能及其发展规律的学科，它区别于伦理经济学或道德经济学的地方，在于它是一门以经济活动和经济现象中的伦理问题为研究对象的学科；[④]（7）经济伦理学是一门研究人们在社会经济活动中的善恶价值取向及其规范和行动形成与发展规律的学问。

从以上观点中我们可以发现，经济伦理学不同于一般伦理学那样研究道德与利益的关系问题，而是致力于研究具体经济现象中的道德问题，侧重于从经济活动的自身发展逻辑和内在本质方面来揭示其伦理的内涵和特征，使经济行为接受伦理道德精神的审视、评价、辩护与批判。所以在学科属性上，经济伦理学属于实践伦理学。经济领域的道德现象，是以人的经济行为作为载体而表现出来的道德，是道德的一种具体的、特殊的表现形式，是一般伦理学在经济领域的实际应用。从广义的角度审视，经济伦理学带有经济哲学的色彩，甚至带有政治经济学的色彩，它需要回答道德的本质及功能问题。因此，经济伦理学也不能绝对纳入应用伦理学的范畴，它可以属于道德哲学的层次，是理论伦理学。“经济伦理学”概念乃至学科的

① 周中之，高惠珠. 经济伦理学. 修订版. 上海：华东师范大学出版社，2016：3.

② 陆晓禾. 论经济伦理学的研究框架和学科特征. 上海社会科学院学术季刊，1998（4）：89-97.

③ 夏伟东. 经济伦理学研究什么?. 江苏社会科学，2000（3）：91-93.

④ 王泽应，郑根成. 关于经济伦理学研究的几个问题. 上海社会科学院学术季刊，2000（3）：161-168.

提出，并不是因为人们发现了经济和道德伦理有着密切的联系，而是因为人们更加重视经济发展，所以也更加重视道德对具体经济行为的规范和导向功能。

“经济伦理”是经济伦理学里最基本的概念，“经济伦理”不是一个抽象的概念，而是一种社会活动现象或者说是社会精神现象。要如何很好地去理解经济伦理？正如万俊人所说：“经济与伦理原本同宗共源。”① 经济伦理范畴是理解经济与伦理关系的理论切入点。研究经济伦理学必须从经济伦理这个关系范畴开始。而经济伦理作为一个关系范畴，必须通过“经济”“伦理”这两个概念加以论述。

“经济”一词在我国古汉语里指的是“经国济民”，即治理国家、拯救庶民的意思。现代意义上的“经济”就是指人类的一种特有的活动，即指人们从事物质生产及其相应的交换、分配和消费活动。在马克思看来，“经济范畴”是一种形式设定，它在以特定的自然物质存在为载体的同时，反映和体现的是特定的经济关系和生产关系，所以经济的本质是社会生产关系的总和，被物质存在和物质规定所遮盖的经济关系和生产关系才是“经济范畴”的“本质存在”和“本质规定”。

“伦理”一词最早出现在《礼记·乐记》一书中。“凡音者，生于人心者也；乐者，通伦理者也。”② 东汉末期学者郑玄将其注解为“伦，犹类也。理，分也”。从词源学含义来看，“伦”字是辈、类、秩序之意，而“理”字则是条理、道理、剖析、分解的意思。简单地说，伦理是指人伦之理。伦理的含义大体上可以归纳为以下三个方面：（1）指人与人相处过程中应遵循的各种道德原则和规范，如“正家之道在于‘正伦理，笃恩义’”（《朱子语类》卷七十二）、“商君违礼义，弃伦理”（贾谊《新书·时变》）③；（2）指一系列指

① 万俊人. 道德之维：现代经济伦理导论. 广州：广东人民出版社，2000：8.

② 胡平生，陈美兰. 礼记·孝经. 北京：中华书局，2007：135.

③ 罗竹风. 汉语大词典：第1卷. 上海：上海辞书出版社，1986：1510.

导人们行为的观念，是对人类道德现象的哲学思考，以期对人与人之间的关系进行调整；（3）指人们心目中认可的社会行为规范。

伦理的本质是人伦之理，与道德的观念不同。道德的本质就是德行之知，是作为主体的人对伦理观念的主观性把握，它体现的是“道德主体的品质，道德认知、道德践行的境界，以及德性习惯和趋势”[①]，即对道德主体间在交往过程中所应遵循的规范和秩序的主观认知，同时通过这种认知的践行来有效地达到自身的目的和实现自身的利益。所以说伦理与道德有相关性，但伦理不等同于道德。伦理是人与人的关系的原理，道德是人与理的关系的内化、认知和运用。道德属于道德主体的主观方面与主体方式，而伦理属于道德主体间的交往关系，是在道德意识（理性或美德）指导下的人与人之间利益关系的协调原理。可以说，伦理包含了道德，伦理以道德的意识为指导。

学术界认为经济伦理有三个方面的内涵：一是经济主体关于那些由经济行为或经济活动而发生或建立起来的经济关系的道德正当性（即行为的正义性、合理性、真实性等）意识；二是经济主体经济行为中应该遵循的道德规范（包括道德原则、道德行为准则等）；三是经济主体面对道德难题或困境时所作的道德选择。如果这种理解成立的话，那么，我们在此就可以把经济伦理的内涵概括为经济关系的伦理意识、经济行为的伦理准则和经济主体的道德实践这三方面的统一。[②] 可以说，对经济伦理的以上界定，正是混淆了伦理和道德的概念，准确地说，这样的界定是指在经济活动中道德主体的道德意识、经济行为的道德准则和经济主体的道德实践，属于道德主体的品质、认知和践行，属于经济道德的概念，而非经济伦理的概念。

经济和伦理属于两个不同的范畴，但在实践中经济与伦理具有

① 王小锡. 经济伦理学：经济与道德关系之哲学分析. 北京：人民出版社，2015：14.

② 龚天平，李海英. 经济伦理内涵的反思：意识、规范与实践的统一. 中南财经政法大学学报，2013（1）：24-30.

不可分割性，因为经济和伦理研究的对象是社会的经济关系，分别是经济关系中的生产关系和经济关系中的价值关系。或者说，经济与伦理就是社会经济实践活动的两个方面。经济与伦理分别体现人类经济实践活动中交往主体之间关系的物质内容与价值形式，或者说主体与客体两个层面。

在以农耕文明为主导生产方式的中国古代，义与利的冲突，是中国古代经济与伦理冲突的一种表现形式。在中国古代，经济与伦理的冲突，是与其特有的生产方式有关的。在以农业生产为主要社会生产方式的时期，个人的实践活动必然是与家庭的集体活动紧密联系在一起的，在人与人之间的关系上，整个社会强调群体的利益，强调个体对整体的绝对服从，否则个体的行为就是一种“不义”的行为，这个人就是“不义”的人，是不讲伦理道德的人。实际上，这种义与利的冲突、“义”与“不义”之辩，恰好说明了经济是与伦理相关的。首先，“义”与“不义”都表现在对经济利益的取舍上，是与经济直接关联的；其次，“义”与“不义”都是一种以物质财富为内容的人与人之间的关系，都是一种与经济有关的人伦关系的体现。中国传统伦理思想里的“义利之辩”观念之所以被当作独立于经济而存在的意识，还因为其人性论的观点，“义利”的问题被当作人性自身善恶性的外在表现。董仲舒的《春秋繁露》如此描述人性：“性比于禾，善比于米。米出禾中，而禾未可全为米也；善出性中，而性未可全为善也。善与米，人之所继天而成于外……止之内，谓之天性，止之外，谓之人事。事在性外，而性不得不成德。”[①] 善出于性，性不得不成德，道德只是人性中的问题，与外在的事物无关。《荀子·非相》记载：“人之所以为人者，何已也？曰：以其有辨也。饥而欲食，寒而欲暖，劳而欲息，好利而恶害，是人之所生而有也，是无待而然者也，是禹、桀之所同也。”[②] 这段话也说明人的好利恶害是人

① 董仲舒. 春秋繁露. 张世亮，钟肇鹏，周桂钿，译注. 北京：中华书局，2012：378.
② 方勇，李波. 荀子. 2版. 北京：中华书局，2015：59.

性使然，是生而有之的东西。长期以来，“义利”已逐渐抽象为一般的伦理范畴，但在实践中，义与利的冲突，仍然是具体主体间的行为冲突、利益冲突、价值冲突与规则冲突的整合，脱离主体与现实的经济活动的抽象的义利之争是不存在的。

在经济和伦理的关系问题上，西方存在着所谓的斯密问题，使得在社会发展中存在着市场经济与伦理道德天然对立的观念。亚当·斯密（Adam Smith）在他的《国富论》（即《国家财富的性质和原因的研究》）中最早提出了“经济人”的假设理念。“经济人”的假设包含以下几个方面：（1）“经济人”以追求个人的利益为其行为的根本目的；（2）“经济人”为了更好地实现自身的利益才不得不考虑可能有助于“我”的“他人的利益”；（3）“经济人”的自利行为会无意识地增进社会公共利益。从以上假设可知，“经济人”实际上就是理性的人，即努力用最小成本获得最大收益的人。理性的人，并不代表就没有伦理，既然伦理是一种人伦的关系，那么“经济人”的人伦关系就是一种理性的人伦关系，是一种以最小成本获得最大收益同时也不得不增进他人利益的人伦关系。这正是一种新的伦理，即经济伦理。当然这种经济伦理是一种以个人为本位、以理性为基础、以利益为核心的资本主义新型伦理。在资本主义的具体历史条件下，这种伦理观有一定的合理性。当社会经济不发展，社会财富增长缓慢成为主要的社会矛盾时，通过经济的手段可以增加社会总财富，从而满足人们对物质资料的需求，这不失为一种道德性的体现，虽然这里仍然存在分配不公的现象。而伦理道德以追求人性的完善和真善美为目的，通过人心的教化与完善，通过责任意识和自我牺牲精神的培植，从而正确规范、调整人与人、人与社会之间的关系，实现个人（利益）与社会（利益）、利己与利他、自律与他律、公平与效率等关系的协调处理。这是一种直指人心的道德教化，展示了人的超越自我和全面发展的自由本性。属于我们上面所分析的道德范畴的东西，是人的内在表现。而伦理是一种外在的人与人的以经济为内容的价值关系。分配不均，正是在经济发展过程中，进一步要解决的与经济相关的下一个伦理问题，它是一个新的经济伦理问题。

我国自改革开放以来，市场经济高度发展，在增加社会总财富方面已经达到了空前的水平，但同时也出现了前所未有的复杂经济伦理格局。我国不同地区、不同产业、不同劳动主体之间发展差距大，地区、产业、劳动主体间的经济不平衡发展是造成我国复杂经济伦理冲突的内在原因。分配正义问题是物质财富、政治权利、发展机会等社会资源的分配如何最大限度地体现公正性的问题。事实上，分配正义的问题是人类历史上最复杂的问题之一。分配正义的实现也不能完全依赖于人性的无私公正性。马克思主义认为，正义的最高标准是实现能促使人获得全面发展的客观社会物质生产条件，人类历史就是实现正义的漫长历史，社会上占主流地位的正义观的本质是基于一定社会的物质生产方式之上的政治治理、利益分配和人的全面发展。社会主义市场经济不同于资本主义市场经济的一个重要特征在于，它最终要实现的是全社会人民的共同富裕。“共同富裕”作为社会主义的本质规定，是社会主义的最终目标和至善价值所在。允许一部分人先富起来体现的是经济效率原则，共同富裕体现的则是社会公平原则。一个优化的、合理的社会经济模式或体制，一定具有与人类道德理想相一致的价值取向。市场原则往往在解决利益需求冲突时，首先满足有经济实力的一方。一旦贫困的人及地区的需要和富裕的人及地区的需要发生冲突时，市场规则将优先导向满足富者的需求，使富者更富、穷者更穷，最后导致社会贫富分化。所以，必须有超越纯经济手段的道德价值准则去权衡、设定和调控。社会公正表现为“得所当得”。社会经济在其发展过程中，不仅要遵循效率原则，优化资源配置，发挥经济活动规则中的工具理性作用、而且要充分发挥道德理性作用，实现社会发展的价值合理性，使人们经济活动本身的自发性、盲目性更加趋于人类的价值理性。

二、经济的伦理价值取向

经济是人类特有的一种活动，经济活动的伦理性正是由它的社会关系性活动的性质决定的。所谓伦理性，正是一种人伦的原理。每一种经济关系体现的并不只是唯一的经济属性，因为经济必然是人的经济，只要有人和人际关系的存在，包括经济活动在内的所有的社会活动都是具有伦理性的。哪怕这种经济活动只是一个人单纯为满足自我需要的生产方式，也包含着一种伦理关系，即个体与自然环境的伦理关系，因为所有的生产活动必然涉及活动的对象，生产是发生在主体和对象之间的一种活动。这也正是我们今天在讲经济伦理时，要将其向自然环境延伸的原因。而在社会主义市场经济条件下，人们的生产活动表现为以交换为目的的生产方式。生产方式包括生产力和生产关系，生产力显示的是生产方式的物质性内容；生产关系是生产方式的社会形式，它说明劳动者在一定生产资料所有制条件下进行生产所结成的人际关系和分配关系。这种关系除了它的经济属性，在社会层面的意义上，还包括协调各种生产关系的原则（价值之则），即经济活动的生产、交换、分配以及消费过程中的道德伦理。

经济活动以追求经济利益为直接的目的，但经济活动不能为了求利而求利，而应该表现为一种合作理性的活动。

人类的经济活动在远古时代就是一种人类谋生的手段。远古时代的人类，共同劳动，共同享用劳动成果。在大自然面前，人类是渺小的，必须紧密团结在一起，共同面对大自然，所以在田园式的野蛮社会里，不存在资源缺乏的问题，人的经济活动的伦理价值是人与自然的伦理价值的表现。

现代社会的经济活动是指整个社会物质资料的生产和再生产，是一定范围（国家、区域）内，组织一切生产、分配、流通和消费活动关系的系统之总称。在现代社会，经济在以特定的自然物质存在为载体的同时，反映和体现的是特定的经济关系和生产关系，所以经济的本质是社会生产关系的总和。作为一种生产关系，经济中存在着伦理和物质利益两个层次的东西。生产的过程，就是劳动的过程。马克思指出："……劳动过程，……是制造使用价值的有目的的活动，是为了人类的需要而占有自然物，是人和自然之间的物资变换的一般条件，是人类生活的永恒的自然条件……它是人类生活的一切形式所共有的。"① 如果没有社会分工，从以上内容我们可以发现，所谓生产就是生产满足个体需要的产品，生产的是产品的使用价值。当社会出现了社会分工以后，劳动者被固定在所分的岗位上，各自生产不同的劳动产品，使劳动产品出现差异，从而导致交换产品的需要，这时出现了以交换为目的的产品，即商品。

什么是商品？"除它的自然存在以外，它还取得了一个纯经济存在；在纯经济存在中，商品是生产关系的单纯符号、字母，是它自身价值的单纯符号。"② 从劳动产品转换为商品，是因为在特定的经济关系和生产关系里存在一个本质性的规定：劳动产品凝聚了人类的劳动，这种人类的劳动就是商品的价值。这就是商品的纯经济存在，也是一种形式化的存在，却是本质的存在。商品的"自然存在"是它的使用价值，是由具体劳动所创造的，是劳动产品成为商品的自然前提。商品的"纯经济存在"则是它的价值，是产品上所附着的人类劳动，这是由生产中的抽象劳动所创造的，是劳动产品成为商品并进行交换的基础。通常人们在进行商品的交换时，需要的是商品的使用价值，由于社会的分工，使用价值的产生需要不同行业的劳动者的劳动，即生产者与生产资料相结合的物化劳动。劳动者自身劳动能力存在差异，劳动能力强的劳动者物化劳动多，创造的财富也多，其创

① 中共中央编译局. 马克思恩格斯全集：第 32 卷. 2 版. 北京：人民出版社，1998：60-61.

② 中共中央编译局. 马克思恩格斯全集：第 30 卷. 2 版. 北京：人民出版社，1995：90.

造的价值大；反之则小。这就决定了在商品的交换过程中要遵循以价值为基础的等价交换原则。这就是经济伦理中的价值意蕴，是具体经济行为的伦理。同时，经济作为人类社会发展的要务，追求的是效率，最大的效率即社会的整体效率，在经济活动中实现社会的整体效率，这也是经济伦理中的价值意蕴。经济活动包括生产、分配、交换和消费等环节。在生产的环节里，什么样的生产目的才是合乎伦理的，怎样生产才是合乎道德的？如我们要考虑生产是为了个人的利益、集团利益还是大多数人的利益。资本家为了保证商品的一定利润而控制商品生产量，这样的目的肯定是不道德的。再比如，我们要考虑产品以什么方式进行生产，生产过程能否保证工人健康，产品能否保证消费者安全，生产环节是否污染环境，等等。在分配领域，要实现的是分配的公正。分配包括生产资料、劳动者的分配和消费品的分配，在产品分配之前，首先要实现的是生产资料的分配，其次是社会成员在各类生产之间的分配。由于劳动者劳动能力的差异性，为保证生产力的充分合理使用，我们应考虑产品分配前劳动资源如何配置，以及生产之后劳动产品如何分享的伦理问题。在交换过程中，什么样的交换形式合乎伦理更是人们重点关注的伦理问题。而在消费环节，虽然消费是经济活动的最后环节，但消费反过来会影响（促进或消减）生产及资源的配置。在人类与生态环境矛盾日益深化的当今时代，节制的消费还是铺张浪费作为一个个人的道德观念选择，对经济伦理的关系也会产生正面或负面的影响。

纵观很多主张经济与伦理相悖的学术观点，我们发现这些学者普遍认为经济学是追求效率的，而伦理学追求的是至善，至善和效率是不能统一的；经济是理性的行为，而道德是非理性的行为，理性和非理性也是不能统一的。善有三个维度：道德的善、效果的善和效率的善。① 真正的善包含了道德的善、效果的善和效率的善，但其中的

① 科斯洛夫斯基. 伦理经济原理与市场经济伦理. 学术月刊，2007（10）：15-24.

核心维度是道德的善。善的其他两个维度，效果的善和效率的善，只有在不违背道德的善的前提下才是善的。基于道德是非理性行为的主张，在经济学里，人们将道德界定为“凡是理性考虑都不会做的那些事”[①]。亚里士多德以为：“善是目的，幸福是最高善。”[②] 人类的幸福作为最高的善，最好这样实现：“自己有头脑最好，肯听别人的劝告也不错，那些既无头脑又不肯听从的人，是最低等的人。”[③] 这样的道德命题就包含了理性的内容。人的最终实现是人的最终目的，经济只是人实现自身的其中一种手段或方式，是实现人的最高善的方式，人类的经济活动必然包含于伦理的维度之中，这就是经济的伦理特性。

伦理作为一种价值取向，是对“善”的价值的追求。那么什么是“善”？亚里士多德说：“如果从人们所过的生活来判断他们对善或幸福的意见，那么多数人或一般人是把快乐等同于善或幸福。……有三种主要的生活：刚刚提到的最为流行的享乐的生活、公民大会的或政治的生活，和第三种，沉思的生活。”[④] 如果不从哲学的高度去追寻到底什么是“普遍的善”的概念，而从实际的生活考虑，这三种生活方式应该就是人们在现实中对善的生活的价值追求，分别表明了人的三个层次的需求，体现了人的需求实现的递进关系。首先，人必须有物质的幸福，虽然亚里士多德以为“财富不是我们寻求的善”，“它只是获得某种其他事物的有用的手段”，不是最终的“目的善”，但必然是实现最终“目的善”的手段，会成为人们现实生活中对渴望善和实现善的前期性价值追求。其次，人在政治上应该是平等的。按照马斯洛（Abraham H. Maslow）的需求层次理论，人的平等需求的实现是构建在人的基础性需求得到满足的基础之上的。马斯

① 汪丁丁. 道德基础与经济学的现代化. 经济研究参考，1997（5）：6.
② 亚里士多德. 尼各马可伦理学. 廖申白，译注. 北京：商务印书馆，2003：1-9.
③ 亚里士多德. 尼各马可伦理学. 廖申白，译注. 北京：商务印书馆，2003：9.
④ 亚里士多德. 尼各马可伦理学. 廖申白，译注. 北京：商务印书馆，2003：10.

洛的需求层次理论认为人的需求可以分为五个层次：第一层次是基本的生存需要；第二层次是安全的需要；第三层次是情感的需要；第四层次是平等和尊重的需要；最后，也就是第五层次是自我实现的需要。而人的平等需求的满足又是实现人的自由全面发展的前提，而亚里士多德说的人的幸福生活的最高层次——沉思的生活，应该就是人的自由发展的价值追求，哲学家过的就是沉思的生活。在拥有中等财富的基础上，过沉思的生活，这就是一种幸福的生活。要实现这样的“善”的价值追求，物质生活就必然是一个基础。

道德作为一种社会意识形态和上层建筑，通常被当作人的价值追求，但往往被视作人内心的自我约束和自我规范，依靠人的内心信念来实现。如果仅仅把道德理解为一种意识形态，仅仅从人的内心信念和自我约束性来理解道德，这只把握了道德的特殊性，也是一种将道德脱离社会实际，对道德形而上的、唯心主义的理解。按照历史唯物主义的一般原理，道德作为一种意识形态是由经济基础决定的，经济基础决定上层建筑、意识形态，上层建筑、意识形态对经济基础有反作用。道德作为一种意识形态是一定社会经济关系的反映，道德的意识是一定要参与到实际发生冲突的各种利益关系之中的。道德不仅是一种观念性的价值，还存在于实际的生活领域、生产领域，发挥实质性的调整和调节作用。如亚里士多德对“善”的价值追求的描述，指出道德伦理的价值还具有现实性，要反映到现实的生活之中，是现实的具体的幸福，有物质财富，也有精神财富。物质财富的价值追求正是经济伦理要反映和实现的最大的整体“善”，这就是经济伦理要实现的内在价值。

经济伦理是从经济角度思考的伦理，从经济角度看道德的做法自然是要肯定人们对物质财富的正当价值追求，社会中的每一个人都是可以追求自身利益的，物质财富是人生存和发展的基本条件，关键是“利”之所得，要合于“道”。“道”就是正当的，即利益的正当取得方式。什么是正当的利益取得方式？（1）正当合法的劳动所得。资本主义社会资本原始积累过程中的血腥剥夺和残酷压榨，肯定不是利益的正当取得方式；资本家对工人的盘剥、封建地主对农民的剥削也不是利益的正当取得方式。（2）通过合法途径的利益取得。比如公民的财产继承、社会的公益捐赠。当然这样的财富获得不是参与了生产过程的财富分配，不属于人在经济活动中的追求，但也是现实经济活动中存在的一种财富的再分配方式。追求的物质利益，只要合于“道”，在道德上就是正当的，就是可以实现的。这是经济伦理第一个要肯定的价值意蕴。经济和伦理不是割裂开的，追求利益不是一种非伦理，经济伦理正好是义与利的结合，要用“义”的方式去获得“利”。此外，经济伦理还要考虑的是平等获取利益的问题。幸福的价值追求，是人类的共同追求，笔者以为经济伦理更应该表现为一种人类整体的伦理关怀，要实现的是人类整体的价值诉求，所以无论在财富、资源还是机会的配置上，都应该体现一种共享的价值追求。所以公平正义的分配价值追求是经济伦理的核心理念。

伦理作为一种价值追求，必须要达到一种对经济伦理价值观念的道德共识。所谓道德共识，就是生活在一定时代、一定地理环境中的共同体（包括群体和政府组织）中的人通过理性协商而共同享有的一系列价值观念、规范及形成这些共识的基本程序。在前现代社会，由于地缘和血缘的关系，人们是有道德共识的。但到了现代社会，由于社会分工的存在，出现了现代化危机，这种现代化危机就是道德共识的危机，即这种由地缘和血缘关系形成的道德共识出现了危机。这可以说是一个新的经济方式下的新经济伦理问题。围绕新的经济方式，我们要创造新的效率兼顾公平的道德共识。

经济伦理是市场经济与社会伦理的结合。经济伦理的本质还应该是一种制度伦理，是通过可供具体操作的原则、规范，而不是纯粹的个体性意识，把如何实现效率和公平的问题放在具体的制度创新和制度变迁中，通过市场经济的有序运行，依靠法律和伦理道德这两个调整市场的基本机制，有效督促、监督主体遵循的道德准则或伦理规范。与法律相比，伦理机制是一种成本更低的机制。在社会经济活动中，经济伦理作为一种超越市场、超越政府的调节力量发挥着重大的作用。

通常，市场规则所依据的是经济价值，市场规则具有强烈的功利性、工具性和竞争性特征。道德规范所依据的是伦理价值，道德规范具有崇高性、目的性特点和奉献精神。我们要发展市场经济，因为市场在资源配置上的决定性优势，有利于增强经济主体的效率意识、进取意识、竞争意识和创新精神。市场本身也会产生其应有的经济法则，如“等价交换”。市场还能形成与之相适应的道德品质，如“诚信、守时、互惠互利”。但同时市场是一种资本追逐利润最大化、个体追求利益最大化的经济方式，也会产生以自我为中心的利己主义、以金钱至上为原则的拜金主义和畸形消费的消费主义等非道德的现象，以致市场经济运行的道德失范，市场经济的基本秩序无以维持。

社会主义市场经济不同于资本主义市场经济，从本质意义上来看，它应该是符合伦理的经济。在党的十一届三中全会上邓小平同志提出：“在社会主义社会中，国家、集体和个人的利益在根本上是一致的。”1986 年 9 月，党的十二届六中全会形成的《中共中央关于社会主义精神文明建设指导方针的决议》指出：“在这样的历史条件下，全民范围的道德建设，就应当肯定由此而来的人们在分配方面的合理差别，同时鼓励人们发扬国家利益、集体利益、个人利益相结合的社会主义集体主义精神，发扬顾全大局、诚实守信、互助友爱和扶贫济困的精神。社会主义道德所要反对的，是一切损人利己、损公肥私、金钱至上、以权谋私、欺诈勒索的思想和行为，而决不是否定按劳分配和商品经济，决不能把平均主义当作我们社会的道德准则。”党的十四届六中全会审核通过的《中共中央关于加强社会主义精神文明建设若干重要问题的决议》指出：“建立和完善社会主义市场经济体制，必须紧密结合改革和发展的实践，健全社会主义法制，加强精神文明建设，引导人们正确处理竞争和协作、自主和监督、效率和公平、先富和共富、经济利益和社会效益等关系，反对见利忘义、唯利是图，形成把国家和人民利益放在首位而又充分尊重公民个人合法利益的社会主义义利观，形成健康有序的经济和社会生活规范。”

由以上内容我们可以发现，社会主义推行市场经济，是为了通过有效的资本配置实现财富扩大化，追求和实现的是以社会普遍利益或人民利益为出发点的前提下国家利益、集体利益和个体利益的和谐统一。当代中国综合国力的迅速增强，很大程度上得益于市场经济的建设与发展。但与国家治理者的初衷不同的是，随着市场经济的发展及稳步增长，人们的经济观念、价值理念和行为方式也发生了巨大的变化。市场经济作为一种资源配置的方式，依据的是“经济人”的逻辑，如果没有伦理机制与相应的制度制约，而任由市场中“经济人”的趋利本能驱使，社会的发展最终不会导向社会公共福利。这是与社会主义的性质相违背的。“实际上，不论从市场经济的基本性质，还是从社会主义原则来看，现代中国市场主体的理性目的就不应该只是追求自己利益的最大化，而应该将其与社会利益最优化结合起来。”① 在社会主义制度下，企业与经济个体的利润追求应该采用以义利统一的价值观、效率兼顾公平的价值观为核心的经济伦理作为价值导向，最后实现社会的公共福利。

三、伦理的经济利益基础

伦理行为和经济行为在利益的指向上有所不同：经济行为直接以经济利益为目的，是以金钱价值为媒介的现实活动；而伦理行为却超越了经济利益或金钱价值。这是经济和伦理的各自独立性。经济作为一种现实的活动，具有特殊物质载体，具有独特的运行规则。伦理

① 唐凯麟. 伦理大思路：当代中国道德和伦理学发展的理论审视. 长沙：湖南人民出版社，2000：78-79.

作为一种基本的价值，必须渗透到一切社会生产生活领域之中，才能得到体现。经济领域是一种主要的社会生产生活领域，经济与伦理之间必然是彼此渗透、相互交叉的关系。在人类的经济活动中，伦理是受到经济活动制约的，伦理关系总是包含一定的利益关系，伦理行为的过程本身就是以利益为基础的。从经济与伦理的本质关系来看，社会经济的存在与发展从根本上决定着伦理的性质与状态，规定着伦理的内容与形式，为伦理的发展与进步提供最为重要的物质前提和保障。伦理价值是人类经济活动运行的标准与导向，经济是伦理得以存在的利益基础，所以说伦理是经济的伦理。

任何伦理原则和规范都是适应一定社会的经济状况而产生的，在一定的历史条件下，都是以特定的阶级利益为基础而形成的。随着社会经济状况的变化，随着伦理原则和规范所代表的阶级走向没落或被赶下历史舞台，它也必然会失去存在的根据，并且被新的伦理原则和规范所代替。所以在历史的发展进程中，随着经济状况的发展和变化，伦理的发展呈现出不同的特点。

在奴隶社会，奴隶天然被视为主人的“一宗有生命的财产”①。奴隶社会时期是一个典型的没有明确伦理观念的时期，还呈现为将某些人视为财产、视为物，或者说伦理只存在于一定阶层的人与人之间的阶段。中国传统伦理思想从商代起初具理论色彩；到西周时形成了以天命论为思想前提的维护宗法等级秩序的伦理规范体系；到了春秋时期，建立了一个以“仁”为核心的、反映封建等级关系的、体现“爱有差等”的道德规范体系，强调道德义务，轻视功利目的，在价值观上具有道义论的倾向。历史上关于“义利”之争的典型观点有德性主义和功利主义。功利主义主张利是人的正当价值追求，道义的前提是讲利或利人。墨子是这一思想的典型代表。“仁之事者，必务求兴天下之利，除天下之害。将以为法乎天下，利人乎即为，不

① 亚里士多德. 政治学. 吴寿彭，译. 北京：商务印书馆，1965：12.

利人乎即止。”[①] 北宋时期的王安石，也具有与墨家观念相同的功利主义思想，认为义是利的具体体现，表现在国家之利与民众之利的关系上。到了明末清初时期，由于小商品经济的发展，主张人各有私、人各有利的启蒙思想家们就更多了。颜元认为：“世有耕种，而不谋收获者乎？世有荷网持钩，而不计得鱼者乎？……盖‘正谊’便谋利，‘明道’便计功。”[②] 德性主义以传统儒家为代表。孔子说：“富与贵，是人之所欲也；不以其道得之，不处也。贫与贱，是人之所恶也；不以其道得之，不去也。”他主张“君子喻于义，小人喻于利”“君子谋道不谋食”[③]。荀子认为：“荣辱之大分，安危利害之常体：先义而后利者荣，先利而后义者辱；荣者常通，辱者常穷；通者常制人，穷者常制于人：是荣辱之大分也。”[④] 我国传统文化是以德性主义为主导的，重视道德标准，忽视利益基础。但纵观以上观点，无论是主张利，还是反对利，人的价值追求问题都涉及利益，都是以利益为基本点而呈现的取与舍的问题，是在人的精神价值追求和物质价值追求之间，以何者为根本的问题。德性主义有极力排斥利益的主张，这是在我国农耕时期物质不丰富的情况下，对人的正当经济利益需求的贬斥，不能成为普遍的社会伦理价值追求。从现实的意义来说，德性主义并不能从根本上排斥利益，更多是主张在“义”的前提下去谋取利益，如孔子所说的“富与贵”“不以其道得之，不处也”。所以道德伦理不是脱离社会实践的形而上的意识形态，而是以一定的物质利益为基础的，是与人们的生产活动和生产方式相适应的。

中国在历史上是一个以农耕文明为主的社会，传统文化有重本

---

① 北京师范大学伦理学与道德教育研究所. 伦理学经典著作选读. 北京：北京师范大学出版社，2010：115.

② 北京师范大学伦理学与道德教育研究所. 伦理学经典著作选读. 北京：北京师范大学出版社，2010：109.

③ 陈晓芬，徐儒宗. 论语·大学·中庸. 北京：中华书局，2011：41，44，193.

④ 方勇，李波. 荀子. 2版. 北京：中华书局，2015：42.

（农）抑末（商）的倾向，以为求利就是一种不道德的行为，不是君子之为。同时农耕文明社会的生产方式是家庭合作劳动生产的生产方式，家庭以血缘之亲重于利益所得。这就决定了在社会历史的一定时期，重义轻利会成为主流道德价值追求，这是与一定的社会经济发展方式相适应的行为准则，这种思想一定程度上抑制了商品经济发展，阻碍了人们对真正至善、最高善的追求。但这样的思想并不能从根本上说明道德是离开人们的现实生活而独立存在的东西，它仍然存在于人们的日常生活之中，与人们的日常生活息息相关。“利以养其体，义以养其心。”① 虽然“体莫贵于心”，可毕竟体也是天生予人的，人民得利应该是天意。只是得利要有义，义中生利。所以“义”终是离不开一个“利”字的。

在中国的传统伦理思想里，人们在论及“义”时恰恰是围绕“利”展开的，道义的问题更是一个有关个体之间、个体与国家社会之间的利益平衡问题，如王夫之将“义”区分为“一人之正义”“一时之大义”“古今之通义”，认为义就是这三者之间“轻重之衡”“公私之辨”，依时依势而不同，“公者重”而“私者轻”，“权衡之所自定也”。“古今之通义”就是天下百姓的生计大利，就是社会统治者或管理者在统治或管理社会时应有之大义，这就是道德伦理的外在价值，是一种以利益为基础、以功利来衡量的价值标准，体现其作为工具理性的意义。所以说，道德伦理有两个层面的含义：在强调伦理的外在功利价值和手段意义时，调整的是个体间、个体与国家社会之间、社会团体之间的利益关系；而从个体人生修养的人格境界上来看，道德是指个体超越个人利害得失，注重个体内在精神价值和目的的意义。所以，中国古代的“义利观”是一种以利益为基础、个体在价值诉求上又超越利益的经济伦理思想的体现。道德伦理不是超功利的，“它只是通过特定的方式再现社会利益的分配原则。……

① 董仲舒. 春秋繁露. 张世亮，钟肇鹏，周桂钿，译注. 北京：中华书局，2012：330.

只有在功利基础之上，依据社会发展和人的本性的发展规律的要求的道德，才是现实可行的道德”①。

时至今日，还从义与利的关系上去辩论轻重、先后，意义已经不是很重大了。义与利不是本质上完全分离的存在，从历史唯物主义的角度看，功利就是社会和个人存在与发展的基本前提，马克思通过对生产方式内在机理的辩证剖析，指出个人通过“物的形式才取得和证明自己的社会权力”，“每个个人以物的形式占有社会权力”②。经济过程导致人的“物的依赖关系”现象，分裂了人的经验本质和普遍本质，造成人的个性化和社会化的分裂。现代化的生产方式在日益物化的过程中，突出了经济活动的物质存在性，忽略了经济活动背后的本质存在，也日益抽空了道德理想的现实基础，这正是经济与伦理、理想与现实相背离的深层社会根源。

经济的发展为伦理的进步创造了物质条件，是伦理发展的物质基础。但经济与伦理道德毕竟是两个不同的价值维度。人们在经济领域的一切经济活动，其直接的价值取向是现实的物质利益，以满足自身对物质的需要。但道德作为一种社会意识形态也有其独立性，表现为对社会的公正、和谐及人自身的完美与至善的追求，是人对现实物质利益的精神提升。如果将人生的价值与追求全部归结为对物质利益的需要和满足，这样就会将人完全等同于动物性的存在，使人变成经济动物。人既是一种现实性的存在，也是一种超越性的存在，人类发展经济的目的是寻求人的全面发展，是对人的全方位价值关怀，所以，虽然经济与伦理各有其不同的价值维度，但从本质上和发展的终极目标上来看，是可以统一的。

任何经济制度都蕴含着一定的价值追求，市场经济作为一种资源配置的方式，依据的是“经济人”的逻辑，是以市场主体追求利

---

① 唐凯麟. 伦理大思路：当代中国道德和伦理学发展的理论审视. 长沙：湖南人民出版社，2000：499.

② 中共中央编译局. 马克思恩格斯全集：第 30 卷. 2 版. 北京：人民出版社，1995：107.

润最大化为动力机制、以等价交换为运行机制的经济体制。社会主义市场经济不同于资本主义市场经济，其核心精神和基础原则是从社会主义市场经济的内在本性和发展要求中引申出来的，是为了克服经济和道德伦理的矛盾，必须依据义利统一的价值观建设的经济制度。

第一，要大力发展经济。物质文明永远是精神文明的基础，人类日益增长的物质与文化生活的需要离不开经济的充分发展，只有不断发展新的生产力，保证物质文明正确的发展方向，才能推动社会的全面发展，使个人得到全面自由的发展，才能为道德精神文明的建设提供坚实的物质基础，从而克服经济与伦理道德发展的矛盾。

第二，要构建保障公平和效率的社会经济制度。效率是市场经济的典型特点，也是公平分配的前提物质条件。但如果效率压倒一切，人与人之间没有平等可言，就会加剧人与人之间的对立与冲突，甚至引起社会的动荡。只有消灭不公正的私有制，建立公正的社会经济制度，经济与道德才有可能同步发展。这就是以公有制为基础的社会主义制度在经济发展过程中为伦理道德提供的社会制度保障。在提高生产力水平的同时，应注意收入分配的协调，防止贫富分化悬殊。

第三，要倡导共享的经济发展理念。由于目前我国生产力水平低下，地区间发展不平衡，实行市场经济以来，我国采取了让一部分地区、人群先富起来，再通过先富帮助后富，最终达到共同富裕的发展策略。当今，贫富悬殊问题已不是中国特有的问题，而是一个全球性问题。忽视共同富裕这一最终目标，必然导致贫富两极分化，甚至引起社会的不安定。科学的经济发展应通过共享的经济发展理念使先富与后富达到动态平衡。

第四，要实行经济效益和社会效益相统一的经济发展模式。片面强调经济效益的经济发展模式，已经带来了人口膨胀、资源浪费、环境污染、生态失衡、贫富悬殊、精神空虚等社会问题。科学的义利统一经济发展应该高度重视经济效益与社会效益的统一，确保我国社会经济的可持续发展。

四、经济伦理向自然环境的延伸

20 世纪中期是伦理学发展的一个分水岭。因为在此之前，道德关系仅仅关涉与自然无关的人际利益关系，而在此之后，人与自然之间的关系也被当成了一种重要的道德关系。人类的经济活动与自然环境之间存在着一种天然的必要的联系，人类社会经济的发展必须依赖地球上的自然资源，自然是人类经济系统存在的根基，人类社会生活必不可少的物质资源都直接或间接来源于自然界，人类消费和代谢产生的废弃物又必然回归到自然界，人类经济系统永远只是人类在利用和改造地球生态系统的物质和能量过程中形成的一个复杂系统。在人类经济系统与地球生态系统的关系中，随着经济的日益发展，工业文明的历史发展过程中表现出的极度扩张性品质已导致人类与自然的各种矛盾和冲突频繁发生，导致人类的生存环境不断恶化。

中华人民共和国成立初期，生产力发展水平低下，科技能力不强，在经济发展方式上是照搬苏联模式，并且在新民主主义革命留下来的热情还未完全消退的前提下，全国人民满怀希望在短时期内，工业总量上要高速赶超美英，尽快实现共产主义社会，在生产方式上采取的是对自然的一味征服和破坏，结果出现了严峻的生态环境问题。而改革开放以后，我国更是以经济建设为中心，在追求经济高速发展的过程中忽视了生态环境问题，结果环境不断恶化，生态压力越来越大。

在当今社会，加强生态文明建设已经不再是一句空洞的口号，工业文明时代，人类确实取得了前所未有的辉煌成就，但也遭遇到了前所未有的社会危机和生态危机，当代社会全球普遍遭遇到了环境恶化和人文精神失落等问题，这正是传统工业文明下经济发展方式的局限性的体现。由此，人类在发展社会经济的同时，必须加强反思和行动，主动、自觉地协调经济与自然环境之间的关系，实现经济、社会和自然的全面可持续发展。

马克思曾在《资本论》中指出，社会经济形态的发展是一种自然历史过程。马克思关于“自然历史过程”的思想揭示了一个客观事实，即人类经济活动与自然环境之间存在一种天然的联系。人类自古以来就承认自然界是一个资源宝库，它为人类提供空气、水、阳光、矿产等物质性社会资源。人类通过发展农业、畜牧业、工业等多种方式从自然界获取所需要的各种物质性社会资源，并在此基础上谱写了他们在地球上生存和发展的光辉历史。在原始社会，原始人就在大自然中进行各种采集、狩猎等经济活动，直接从自然界获取生活所必需的各种物质资源，那时的人类对自然的依赖是一种直接的依赖。但基于当时人们认识能力的局限性，早期人类对人的经济活动与自然环境关系的认识是朦胧的，对自然的态度更多是强烈的敬畏之心。进入文明社会以后，在早期的农耕文明时期，人类的经济活动还是依赖于自然的，虽然这个时期的人类经济活动不是完全从自然中直接获取，而是开始生产他们自己所需要的生活资料，但所有的经济活动还是在依赖自然和顺应自然的前提下得以很好实现的。可以说，当时的人类是在师法自然的过程中得到自由发展的，人类对自然的态度依然是尊重和顺应之心。从 18 世纪中叶开始，人类的技术革命将人类社会带入了崭新的时期，这一时期是人类文明取得巨大进步的时代。

人类来源于自然，自然是养育人类的母亲，但长期以来，由于自然界总是充当着人类社会生活的资源供应者的角色，人类很容易将其视为一种工具，即将其当成人类在地球上实现生存和发展目的的手段。

人类与自然的关系实质上是子与母的关系，但工具主义自然观却将其理解为支配者和被支配者、控制者和被控制者、统治者和被统治者的关系。在工具主义自然观的框架之内，“自然界”这一养育人类的母亲沦为被人类疯狂算计、盘剥和掠夺的对象。长久以来，人类把征服和控制自然的过程和结果视为文明的根本标志。这种思想可以追溯到原始社会。原始的采集、狩猎活动对于人类来说是艰难的，但它们塑造了人类最早的工具主义自然观。那些原始的人类劳动用直观的方式向人类暗示，只要付出辛勤劳动，自然界就是可以征服和控制的。古代中国流传的“女娲补天”“精卫填海”“愚公移山”等神话传说或寓言就包含工具主义自然观的内在精神。事实上，原始社会的人类在数量上非常有限，而他们生活于其中的自然界似乎是漫无边际的，他们的采集、狩猎活动非常自由自在，这种生活现实也很容易推动他们产生征服和控制自然的幻想。在工具主义自然观里，“自然界”或“自然”是一个被扭曲的意象。由于自然界似乎能够源源不断地为人类提供他们所需要的所有资源，人类倾向于错误地把它视为一个取之不尽、用之不竭的自然资源宝库。这种观念上的错误使人类在开发利用自然资源的时候很容易无视自然规律的存在，很容易忽略自然界承受人类活动的实际能力，很容易不重视其自身与自然的关系状况，也很容易采取不择手段、不顾后果的做法。

工具主义自然观使人类错误地把自然界的存在价值仅仅归结为一种工具价值，即自然界能够满足人类资源需要的价值。自然界对于人类来说确实是一个资源宝库，因为它确实充当了人类物质生活的资源供应者——如果没有自然界的资源供应，人类的物质生活是难以想象的；然而，自然界也绝不是一个取之不尽、用之不竭的资源宝库。

生态学研究告诉我们，自然资源有不可再生资源和可再生资源之分。不可再生资源用一点少一点，具有显而易见的稀缺性。可再生资源可以依赖自然生态系统本身的再生能力而不断再生，但它们再生的前提条件是自然生态系统必须得到很好的保护。阳光、水、空气等可再生资源的供应不仅受制于地域，而且与地域的自然生态系统状况直接相关。

在现实世界中，有些地方（如非洲）并不缺少阳光资源，但水资源短缺是许多地区的生活难题；有些地方（如我国淮河流域）并不缺少水资源，但由于水资源污染严重，人们也因为缺乏可饮用的水资源而陷入水资源困境。这样的事实告诉我们，自然界为人类供应自然资源的能力是有限度的。这一限度的存在使不可再生自然资源和可再生自然资源都被打上了“稀缺性”的烙印。“稀缺性”不仅使自然资源的分配有数量上的限制，而且使自然资源的分配受制于人类的分配正义观念。

自然资源来源于自然界，但它们一旦作为人类社会生活必不可少的资源而存在的时候，它们就不再是纯粹的自然资源，而是变成了能够被人类分配和消费的社会资源。人类与自然的关系是复杂的，但这种关系归根结底是人类如何开发利用自然资源的问题。人类要么用算计、盘剥和掠夺的态度与方式开发利用自然资源，要么用尊重、节制和保护的态度与方式开发利用自然资源，这两种态度和方式都能反映人类对待自然和自身的道德价值观。

当代社会的经济发展已经导致了一系列的社会危机和生态危机，如社会贫富分化严重、国际政治秩序不安定、人口膨胀、核战争威胁等社会危机，以及生态破坏、环境污染、资源短缺等生态危机。人类在当代社会所面临的危机和困境预示着人类文明的又一次跃迁，人类社会的当代文明正在由工业文明向生态文明转型。党的十七大报告指出：“建设生态文明，基本形成节约能源资源和保护生态环境的产业结构、增长方式、消费模式。”建设和发展生态文明成为当今时代的标志，“文明”是反映人类社会发展程度的一个概念，生态文明是追求人类与自然生态环境协调统一、和谐发展的新型文明。生态文明需要一种与之相适应的经济形态，使经济发展与自然生态环境相融合，这就要求未来的经济发展方式是生态经济的发展，并且生态经济需要一种与之相适应的经济伦理，即生态经济伦理，以指导经济的发展与自然生态资源相协调。

1987 年，世界环境与发展委员会在《我们共同的未来》报告中将“可持续发展”定义为“既满足当代人的需求，又不对后代人满足其自身需求的能力构成危害的发展”，即“在不牺牲未来几代人需要的情况下，满足我们这代人的需要”。可持续发展模式的价值合理性基点，就是在当今和未来的发展中，必须保持利益关系的和谐。生态问题归根结底是利益问题，这个利益问题涉及当今世界不同国家在利用自然资源和分担生态责任方面如何实现机会平等、责任共担，也涉及当代对未来人的利益补偿，当代人和未来人如何公平地享有地球。扩大资源利用、生态环境使用会给使用者带来利益，而保护生态环境的行为牵涉到一定的责任成本和利益的损失，所以在保持人与自然关系公平和谐的基础上，协调和理顺各种社会利益关系是构建生态文明建设的重要条件。

自然生态问题，是人类内在精神危机的外部表现。失去内在精神的人会去疯狂地追逐外在物质，而人越是追逐外在物质，就越会失去自己的精神家园。科学技术本身是无辜的，自然与人本质上并不是对立的。人的本质力量是需要外在对象化的，而大自然也需要在人的理性中展现自己的意义和无限领域。认识和利用自然并不是人类的错，人类的失误在于未能和谐地把握科技工具理性和道德价值理性的平衡关系。所以，人类只有从根本上完善未来经济活动的道德价值理性，才能在经济活动的可持续发展中，逐步改变现行的生产方式和消费方式，转变轻视生态失衡和环境污染的观念，努力建立起人与自然和谐发展的新的生产方式和消费方式，增强保护环境、保护生态的生态经济伦理观念。

生态经济伦理是在发展生态经济过程中的道德追求，是实现经济生态化的最基本要求。它要求人类在发展经济的过程中不能造成自然资源的浪费性使用，不能以对自然环境的破坏作为代价。生态经济的发展不能再适应传统经济的以自然资源的高投入、高消耗来获得高产出的经济发展方式，而是作为一种高效率的经济强调“自然资源的生产力”。“自然资源的生产力”是指“单位自然资源能生产多少有用产品的数量的比率”。经济的生态发展就是提升自然资源的生产力，通过改变生产、生活方式，在经济发展中彰显资源节约、环境友好，在节约资源、节约资本的前提下，提高与改善人的生活质量，实现人与自然的生态和谐。

人类文明从渔猎文明发展到农业文明再发展到了今天的工业文明。渔猎文明和农业文明的经济形态以自然经济为主，这种“日出而作，日入而息，凿井而饮，耕田而食”的劳作方式是与自然相协调的经济发展形式，人们周而复始地与自然和谐共处。到了现代，工业的发展方式已经与传统的劳作方式发生冲突，经济增长与自然环境的矛盾空前暴露，自然资源大量消耗，生态环境因受到人类经济活动的干扰和破坏而不断恶化，这些都给人类自身的生存和发展带来了各种危害。随着工业文明的出现，人类在长期的经济增长过程中付出了沉重的生态代价。

自联合国倡导在全球范围内实行可持续发展战略以来，面对自然资源相对不足、环境污染日趋严重、生态平衡频遭破坏等情况，一些有远见的政治家、经济学家开始反思自近现代以来西方经济发展的模式，纷纷发表著作批判西方世界单纯追求经济发展速度和规模而不顾生态环境的经济发展观，并在此基础上提出可持续发展的思想。可持续发展思想蕴含着十分深刻的伦理意义，可持续发展的本质即把环境与经济发展作为一个整体来考虑，认为人类社会的经济发展只能以生态环境和自然资源持久、稳定的支承能力为基础，且不危及子孙后代生存发展的利益。可持续发展思想将维护生态平衡、保护资源和美化环境同经济发展联系在一起，要实现的是经济与环境的良性平衡，所以生态伦理本身即一种经济伦理的诉求和价值观念，要求把经济的战略和目标定在可持续发展的基础上，在维护生态平衡和保护人类共同的生存家园的前提下寻求经济的发展和进步。生态伦理本质上是指人类在寻求经济发展的过程中将生态价值作为其经济活动的一个伦理价值考量标准，是经济伦理的一个维度。

今日广泛存在的生态环境问题是由之前不顾生态环境的经济发展观引起的，所以生态环境问题的解决根本还在人类的经济活动上。如果说人类在受到生态危机严重威胁的情况下已经决心踏上生态文明之路，那么，人们首先需要转变传统经济思想和经济观念，培养和增强生态经济思想和生态经济观念。所谓生态经济，也可称绿色经济，经济学界一般将其界定为在生态系统承载能力范围内，运用生态学原理和系统工程方法改变生产和消费方式，挖掘一切可以利用的资源潜力，发展一些经济发达、生态高效的产业，建设体制合理、社会和谐的文化以及生态健康、景观适宜的环境，以实现经济腾飞与环境保护、物质文明与精神文明、自然生态与人类生态的高度统一和可持续发展的现代经济体系。而今日的经济发展方式也在发生着根本性的变化，掀起了一场全球范围内的经济革命。知识经济以信息产业为基础，而拥有高附加值的高科技产业群和运用高科技手段处理信息的高素质人力资源，以知识作为经济增长的动力和重要手段，使经济增长方式实现由传统的资源消耗型向信息消耗型过渡，为抑制全球范围内的生态环境恶化开辟了新的道路。知识经济是一种节约型生态经济，它的出现大大缓解了人类在发展经济过程中与自然的矛盾，有助于重新构建人与自然环境的和谐共存。知识经济集发展经济与保护环境于一身，从物质技术和经济实力上为资源与环境的保护提供了保障。

生态伦理的核心内容是实现经济的可持续发展，可持续发展涉及的不是经济要不要增长的问题，而是经济应该怎样增长的问题。经济的可持续增长不仅要满足人们日益增长的物质和文化需要，还要满足人们追求舒适、安全、清洁和优美环境的生态需要。党的十九大报告提出“建成富强、民主、文明、和谐、美丽的社会主义现代化强国”的新目标，其中增加了一个词“美丽”，这个“美丽”即指加强生态文明的建设，树立和践行“绿水青山就是金山银山”的理念，像对待生命一样对待生态环境，形成绿色的发展方式和生活方式，坚定走生产发展、生活富裕、生态良好的文明发展道路，建设美丽中国，为人民创造良好的生产生活环境，为全球生态安全做出贡献。将生态伦理的观念纳入现代经济发展体系，是实现可持续发展战略的现实操作，这关系到“美丽”目标的实现。

五、经济伦理向网络世界的拓展

社会发展到一定阶段，就会有与之相适应的经济形态，随着信息科技的不断发展和进步，互联网已成为人们生活中必不可少的部分。网络通常指的是以国际互联网——Internet 为代表的计算机网络。计算机网络系统是一种将分布在不同地理位置上具有独立功能的计算机、终端及其附属设备依靠通信手段连接起来以实现资源共享的系统。计算机网络是一种新技术，它的出现，是人类历史上一次重大的技术革命，标志着一种以人的智力为核心的新的生产力的诞生。在历史上，以机械、电力为代表的新生产力取代以人力、畜力为代表的旧的生产力，曾经推动了农业社会向工业社会的转变，而以智力为核心的网络生产力的形成，也引起了社会经济的进一步变革，导致一种新的经济形态——网络经济的产生，从而使工业社会走向了信息社会。在 20 世纪末，由于国际互联网的发展已引起了全球经济的一体化，网络经济成了全球经济发展的重要组成部分。现代计算机信息与网络技术的开发和应用把社会及其成员带入了一个全新的信息网络时代，通过高智能化、信息化的全新手段，推动了社会经济的迅速发展。这是不同于传统经营模式和结构的网络经济模式的时代，在这样一个全新的时代，人们在发展经济的过程中不得不面对技术上的

“可能”与伦理上“应该”的选择，由此产生一些新的伦理问题，这是一个新的经济发展过程中的伦理思考。

计算机本身没有太多神奇的地方，但是当计算机与电话线接在一起时，一个新兴的“宇宙”便产生了，它巨大无比，浩瀚无垠，这个空间被称作互联网。从 20 世纪 80 年代初开始，通信技术与计算机融合，以这种科学技术为根基的社会经济跌宕起伏地发展了起来。互联网产生最初是因为科研学术网的发展需要，带有浓厚的非商业化性质。1993 年美国正式启动国家信息基础设施规划，即我们通常所说的“信息高速公路计划”，这项政策的出台将正发生在信息领域的技术革命迅速推向高潮，将信息网络技术从军事、科研、教育等非商业性领域扩张到商业性领域。互联网迅速地触及人们的日常生产、生活，把社会各部门、各行各业以及各国、各地区连成了一个整体，把世界变成了一个由网络包围着的“地球村”。

什么是网络经济？纵观学界的不同表述，我们可以将其大致分为两种类型：一种是从产业的层面来理解的网络经济，限定为信息和网络产业，指在信息和网络产业中的经济活动与经济问题；另一种是覆盖整个社会的网络经济，不仅包括信息与网络产业等新兴的产业，也包括被信息化和网络化的传统产业，涵盖了生产、流通和消费的整个过程。通常在对网络经济的理解中，我们更倾向于将网络经济视为一种涵盖整个社会经济的各个层面和社会再生产的整个过程的经济形态。我们要研究的网络经济应该是这种广义层面的网络经济，它是一种具有全社会意义的新的社会经济形态。我国经济学家乌家培就认为“网络经济就是通过网络进行的经济活动”①。

网络经济是继农业经济和工业经济之后出现的一种新的经济形态，它是以信息与网络产业为主导产业、以信息与知识为主导资源的经济形态，是以计算机网络信息技术为基础、以各种计算机网络为平

---

① 乌家培. 关于网络经济的几个问题. 山东经济战略研究，2000（4）：8-9.

台进行的各种经济活动及在此基础上形成的各种经济关系的总和。网络经济不仅包括物质的，也包括非物质的。网络经济极大地提高了劳动生产率，推动了社会经济的快速发展。

网络经济是以信息与知识等非物质资源占主导地位的经济，不同于以土地、劳动力、资本等物质资源为其主要资源并占主导地位的传统经济。“信息”是现代网络经济中资本的主要形式，是决定网络经济发展的最重要因素，因为在网络经济环境下，经济的发展依赖的是信息和知识等无形资产。在目前的社会经济中，大部分产业都将成为以信息与网络技术为基础、以信息与知识为核心的产业，在其生产的产品和服务中，都将包含有大量的信息和知识。这就意味着在网络经济中，知识和信息决定着行业和企业的生存发展。现代社会的大部分行业都离不开信息和知识，“信息”就意味着市场资源和生产手段，对信息的不同占有关系将带来人们经济地位上的差异和利益的差别。正如同凯文·凯利（Kevin Kelly）在《失控》里说的：“网络是用导线将群体意识连接起来，创造出某种星球之脑。”“从网络文化中还会涌现出一种全球意识……。网络经济所哺育的将是一种新的灵魂。”

网络经济不仅是一种新型的经济形态，还是一种新型的交换方式和交往方式。在每一台计算机的背后，一定具有掌握和使用它的人。计算机网络所连接的并不仅仅是计算机，更是计算机背后的组织和个人。这些组织和个人通过网络开展各种经济活动，发生各种经济关系。人们在网络经济中形成的各种关系更是一种以事实、技术为载体的价值关系、伦理关系。因此，我们在发展和研究网络经济这一新的社会现象时，除了要关注其中的技术问题，更应该重视其中所蕴含的伦理问题。“互联网的最大成功不在于技术层面，而在于对人的影响。”① 网络经济打破了传统经济的活动空间并改变了其面对面的交

① 胡春. 网络经济学. 北京：清华大学出版社，2010：15-16.

易方式，具有一定的虚拟性。在网络社会里“生活”的人不需要面对面交往，可以不留下真实的身份，网络社会里的人的经济交往可以不受时空限制，这些是网络社会的特点，是现实社会所无法比拟的。人们在面对现实社会和网络社会两个不同的空间时，常常会产生迷茫和恐惧等不适应情绪，使得在经济领域中的人际伦理关系变得更加复杂和难以捉摸。

网络经济作为社会经济发展的一种新的形态，仍然是市场经济的一种，应当具有市场经济的特性。改革开放40年，我国在实行市场经济体制之后，个人、企业、政府等市场经济主体都积极地参与市场经济活动，表现出对经济效率或经济效益的狂热追求。这种全民狂热追求经济效率的局面刺激了经济增长，但在向市场经济转型的过程中，这种普遍求利的表现与行为已经暴露出我国市场经济主体普遍缺乏道德责任感的问题。市场经济是自由竞争、效率优先、兼顾公平的经济，追求效益最大化是市场经济内在的客观精神，于是推动社会生产力迅猛发展就具有了充足的伦理意义和道德价值，功利主义作为一种重要的社会价值成为市场经济活动的基本伦理精神和道德原则。在这种功利精神的指导下，凡有利于效益的经济活动、行为、关系和体制，都是道德的、善的；反之，则是不道德的，是一种恶。在市场经济体制下，网络经济相比传统工业经济，其内容和形式都有了新的发展和变化。互联网消除了时空的差距，在网络经济中，网络强大的信息功能可以将原本分散的技术资源、人力资源和管理资源快速、有效地整合起来，使其形成一种新的虚拟的企业。同时网络强大的信息功能也构建了一个虚拟的网络市场，在这样的市场里，信息充分，壁垒低，零时滞。这一切都使得网络市场经济更自由，竞争程度更高。与传统经济相比较，网络经济中由于网络的特性，技术和法律控制功能都被弱化，社会控制系统内在的张力发生了变化，对经济主体的道德与自律要求也就更高。

市场经济的基本价值规律是商品交换应该实行等价交换原则。

也就是说，在市场经济活动中，每一个市场主体都应当在相互平等的基础上，互惠互利，追求个人正当物质利益，兼顾他人、集体和社会的利益。网络经济是依托在传统经济的基础上发展而来的虚拟经济，这种虚拟性使得人与人之间的关系更为复杂，使得经济领域的人际伦理关系变得更为复杂。

我们通常论述网络经济所引起的伦理危机，无外乎这么几类：(1) 信息资源共享问题。网络原本应该是一个能更好实现信息和资源共享的平台，然而，不同国家、不同地区、不同组织、不同阶层、不同群体之间基于自身利益的考虑又势必存在信息垄断，导致信息资源在实践中很难实现共享，并且网络的虚拟性也使得网络经济活动中行业间的垄断更具有隐蔽性和欺骗性。(2) 编制诈骗程序、散布虚假信息等获取非法利益，导致网上经济犯罪花样不断翻新，危害愈来愈大。(3) 知识产权保护的危机。信息的复制、传输、处理、采集、使用等网络技术的出现，导致知识产权的发生、使用和分配出现了前所未有的新情况，知识产权保护问题日益复杂化。(4) 信用的危机。网络虚拟性反映在经济行为方面是主体的虚拟性，出现大量不规范、不诚信的经济行为。总之，这些都是现代科学技术带来的伦理失衡，引发了信息垄断、虚假信息、病毒、黑客、网络盗窃等伦理问题。

网络经济主体的伦理意识、伦理规范和伦理行为与传统经济主体的并没有太多区别，只是网络的数字化和虚拟化等特点使得网上经济活动更显扑朔迷离。表面上看，网络的数字化和空间距离感让人以为网络市场经济活动是虚拟的，网络将物理实体抽象为数字化的以 0，1 为形式的符号，将物理空间中所有事物的属性抽象为信息代码，将质的区别抽象为量的差异。人们的身份、形象、个性甚至是性别都被符号所代替，“数字化”成为网络时代的标志，现实空间中的人的真实生活被数字化，这种生活状态成为人们的一种新的生存方式，在虚拟空间中发挥与现实活动等效的作用。如发送电子邮件、网上购物、电子买单等，大大地实现了人在交往和发展中的自由度。曾国屏等人在《赛博空间的哲学探索》一书中提出“赛博空间”改变了人们交往的方式，改变了人们以往获取信息和处理信息的方式，并改变了信息本身的产生和储存方式，在这种方式的变化中，人与人、人与社会甚至是人与自然之间的关系都在发生微妙的变化。[①] 但这并不代表“赛博空间”是完全虚拟的世界。冯务中在《网络环境下的虚实和谐》一书中提出了“网络虚实二重性”理论，在网络空间中，人的姓名、性别、身体状况、家庭状况等是一连串的符号，但这种符号与现实的生活相比，并不是虚假的，甚至比现实的生活更真实。因为在网络中表面上个体的信息可以删除，而计算机的操作只是在原来的信息数据上做了一个删除的标记，只要你愿意，这些信息在计算机那儿是随时可以恢复的。每个现实的经济主体在其网络经济活动过程中都会留下痕迹或者有迹可寻，所以人们在网络社会中的行为会比现实生活中的行为保存得更加长久。只是在现实的生活里，由于距离的存在，人们对网络往往产生虚拟的错觉，相对于传统经济行为，以为自己处于数字化、匿名化的网络经济中的主体行为的随意性会更大，责任、义务等意识都会弱化。代之而起的就是人的行为的不负责任性和随意性，导致网络经济在发展过程中面临着更大的伦理危机。

连接现实社会与网络社会的纽带，是网络相关利益群体在网络经济活动中带来的利益要求，这些要求渗透着网络经济利益主体的伦理价值取向。所以网络经济的伦理问题和传统经济的伦理问题，在本质上并无太多差别，只是从表面上看网络的数字化和虚拟性加强了交易主体自以为的隐蔽性和责任缺失感，导致出现系列网络经济活动中的伦理问题。正在兴起的网络经济活动中出现的一系列问题，依然是指市场经济自由经济形式的问题。传统市场经济的伦理原则，

① 曾国屏，李正风，段伟文，等. 赛博空间的哲学探索. 北京：清华大学出版社，2002：10.

市场交易活动的基本原则——诚信原则，调节人们在经济活动中利益关系的杠杆的公平原则，刺激市场经济发展、保障市场经济效率的自由竞争原则等，在网络经济中都是适用的，而且需要更好地被遵守。网络为人们的生活提供了更多自由选择和空间，人们在互联网所形成的虚拟世界中可以更好地展示自己。随着时代的发展、社会的进步，人们的知识和生活水平逐渐提高，那些靠坑蒙拐骗、要小聪明起家者将越来越站不住脚。对于正在兴起的网络经济，诚实守信永远是商家和顾客都必须遵循的一条基本原则。欺诈只会使人们越来越反感，它是人类文明发展过程中永远的道德障碍。网络经济活动必须主张诚信无害，诚信应该成为网络经济活动中最低的道德标准。

网络经济依赖的是计算机信息与网络技术，而它只是一种强大的工具，怎样使用这种工具，给人类带来什么样的生活，最终完全取决于人自身，网络经济在其运行和发展的过程中引发的一系列伦理危机和挑战，可以说完全取决于人的伦理价值取向。在传统工业经济中，各竞争主体间产业界限清晰、竞争规则明确，独立发展。但网络经济不同，网络信息技术的迅速发展使个体的相互依赖性越来越强，产业界线变得模糊，产业间只有通过相互合作，才具备较强的生存能力。这是网络经济与传统经济相区别的根本所在。网络经济并不仅仅局限于一个产业或由若干个产业所组成的产业群，而是一种社会经济形态。网络经济的许多特征则更多地表现在信息和网络产业的经济活动中。可以预见，随着传统产业的信息化、网络化改造和整个社会的信息化、网络化程度的提高，传统经济都将被纳入网络经济的范畴，网络经济也就成为一种真正意义上的经济形态。知识的创新、信息的传播和一切智力成果的广泛应用已成为社会经济可持续发展的动力，使得网络经济不仅节约了资源，而且提高了生产效率。网络经济是建立在互联网基础上的经济形式，它的资源成本几乎可以忽略不计，然而效率却成倍增加。它的这种特性解决了传统工业经济不可持续的问题，实现了资源的合理有效配置，也使得网络经济成为未来社会的主要经济形式。

网络经济的规律将成为一种具有普遍意义的规律，支配整个社会经济的运行过程。为了保证网络经济正常地、更好地运行，在虚拟的网络世界里，网络经济主体必须树立伦理意识，在观念伦理方面，要树立诚实、守信、顾客至上、平等交换等适应网络经济发展的价值观念。不能利用网络数字化、虚拟化的特征从事信息欺诈活动，而应该让更自由的网络市场经济通过人的更高的自觉性获得与传统经济所需要的一样的秩序性。另外，在网络经济活动中，人们需要更明确的伦理标准和原则来规范网络市场，所以要加强规范伦理、制度伦理的建设，要建立适应网络经济的、具有更强自我约束力的完善的制度。目前，很多国家都出台了一系列规范网络经济活动的具有技术性和伦理性的网络经济活动规则。在制度伦理方面，为了更好更严厉地打击各种网络犯罪，整顿好网络市场秩序，国家需要出台相应的法律，健全网络监控和安全认证体系，建立风险投资制度，建立适应平台式网络经济发展的现代管理制度，为网络经济的发展提供制度上的保障。

网络经济是人类经济发展进程中的一次巨大飞跃，它本身就包含着人类的“进步善”和人的自由全面发展的道德内涵。

第五章 经济伦理诸形态与国家治理

钱穆先生将人生分为三个阶层：第一阶层是“物质的”人生，即“自然的”“经济的”人生；第二阶层是“社会的”人生，或称“政治的”“集团的”人生，如家庭组织、国家体制、民族分类等；第三阶层是“精神的”人生，或者说是“心灵的”人生，如宗教、道德、文学、艺术人生，这是一种“历史性的、超时代性的”人生。[①] 自然的人生是人类生活必须先经历的一个阶段，人首先是物质的人，必须用外在物质来保全自己生命之存在与延续，其典型活动为经济活动。人是一种社会存在物，经济活动是人所特有的存在方式，经济的生活是文化的基层，但它是人类生活必经的第一个阶段，它的实现也不能离开人类其他文化；人类还必须实现和发展“政治的”人生、“精神的”人生，即进入政治的和伦理的生活。黑格尔说：“国家是伦理理念的现实——是作为显示出来的、自知的实体性意志的伦理精神。”[②] 人必须在国家的状态下，才能实现经济利益的获得与共享，实现与其他人、与社会、与自然的和谐共处，实现个体的全面自由发展。

政治也以一定的经济为基础，以某种伦理价值为目标。亚里士多德说：“政治上的善即是公正，也就是全体公民的共同利益。”[③] 国家与国民的真实关系是一种双向的伦理关系：国家有权要求国民承担和履行它提出的正当义务要求，国民也有权要求国家尊重和维护他

① 钱穆. 文化学大义. 北京：九州出版社，2011：4，6.

② 黑格尔. 法哲学原理. 范扬，张企泰，译. 北京：商务印书馆，1961：288.

③ 亚里士多德. 政治学. 颜一，秦典华，译. 北京：中国人民大学出版社，2003：95.

们的正当权利诉求。国家是真正意义上的伦理领域，人类只有在国家之中才能实现个人独立性和普遍性、内在自由和外在自由、自律和他律的统一。国家也被视为维护国民基本权利的制度性体系，这是国家治理走向现代化的最重要标志。国民的基本权利可以进一步界定为国民平等地拥有正当国家生活的基本自由。这种自由是在每一个国民的意志自由能够不相冲突地同时存在的基础上确立的，包括国民在国家状态下正当占有物质财富、思想观念、发展机会、幸福等社会资源的自由。国民在国家中对社会资源的占有并不是绝对自由的，而是必须通过国家分配的途径来实现。国家严格的制度规定适用于物质财富、思想观念、发展机会、幸福等社会资源的分配，国民则按照国家的制度规定来获取所需要的社会资源。

国家治理是国家治理者借助一定的理念、机构、规范、人员等对国家的运行进行综合整治的活动。“国家治理”是一个全新的政治理念，它在我国的出现标志着中国从传统的专制统治走向现代民主，从过去维护阶级的利益转向现在维护社会的公共利益。“国家治理”是一个政治问题，也是一个伦理问题。政治从来都应该具有伦理性，中国的儒家文化在政治理念上一直推崇的是“仁政”，就是一种追求天下为公的“大同”理想的道德政治。西方社会虽然长期以来将伦理与宗教联系在一起，认为没有上帝就没有伦理，但也不乏思想家重视政治的道德保证。如柏拉图认为要构建正义的城邦，必须实现个体的善与社会正义的统一。亚里士多德也认为必须加强德性教育，“一个城邦必须有相同于人们所由称为义士、为达者、为哲人的诸品德，唯有勇毅、正义和明哲诸善性，才能达成善业”①。这样才能实现政治的正义。政治的善依赖人的德性，即人的善，政治是人的政治。对国家的治理，无论是采取人治，还是采用法治，都必须重视道德的作用，尤其是国家治理者的道德品质。政治伦理，其核心也是强调政治

① 亚里士多德. 政治学. 吴寿彭，译. 北京：商务印书馆，1965：347.

向善、求善和行善的内在善性，要求政治通过促进国家发展、社会进步和国民幸福的方式，彰显崇高的合伦理性。故而，国家治理的最重要伦理价值目标是维护分配正义，将物质财富、思想观念、发展机会、幸福等社会资源，在国民中间进行公正合理分配。

经济的伦理思想不应该只是与市场经济相关的伦理思想。人类的经济活动是一个动态发展的过程，当今中国的市场经济属于经济发展过程中的一种形态，与之相伴会有新的经济伦理思想，如市场交换中的道德秩序、分配法则和主导价值体系等产生。但从总体上看，经济伦理是指一定历史阶段人们对待经济关系的伦理意识、对经济行为的伦理准则和对经济主体的道德实践。在中国传统经济伦理思想之中，中国对经济伦理的论述是从“义利”角度展开的，在道德与利益的关系问题上，中国社会长期以来遵循的是以“重义轻利”“安贫乐道”为主流思想的传统经济伦理，把利益摒弃在人的德性之外，这种以牺牲自我利益的需要性来为社会作贡献的传统经济伦理在一定程度上是依赖意识形态强有力的自我约束以及社会成员对精神价值的理想追求而得以实现的。随着传统社会向现代社会的演变，人类的经济生活表现出愈益突出的地位，在整个社会生活中的重要性也逐渐增大。传统社会形成的完全依赖于人的精神诉求的经济伦理意识也必然随之发生根本性的转变。

现代社会必须构建以人为中心的经济伦理，实现人对物质生活、精神生活的各种满足与需要，包括在生产、交换、分配和消费过程中人们各种利益的均衡。这种利益的均衡依靠一种分配的正义而实现。分配的正义可以依据个人的分配正义，也可以依据社会的分配正义，而要实现广泛的正义原则，更多情况下必须诉求社会的分配正义。“人类文化，应该由道德来领导政治，再由政治来支配经济，必使经济与政治皆备有道德性。”[①] 在国家政治生活的运作过程中，实现经

① 卢风. 中西文化交汇中的环境伦理、政治伦理和经济伦理：儒学与全球伦理国际学术研讨会述评. 道德与文明，2013（2）：156-160.

济的分配正义，必须依据经济伦理思想的指导。经济伦理的特殊形态，即财富伦理、慈善伦理、福利伦理、扶贫伦理、生态环境伦理，为国家治理在实现分配正义的过程中提供了不同的价值标准。财富伦理是主体在对待物质财富方面应有的伦理价值理念；慈善伦理主要是针对社会中的富人提出的对待财富分配应具有的价值理念；福利伦理是针对人类的普遍幸福提出的伦理价值理念；扶贫伦理是社会的特殊阶层适用的伦理价值理念；而生态环境伦理是解决人与自然如何由矛盾走向和谐问题应参考的伦理价值理念。经济伦理的最终目的是实现人与人、人与社会、人与自然的和谐共处，促进每个个体的全面自由发展。推进国家治理现代化进程，必须保证国家公共权力在人类道德价值观念允许的范围内运行，必须保全国家公共权力的内在善性，杜绝政治腐败，强化国家治理的道德合理性基础。同时，必须整合社会道德资源，优化伦理运行机制，有效建构社会伦理秩序，为国家治理现代化提供价值目标和文化路径，建构与社会主义市场经济、法治国家和民族文化精神的发展相适应的、有助于实现人的自由全面发展的伦理秩序体系。

一、财富伦理与国家治理

市场经济是一种促进经济发展和创造社会财富的有效机制，随着经济全球化和我国以社会主义市场经济为取向的社会改革和体制转型的深入发展，社会财富得到了极大的扩张，人民的生活也得到了根本性的改善。然而，财富的创造积累在促进社会发展的同时也带来了一系列问题，如人的异化、物化和社会的两极分化及贫富差距扩大，人的物欲泛滥导致的社会动荡和生态危机等，并且随着占有的物质财富的增多，人们的幸福感却在慢慢消失。究其原因，有社会制度所导致的社会劳动收入分配与再分配的不合理，以及有关教育、医疗和社会保障等社会民生、公共福利体制的不完善。财富的分配不只是一个通过外在强制力进行干预就可以实现公正分配的问题，当财富成为有主的财产，财富的共享与共富将是个体的价值选择，它更加依赖的是个体的伦理价值观念。

当今中国，人们对物质财富的创造、交换、分配和消费的观念与人们对待财富应有的伦理价值观念出现了较大差距或不相吻合的状况，人们陷入了物质财富丰富但价值追求迷失的困惑之中。从人的本性而言，人们对物质财富的追求不仅是物质性或利益性的，而且是一种伦理追求。人们乐见日益丰富的物质财富，更乐见物质财富得到公正合理的分配。人们应对物质财富的本质、价值、用途等展开深入的伦理反思，形成正确的财富伦理观，深刻认识和领悟财富伦理的思想结晶和理论成果。它不仅能够推动人们在现实生活中自觉抵御膨胀的欲望，还能够激励人们抵制拜金主义、利己主义、高消费主义等不合乎财富伦理要求的价值观念。

财富伦理与国家、社会和公民紧密相连。针对财富的创造、财富的支配、财富的流动，我们需要从哲学伦理的思维向度上把握财富的真实本质，也需要从制度上掌握对财富创造、分配和使用规律的规范，否则对于财富的管理就极易陷入茫然和失序的状态，人和社会的发展就会迷失方向。

人类的发展过程实质上就是一个不断创造、占有和使用财富的历史过程。财富就是人类文明时代产生与发展的唯一的具有决定性作用的目的。什么是财富？随着社会的发展、人类认识的不断深入，财富的内涵在经济学中也在不断发生着变化，出现了“物质财富、土地财富、自然资源财富、货币财富、虚拟财富”等概念。在不同的历史时期，它的侧重点不同。“财富”这一概念在人类话语系统中有广义和狭义之分。广义的财富指人类所能拥有的一切，包括人的身体、人的内在精神和外在于人的物质财富。狭义的财富则仅仅指人类能够拥有的外在物质财富。这里，“财富”作为经济伦理的概念，仅展现其狭义的一面，即物质财富。人类的物质财富包括自然的物质财富和社会的物质财富两类。自然的物质财富是自然的创造物，社会的物质财富则是那种通过人类劳动创造出来的物质财富。无论是自然的物质财富，还是社会的物质财富，都只是一种“物”，“物”性是它们共有的本质规定性。财富在本质上是一种物，因而物质财富不可能创造自己，也不可能对自己的存在价值作出判断。物质财富是最具社会性的社会存在物，其生产、分配与消费具有天然的社会性，只能任凭人类创造、分配和消费。因为它作为一种物，具有能够满足人类生存和发展需要的属性，其价值也只能是由人类创造、分配和消费的价值。物质财富永远只能作为人类生存和发展所依赖的一种工具或手段而存在，永远只能处于被人类利用和控制的地位。对于财富的价值问题的认识从根本上来说取决于人的价值需要，而不是取决于物质财富本身。

不论人类的道德是从理性得来还是从道德感得来，人类总是带着一定的伦理价值观念参与物质财富的创造、交换、分配、消费等过程，在这些过程中展现的伦理思想、伦理观念和伦理精神就是财富伦理。财富伦理是人类在长期社会生活中对物质财富的本质、价值、用途等进行理性认识、领悟和理解所形成的伦理思想、伦理观念和伦理精神的总和。作为“伦理”的一种重要表现形式，财富伦理是关于物质财富的内在道理，它与物质财富直接相关，但不等同于物质财富。物质财富是外在于人的“东西”或“物品”，因而是有形的；而财富伦理是内在于人的伦理思想、伦理观念和伦理精神，因而是无形的，它是一种能够对人类社会生活产生深刻影响的规范性力量。当人类对其创造物质财富的劳动、交换物质财富的方式、分配物质财富的结果、消费物质财富的影响等进行价值认识、价值判断和价值选择时，他们的所思所想和所作所为就不可避免地会被打上财富伦理的烙印。伦理体现的是个人与他人、个人与社会之间相互联系、相互依赖、相互作用、相互影响、相辅相成的关系以及在这种关系基础上形成的社会秩序。这是一种客观存在的秩序。与之相适应，财富伦理也表现出它的客观性，财富伦理是隐藏于财富背后、反映财富的实质和价值、说明人与财富之真实关系的自在之理或客观真理。作为一种关于财富的自在之理，财富伦理是一种自立、自满、自足的善，它的善性是通过它自身的客观本质和存在价值来确立的。财富伦理告诉人类，财富的实质是什么、财富的价值是什么、人与财富之间的关系是怎样“应然”的状态。

物质财富是值得人类去追求和拥有的，但对于人类来说，更重要的是个人与他人、个人与社会之间物质财富需要的满足能够达到一种协调。人类在财富生产、交换、分配与消费的过程中，形成对自然、社会和他人的价值判断。在社会生活中，人们应构建正当的财富伦理关系，形成一致的财富伦理观，对财富的获得、分配和消费一致认同，这样才不会造成伦理关系紧张，才不会盲目进行财富占有行为，从而也才能更好地促进经济发展和财富增长。财富若缺乏伦理的维度，将会失去应有的价值和意义。

我国自改革开放以来，社会经济取得了前所未有的发展，物质财富大大增长，国家日益富裕。但国家富裕并不等于民众富裕，社会物质财富并没有均衡地分配到民众手中。由于我国适用的经济体制，我国绝大多数财富掌握在国家和少部分人手中。虽然国家部分收入可以通过基础设施建设、民生支出、公共福利等转化为居民收入，其效益带有全民共享性，但这部分收入并不是居民的可供支配收入，而是由政府支配的。而在我国财政支出结构上，行政管理开支远远高于教育、医疗和社会保障的公共服务支出。改革开放所适用的“让一部分人先富裕起来”的政策，让一部分人，主要是私人经营者和有机遇、有能力、有办法、有手段积累财富的人群，率先获得了致富的机会，占有了社会财富。在社会主义初级阶段，国家需要放开一些个体、私营经济，以促进生产力的发展。这种借助让一部分人先富起来以推动经济发展的政策确实取得了很大的成功，“让一部分人先富裕起来”的目标在很短的历史时期迅速完成和实现了。但是多年的实践也证明，让先富带后富，实现共同富裕，是迟迟不能够自动实现的，事实是多数群众未能跟着走上“后富”，反而陷入了相对贫困甚至绝对贫困的状态之中。随着市场化的发展，社会财富的分配上呈现的结果是贫富差距越来越大，两极分化趋势“自然出现”。现今，我国已成为两极分化比较严重的国家之一。

在丰富的物质财富面前，人们却又迷失了。物质财富已成为绝大多数人人生中最重要的东西，他们以占有物质财富的数量作为衡量人生价值的标准。经济发展了，社会财富增多了，但随之而来的是极端的利己主义、享乐主义和贪污腐败行为的盛行，人们陷入了物欲横流的深渊之中不能自拔，为了追逐自身利益，不惜损害他人、社会和民族的利益。而随着物质财富的丰富，人们的消费心理也相应膨胀，年轻人在高消费的理念下不惜代价地透支消费，而一些富有的消费者，更是在消费心理上达到了求奢的巅峰，在损耗巨大的社会财富的同时，也危害了社会的可持续发展。而在人们对待财富的态度问题上，一些占据巨大物质财富的富有者，不能拿出自己的财富与贫困者分享，对社会公益事业也漠不关心。而另一些人因为无法忍受贫困的生活而自杀或者因为贫穷而产生“仇富心理”，甚至走上用暴力手段对待富人的危险之路。单纯地发展生产、创造财富的行为已经造成经济与人文、与自然的对立。当今社会，人与人之间、人与自然之间的关系日趋紧张，种种失范的财富占有行为揭示中国社会的财富伦理正陷入一种严重混乱脱序的状态。

人类的生存和发展是以占有物质财富为前提的。为了保证自身的生存和发展，每一个人类个体都有试图无限占有物质财富的欲望，因为“人的主要的与基本的动机和动物一样，是利己主义……个人充满维护个人生命以及使之避免包括一切匮乏与贫困在内的一切痛苦之无限欲望"①。在这样的前提下，人类很容易把物质财富看成是对人类生存和发展具有决定意义的东西，倾向于不择手段地占有物质财富。如果人类任凭其占有物质财富的欲望无限扩张和膨胀，那么人们的欲望就会变成一种难以满足的贪欲，导致人类片面强调和追求物质财富。人类具有创造物质财富的强大能力，但在财富的问题上，会因为过分强调物质财富的价值而陷入物欲横流的旋涡之中，或者因为物质财富的相对匮乏而不择手段地占有物质财富。其结果必然是人与财富之间的关系无法被理顺，人们所创造的物质财富并不能充分满足人类本身的物质生活需要。单纯地发展社会生产力、创造社会物质财富，并不等于对人和人类命运的终极关怀。而丧失了伦理价值的引导，对财富的纯欲望的追求只会导致人们物欲的膨胀、财富的浪费和社会秩序的混乱。人类占有物质财富的欲望必须被控制在合理的限度之内才具有道德合理性。

人类创造、交换、分配和消费物质财富的行为首先是一种经济行为，因为它总是在一定的经济思想和经济观念支配下展开的。在经济思想和经济观念支配下，人类往往希望自己创造、交换、分配和消费的物质财富能够在数量上达到"最大化"，这样能够产生经济成就感和经济安全感，但这种"最大化"并不一定能够使人类经济生活具有伦理合理性。人类对物质财富的创造、交换、分配和消费必须有一个合理性边界或价值边界。这个"边界"不是由人类的经济思想和经济观念划定的，而是由人类的财富伦理思想、财富伦理观念和财富伦理精神划定的。

亚当·斯密在《国富论》中用大量篇幅论证了国家的三项基本职能，即保护社会、保护社会里的每一个人、建设公共事业和公共福利设施。这些都是从国家对公民的利益保护方面提出的国家职能要求。国家就是民众利益的最好保护者，民众之所以需要国家，是因为

① 叔本华. 伦理学的两个基本问题. 任立，孟庆时，译. 北京：商务印书馆，1996：221.

“自在自为的国家就是伦理性的整体，是自由的现实化”①。改革开放以来，我国社会经济关系在短时期内发生了巨大的结构性变迁，从而产生了大量的经济和社会矛盾。当国家不能很好地维护社会稳定、保护社会里的每一个人的切身利益时，我国政府提出了全面深化改革的总目标，即完善和发展中国特色社会主义制度，推进国家治理体系和治理能力现代化。国家治理是国家治理者借助一定的理念、机构、规范、人员等对国家的运行进行综合整治的活动。国家治理作为一个内涵深刻、外延宽泛的跨界命题包括全部社会领域的治理，国家治理的最重要伦理价值目标是维护分配正义。财富伦理强调和追求物质财富分配的公正性——分配正义，但它把这种公正性的实现同时寄希望于“个体”和“社会集体”（主要是政府）。

所有制决定分配制，财产关系决定分配关系。财产占有上的差别，是导致收入差别最大的影响因素。“让一部分人先富裕起来”的政策已经使财富积累迅速集中于少数人手中，如果再加上代表国家和政府的国家治理者利用手中的职权对公有财产进行贪污与侵占，就会造成我国社会的绝大多数财产集中在少数人的手中。当财产的占有关系确定，要保证物质财富分配的公正性，不是通过个人和社会集体各自单方面满足的状况就能实现，而只能通过这两种分配利益诉求达到吻合或一致来实现。同时，物质财富分配的公正性虽然与个人的公正性诉求直接相关，但它并不是由个人的公正性诉求决定的。因为任何一个人对物质财富分配所表达的公正性诉求不可避免地会被打上个体性、自私性和特殊性的烙印，它们很容易与他人对物质财富分配的公正性诉求相冲突。所以，任何一个社会都不可能让其成员仅仅从个人的角度就物质财富分配表达公正性诉求，而是必然要找到一个能够代表所有人的视角来就物质财富分配提出具有普遍代表性的公正性诉求。这种视角只能出自“社会集体”——它在人类社

① 黑格尔. 法哲学原理. 范扬，张企泰，译. 北京：商务印书馆，1961：294.

会中的主要表现形式是“政府”。

孔子曾经说过：“有国有家者，不患寡而患不均，不患贫而患不安。”[①] 这是指，在物质财富分配问题上，重要的不是人们在分配过程中得到了多少份额，而是分配不均的问题，因为它是造成社会不安和政权不稳的根源。国家治理的核心伦理问题，是必须保证国家公共权力在人类道德价值观念允许的范围内运行，以实现社会财富的分配公正。这包括两个方面：其一，表现在国家公共财富上。国家的公共财富是属于全民共有的，但在现实的国家里，国家的公共财富是被国家的公共权力掌控的，而公共权力总是被官僚机构中的官员掌握着。国家并不是抽象的存在，而是由具体的人、社会机构等要素构成的，他们代表国家行使国家公共权力。公共性是国家公共权力的善性之源，它本身无所谓善恶，可一旦被具体的阶级或人所掌握和使用，就会被打上善或恶的烙印。国家治理者应捍卫国家公共权力的公共性即保全它的内在善性，不以权谋私、结党营私、假公济私、损公肥私，不侵害社会和国家的公共利益，以实现国家公共财富的“分配正义”。其二，除了国家的公共财富，社会的大量财富掌握在少数人手中。国家通过财政税收、转移支付等方式，完善社会保障与公共福利措施，改善低收入者的民生状况，实现社会财富的再分配。通过国家手段对社会财富再分配领域的调整，在一定程度上解决了社会贫富分化的问题，但还不能从根本上扭转社会贫富差距的扩大。

人类总是带着一定的价值观念参与分配活动。这种价值观念就是人类对其分配活动进行价值认识、价值判断、价值定位和价值选择形成的分配价值观念。要协调好现代国家、政府与人民之间，社会中个人与个人之间的财富与收入关系，就必须在全社会强调“分配正义”的价值观念。“分配正义”这一价值观念的主要价值在于它能够成为一种强有力的信念力量。具体地说，它可以通过成为核心价值观

① 陈晓芬，徐儒宗. 论语·大学·中庸. 北京：中华书局，2011：198.

念的方式对人类分配活动发挥举足轻重的伦理导向作用。现代国家治理在对待社会财富公平分配的问题上，是依赖个人的这种对于财富的价值信念和道德修养状况以及社会制度的设计和安排状况来实现的，当个人对于财富的价值信念和道德修养不足以协调社会财富的分配矛盾的时候，社会制度的出场就变得非常必要。在协调人类分配矛盾方面，个人的影响是个体的、私人的和主观的，社会制度的影响是社会的、公共的和客观的。个人的道德修养有良好和恶劣之分，社会制度的设计和安排则有合理和不合理之别。对人类分配活动来说，关键还在于个人的道德修养和社会制度的设计和安排能否升华成为一种分配正义德性。社会财富真正意义上的分配正义必须是个人的分配正义德性和社会制度的分配正义德性同时得到彰显的产物。在国家财富伦理方面，要实现财富的分配正义，就要正确处理好国富与民富之间的关系，使国富和民富在一定程度上达到一致性，除了加强社会主义法制建设，还必须利用伦理的手段，强化国家治理的道德合理性基础，同时构建良善的社会风气和文明的公民财富伦理素养。社会财富分配正义的实现只能走个人的良好道德修养与社会制度的合理设计和安排并举的路径。

二、慈善伦理与国家治理

人类的慈善行为实际上是社会的一种再分配方式，具有经济的性质，但同时也是伦理的。可以说，它是社会道德事业和社会保障体系的必要和重要的组成部分。实践慈善的途径有很多，以不同的社会活动形式表现出来，有捐助、募捐，也有义卖或义务性质的演出、诊察疾病等活动。这些都是个人、团体、机构以及政府秉承慈善精神积极开展公益性质的活动。一个人是否热心于慈善事业，与他的经济实力有关，更与他的慈善伦理观有关。慈善伦理具有要求人们积极参与慈善事业的价值取向和价值导向。一个经济实力强大而缺乏慈善伦理观的人不可能真正热心于慈善事业，而一个经济实力不足但具有慈善伦理观的人完全可能力所能及地参与慈善事业。

在富人和穷人并存的当今人类社会，贫富差距问题总是现实地存在着，政府对物质财富的第二次分配有利于缩小贫富差距，但政府所能做的事情终归是有限的。要在更大程度上实现分配正义，人类社会必须进一步诉诸慈善事业，这为慈善事业的产生和发展提供了现实基础。然而慈善行为并不是某种常规性的义务行为，而是行为者基于自身的同情心、道德感自愿作出的选择。社会的现实呼吁人们的慈善伦理。人类可以通过积极参与慈善事业彰显其财富伦理思想、财富伦理观念和财富伦理精神。

除此之外，慈善事业的实现需要社会制度的保障。一切慈善伦理理念和行为规范最终必须要落实到实际的行动之中，而这些都必须依托于有保障的慈善制度，才能获得现实的有效意义。这包括处理慈善实践中各种关系的规章、制度，而这些规章、制度的构建必须遵循慈善伦理的价值理念。国家治理者应将慈善的理念贯彻到政治生活中，要执政为民，关心民众疾苦，为社会谋福利。

何谓慈善？对“慈”的界定，在《说文解字》中，许慎即说：“慈，爱也。”西汉的贾谊在《新书·道术》说：“亲爱利子谓之慈，恻隐怜人谓之慈。”“慈”是爱人、利人。而在《说文解字》中，“善，吉也；从言从羊，此与义美同意”。“善”的本义是“吉祥”“美好”，故而“慈善”是人基于仁爱之心而对他者的帮助，从而达到一种美好的状态。显然，“慈善”带有“志愿”的意义，而不包含任何强迫的意思。现代意义上的慈善，是指人们基于同情心，对那些跟自己没有血缘亲属关系、没有利害关系也没情感关系的需要帮助的他者，通过自愿捐赠钱物或志愿服务等形式无偿地向社会、他人提供力所能及的物质、精神帮助的公益性活动，是一种对弱势群体表达仁爱之心的道德实践活动。

从慈善的本意与现实行动来看，慈善应该被理解为人类社会的一种道德现象，体现为一种利他的行为。慈善行为是基于个体的自觉自愿发生在个人与个人之间、个人与组织之间的能产生“美好”结果的活动。所以它是带有伦理特性的，并且属于个人的、社会的伦理，这是相对福利伦理而言，后者是发生在国家与国民之间的伦理。个人慈善行为的发生是多种因素共同作用的复杂结果：主观的道德素养、理性抉择、价值追求、宗教信仰等内在因素是个人慈善行为发生的伦理动因，而客观的经济状况、制度供给、文化传统、社会环境等外在因素为个人慈善行为的发生提供了现实的可能性。

人类的仁爱美德是推动慈善事业产生和发展的一种强大道德动力。古代中国的哲学家孟子认为，人天生具有“恻隐之心”，因此人必定能够爱己及人；近代英国的情感主义哲学家大卫·休谟（David Hume）和亚当·斯密相信人的情感范畴里天然地包含着同情、怜悯等美德，这种人生来具有的同情心是道德行为发生的动力和基础，人能够将心比心地看待和关心他人的苦难。个人慈善行为作为以仁爱为基础的道德行为，在本源的意义上依赖于情感的作用。现实中，许多人就是出于仁爱之心去帮助那些需要帮助的人的。具有仁爱美德的人往往喜欢关心和参与慈善事业。

人类的道德理性是推动慈善事业发展的另一强大动力。康德认为，人的同情心“本身并不具有德性的价值”，同情心是伤感的、自恋的，这种感情产生的行为只能是一种为了自我爱好满足的偏好（对荣誉的爱好）。具备善良意志的行为还不能成为慈善行为，它至多是慈善冲动。“这种爱好应受到称赞、鼓励，却不值得高度推崇。”[①] 由于人类情感的主观性，道德情感对个人慈善行为的激励具有不确定性，它会依据所处的境况时有时无，或时强时弱。在慈善行为过程中，人类情感因素的随意性和偶然性必须在理性的引导下被

① 康德. 道德形而上学原理. 苗力田，译. 上海：上海人民出版社，2012：14.

克服。道德理性可以对人的欲望或情感起到约束的作用，引导人对道德行为进行理性的思考、推理和判断，这种理性的分析与判断过程是慈善主体形成自己的价值判断、产生慈善捐赠的道德愿望的前提。当然理性不一定是绝对的利他。但也正如阿马蒂亚·森（Amartya Sen）所说："理性并不等于自利最大化"，"'理性的恶魔'会出于私利而做出道德或利他的行为"。[①] 慈善代表的人类良知，应该是对"全人类的爱"，是"博爱"。如果是"全人类的爱"，那么这种爱就不应该是绝对的利他，因为人类包括你、我、他。人类的道德法则不只是为了实现其他目的的工具性手段，其自身也构成目的。

事实上，在人类的慈善行为中，情感受着理性的指导，理性选择的过程也充斥着情感的因素，它们相互交织影响，引导人类朝向一个更高级的精神自足阶段发展。除了人的情感与理性，对人生"精神的"或"心灵的"价值追求，也是人性需求的一种满足，也是人走向慈善行为的有效动力。

慈善是一种为公众谋福利的行为，慈善的本性是伦理的。慈善不能简单地理解为富人对穷人的救助或君主对子民的恩施。慈善不是施恩，也无须感恩，从人性的角度看，受助者纵然是弱势群体，但他们也需要人格的尊严，这也是现实中有些贫困者宁可受困而往往不愿意接受好心人捐助的原因，因为没有尊严的生活也许会给他们带来更多的心理压力。慈善作为一种"利他"行为，体现的是"利"，"利"包括利己也包括利他，慈善在利他的同时带来的也是利己，这种利己不是功利主义的利己，它包括贫困者不会对富有者的财产产生威胁，也包括富有者可以获得精神上和道义上的满足感。慈善之所以是伦理的，正是因为伦理是人伦的关系，它体现的不是单方面的道德性，而是一种人与人之间的相互性。随着社会的发展与进步，慈善的内涵必然得到不断丰富和发展。

---

① 福山. 大断裂：人类本性与社会秩序的重建. 唐磊，译. 桂林：广西师范大学出版社，2015：182.

慈善事业发达是分配正义在人类社会得到维护和实现的一个重要表现。在市场经济体制下，物质财富首先是通过市场的自由分配进入人们手中的，但由于市场对物质财富的自由分配不可避免地会有利于那些智慧较多、能力较强或资本较雄厚的人，物质财富按照市场法则进行的初次分配很容易导致贫富悬殊的问题。正因为如此，政府必须对市场分配物质财富的不公正性进行适当的纠正。政府对物质财富的第二次分配有利于缩小贫富差距，但政府所能做的事情也是有限的，要在更大程度上实现分配正义，人类社会必须进一步诉诸慈善事业。慈善事业从根本上来说是依靠个人的道德自觉发挥作用的，但它增进分配正义的功能不容低估，慈善在缩小贫富差距方面发挥着不可忽视的作用。

人类社会难以彻底消除贫富差距，这在客观上使慈善事业的产生和发展成为必要。社会慈善事业的实行，依赖人的慈善伦理行为价值取向、个人和企业的经济负担能力、有关公益事业方面的健全的法律法规。因现行纳税制度的束缚，中国公民和有关企业参与慈善公益活动的道德自觉性还不够理想。

通常情况下，人们认为只有那些出于纯粹道德动机的个人慈善行为才能获得积极的道德评价。真实的个人慈善行为不被经济动机所裹挟，不被经济收益或社会回报所绑架，当然个人慈善行为也不应该被道德所“绑架”，慈善行为是主体真正发自内心、追求道义的自愿、无偿的公益行为。如儒家“无私利人以求成仁”的思想、康德“出于责任以无私利人”的观点，都是对这种观念的有力理论支撑。在这种观念的影响下，现实中很多慈善行为被冠以“虚假的慈善”之名，有些人参与慈善公益要么为“名”，要么为“利”，要么为日后的发展积累“道德资本”。我国现阶段很多慈善活动都带有这样的功利色彩，虽然这类活动也是慈善活动存在的形式，在现实中能发挥帮助他人的作用，有一定的合理性，但慈善伦理的核心是非功利的，非功利性是慈善事业的特质。打破这种功利的思想，认识到做慈善事业实质上体现的是一种崇高的人道主义的、理想主义的精神，认识到非功利实际上也是人性中另一种价值的回归，这是现代中国发展慈善事业需要构建的伦理精神。

中国传统儒家思想中“亲亲有术，尊贤有等”的等级观念制约了现代慈善理念的形成。缘于此，在“亲亲有术，尊贤有等”的传统伦理观念中，慈善理念总是以血缘的亲疏远近为前提条件，必须是先“爱亲”，然后才有“泛爱众”。把基于血缘关系的亲子之爱置于仁爱的首要位置，这样的宗族血亲“爱有差等”的伦理观念，直到现在在人们的内心情感中仍占有极其重要的地位。人的情感由亲及疏，现实生活中，这样的事例随处可见。个人的捐赠行为总是多数发生在亲人、朋友或同事之间，人们对于不熟悉的朋友往往碍于人情的不得已而捐赠，而对于陌生人要求的慈善行为，往往视其为一种负担，常常置之不理。这样的慈善行为往往只能发生在“熟人”之间，而不是“陌生人”之间。这种发生在“熟人”间的慈善行为，难免出现尴尬，因为纵然施恩者不图回报，然而受恩者也会有受助于人的精神压力，尤其在中国传统主流意识中有“滴水之恩，涌泉相报”之说的道德力的制约下。当然人的感激之情是一种自然情感的流露，人与人之间如果真的没有了相互的感恩，人的社会也就缺了很多应有的美。但正如这种感激、感恩是自然的，我们需要的就是让它自然地发生，而不是刻意强调的施恩与感恩。

中国有漫长的慈善历史，但慈善意识一直没有普遍化。这也是现实生活中很多富人对穷人的生活状况视而不见、漠不关心的重要根源。由于对待陌生人缺乏情感基础，这时理性往往在人们的道德判断中发挥作用，他们中的一些人会借助西方进化论思想来为自己辩护，认为人类社会同自然界一样遵循“优胜劣汰”的自然法则，因此，富人和穷人都是社会竞争的产物，他们的物质生活状况不同，是由于他们获取和占有物质财富的智慧和能力存在根本区别。虽然西方进化论思想有这样的观念，但进化论思想也承认，人是从动物界进化而来的，因此，人在社会生活中不可避免地会表现出利己心，但进入社会之后会养成“利他”和“公正”的美德，即为他人着想并帮助他人，追求利己和利他的统一。进化论者克鲁泡特金（P. A. Kropotkin）在他的《互助论》一书中明确指出，人类也是一种社会性动物，“互助”是包括人类在内的所有生物的本能。在他看来，“互助”既是人类讲道德的一个重要原因和表现形式，也是推动人类社会不断向前发展的一个重要原因。

社会的诚信状况也会抑制人们的爱心，制约慈善事业的发展。近几年来，我国慈善事业步入了快速发展阶段，但在慈善活动中也存在着不少有违诚信的现象和行为。如：公益组织的不诚信，表现为善款去向不公示，规章制度不够健全，管理不够科学，运作不够透明，监督机制不够完善，缺乏公信力；公益组织之外的参与公益救助的集体和个人借助慈善公益之名，将募集的善款占为己有；受助者为了获取钱物，编造虚假信息欺骗慈善组织和捐赠人。这些行为都挫伤了慈善者参与慈善公益事业的热情和信心，也使社会中真正需要帮助的人得不到帮助，使慈善公益事业不能得到正常健康的发展。

慈善是一种社会爱心事业，需要创新激励机制和运行模式。我们需要培植慈善公益组织，合理开发社会慈善资源；也需要加强宣传教育，树立正确的慈善观念，发展优质的慈善文化，动员个体、企业和公民社会组织积极参与并成为慈善事业的“主人”，共同汇成一股“社会亲和”的力量，推进社会健康和谐发展。

慈善事业的发达程度是衡量一个社会文明程度和发展水平的一个重要标准。如果一个社会的穷人很多，他们与富人之间的贫富差距非常大，该社会无论如何也称不上是文明社会和公正社会。在一个文明程度和发展水平高的社会里，贫富差距必须被控制在一个合理的限度内，并且绝大多数富人愿意用他们的富余物质财富帮助那些需要帮助的人。

现代慈善事业的发展不能简单地归结为个人发家致富后，将富余的财产基于慈善之心捐助给社会或他人。从捐助者与受助者的心理、人格尊严方面考虑，现代社会慈善事业的发展，不应该还是一对一的直接捐助形式，而必须走向捐助者与受助者的分离之路，让慈善组织成为二者之间的桥梁，这样捐助者少了施恩者的高高在上之感，受助者也不需要因为接受恩施而日夜感恩戴德。慈善本身就是社会财富再分配的一种形式，是通过伦理的手段来调节社会财富的再分配方式。用市场的手段进行资源配置，这是社会财富的第一次分配方式；政府通过税收和财政制度，使富裕人群的财富部分集中在政府手中，再为民造福，这是社会财富的第二次分配；而通过慈善行为，将部分属于富人的财富转移到社会绝大多数穷人的手中，这是社会财富的第三次分配。现代社会是民主的社会，不是原来的有阶级等级的社会，现代社会的慈善观念已经改变了原来的消极意义，慈善不单是依靠仁爱和利他主义思想来支撑，而更多的是建立在科学理性的基础之上，是具有新的伦理价值理念的科学事业。它是以调剂贫富差距为目标，以社会救助为主体与其他社会公益活动相结合的新模式，是对政府行为和市场行为的有益补充，在缩小贫富差距、缓解社会矛盾中发挥重要作用。

在社会转型时期的当今中国，政府必须构建国家层面的慈善制度，为慈善伦理的实现提供制度保障。从宏观层面上来说，应建立国家慈善委员会的政府监管制度；从微观层面上来说，应建立公平的慈善组织准入制度、公正的慈善资源获取竞争制度、积极鼓励慈善捐赠的税收制度以及慈善组织有效回归民间的机制等。2016 年是中国慈善史上的重要转折点，《中华人民共和国慈善法》（以下简称《慈善法》）的公布实施，为推动慈善事业的规范化发展提供了法律框架和制度保障，体现了我国对社会慈善公益活动的重视。

在现代慈善伦理理念的指导下，《慈善法》不仅将扶贫济困、扶老救孤、救灾救难视为慈善活动的重点工作，还将促进教科文卫体事业发展及保护环境的公益活动等有利于社会公共利益的活动都纳入慈善的体系，这是慈善理念与公共伦理的一次巨大升华。慈善不只是对弱者的扶助，慈善作为一种事业，是为了人类社会整体的和谐美好以及未来的更好发展而产生的。《慈善法》对慈善组织的设立、慈善募捐和捐赠的来源与方式、慈善信托制度、慈善财产的管理制度以及信息公开、促进措施、法律责任等各个重要环节予以规范，将慈善公益活动纳入法治轨道。如该法确定了慈善组织的登记制度，并设置了慈善组织的组织行为准则，为社会主体兴办慈善组织并从事非营利性的社会慈善活动打开了方便之门；制定了慈善信托制度，以集聚资金更好地发展社会慈善，截至2016年年底，全国18家信托公司和慈善组织成功备案了22单慈善信托产品，初始规模达0.85亿元；采用国际通行的税收优惠制度，确立了慈善组织享受税收优惠的基本原则，还明确规定了自然人、法人和其他组织捐赠财产用于慈善活动的，依法享受税收优惠，税收优惠制度极大地提升了社会企业参与慈善事业、从事各种慈善活动的积极性。

《慈善法》从法制上确立了组织化、规模化、透明化、专业化的我国现代慈善体系基本框架，为慈善带来了更多资源和动力，将极大地释放社会财富向善的力量，提升社会治理水平，有利于撬动社会财富的第三次分配。《慈善法》的实施，单靠国家行政资源是无法推动的，必须依靠全社会的力量，这极大地考验我国的社会治理能力。

三、福利伦理与国家治理

对人类福利的关注最早见于福利经济学，事实上人类福利的问题与经济学一样古老。福利经济学是从福利的观点对经济体系的运行进行评价的经济学，其重心是以一定伦理的价值判断为前提对经济体系运行的评价。如公平的价值理念：一个人的收入愈多，货币收入的边际效用就会愈小；而收入愈少，货币收入的边际效用就愈大。

只要将货币收入从富人手中转移一些到穷人的手里，货币的边际效用就可以增大，从而使社会满足的总量增加。增大社会福利的途径之一就是政府通过一些措施把富人的部分收入转移给穷人，实现收入的均等化。新福利经济学以帕累托最优为准则，以序数效用论为基础，以实现社会经济效益的最大效率与公正。我们不难发现，这样的公正与效率的价值都是以经济学的方式来实现的。正如阿马蒂亚·森所关注的那样，福利经济学没有将经济学与伦理学真正结合起来，关注的重心仍然是自利与效用的价值准则，因而造成了福利经济学的贫困化。他认为经济学研究必须与人们对财富以外的其他价值目标的追求联系起来，如伦理的价值追求，并且使人类的实际行为也确实受到伦理思想的影响，这样的福利经济学才具有真正的伦理意义。

福利经济学是从经济学的角度来研究社会效用的最大化和物质的生产与分配的，这种研究从目的上体现了人类对伦理道德价值的追求，如“幸福”“公正”“自由”，具有伦理的维度，但经济活动或者说对经济活动的研究，在客观上仍然是经济的，其本身并不能成为伦理道德的现象。人类伦理的问题与经济有关，因为伦理问题实际上就是人们的利益关系问题，是对利益的价值取舍，需要以经济为基础。这是伦理与经济之间的关系。人类福利的问题，归根结底是一种利益的关系问题，体现为国家与国民之间的一种关系问题。福利是能使人生活幸福的各种条件，是国家对国民利益的保障措施。要解决社会福利问题，先要了解福利伦理。

福利伦理是经济学的伦理目标，同时也是社会目标，为政府的社会福利政策制定提供了指导原则。福利伦理是从伦理层面而不是从经济的层面来解读社会福利问题。社会的福利问题并不能在经济活动本身的层面获得解决，但它需要以经济为基础，也需要政府的有力协助与支持。如亚里士多德在《政治学》中论述国家在经济活动中的作用时主张：“国家的目的”是“美好生活的普遍促进”。

从“福利”的字面意思来看，它是指有福有利。人们过的一种有福又有利的生活，应该是人的需要得到满足的状态，是美好的生活。

动物用其本能的手段来满足自身的需要，这些手段是有限度的，所以它们的需求满足也是有限度的。“动物用一套局限的手段和方法来满足它的同样局限的需要。”① 而人虽然也受自然本能的限制，但人能超越这种本性并证实自身的普遍性。马克思在谈到人的需要时，认为需要就是人的本质属性，人的需要是人的本性需要，这一点是人和动物共有的，但马克思认为人和动物的本质区别在于他们的需要和需要满足的方式是不同的。人的需要是在社会中得到满足的，人的需要含有社会的意义，而动物的需要没有。

个人在面对生活的各种风险时，能力总是比较弱的，在个体的状态下实现人的需要的满足总是有限的甚至是不能实现的。人的这种需要决定了人与人的联合，人类组织起来共同劳动，满足需要的实践活动把人们联系在一起，需要的满足也通过这种共同的活动得以实现。人的需要是主观需要，但是它通过劳动这种主观性和客观性的中介而实现。需要使人成为社会的人，需要在共同劳动中得到满足这一事实，也使人的需要具有了社会的本质。人的需要以及满足需要的实践活动都具有社会属性，而随着人类的实践活动发展，又会有更多的人的需要的产生，这些需要更是社会性质的需要。人类的社会活动过程就是一个“需要—劳动—消费—需要满足”自我实现的过程。

人作为生活于社会整体中的人，他的需要是与他人的需要相关联的，也具有社会性和历史阶段性。在传统的自然经济社会，生产力低下，人们的需要也相对较少，个人主要依靠家庭内部的合作来实现需要的满足。当社会分工出现，尤其当工业化出现，在社会化大生产条件下，个人的需求在扩大，而个人的生存发展越来越依赖他人和社会，个人在与他人和社会的互动过程中实现自我需要的满足，个体的

① 黑格尔. 法哲学原理. 范扬，张企泰，译. 北京：商务印书馆，1961：233.

需要越来越归于社会的需要体系之中。

“福利”的英文是welfare，well是“好”，fare是“生活”，合在一起意思是“好的生活”。但什么是“好的生活”？它客观上可以指人们对物质生活的安全、富裕的需求的满足，主观上却是人的精神上、道德上的一种状态。社会福利从“社会的”角度来看待“福利”概念，“福利是能使人生活幸福的各种条件”，它涉及社会如何帮助人们幸福生活，需要通过什么样的制度和政策来保证他们生活得幸福，在社会的层面上解决如何使人们过上一种“好的生活”的问题。随着社会经济的发展，人们对福利的要求不再只是保障最低限度的生存，而是追求一定水平的生活质量，不仅是获得基本物质生活资料，更体现为生活质量的提高，以实现社会成员的需要的满足与对生活幸福的追求。社会福利“是一种不是简单地建立在偏好之上，而建立在某种‘客观’环境之上的”[①] 福利。社会福利体现为在特定历史条件和文化背景下的社会需要，具有“社会性”“客观性”。

这种人类需求满足的“社会性”和“客观性”体现为，人们在获取社会帮助，享有社会福利，不必再借助于人性的同情与怜悯，而是将社会福利当作自己应有的权利。人们“获得福利不是根据穷困或富有、单身或未婚、聪颖或愚钝、健康或病痛，而是作为人所应有的权利”[②]。福利的需求应该脱离慈善救济的人道关怀的局限性，必须构建在公民的权利观念上。权利同社会福利是紧密相连的，福利是人们作为社会性存在的一种权利，社会福利作为慈善救济的人道关怀，是针对一般的道德要求而言的，而作为人应有的权利则提升到了政治道德的高度。人的权利是以自然人性的假设为前提的自然权利，人人都享有天赋的自由、平等权利，不受约束地自由自主地寻求个人需要的满足。社会福利用人在自然本性上的平等对人的平等权利做

① 森. 伦理学与经济学. 王宇，王文玉，译. 北京：商务印书馆，2014：56-57.

② GILBERT N，TERRELL P. 社会福利政策引论. 沈黎，译. 上海：华东理工大学出版社，2013：115.

道德论证。一方面人的自然本性具有利己的特点，会以自我为中心构建个体与社会、国民与国家之间的权利关系，因为利己的自然本性让人必须对自己负责。这是现代社会福利的理论与实践，阐述了一种基于人性平等的道德权利论。但另一方面，由于人在自然人性上生而平等、自由，那么社会的现实将是不能让一部分人因为收入、财富和社会地位或其他的社会原因受到不公平的待遇，而另一部分人则过着富裕、体面的生活。社会福利的理念正是从人的自然人性的思想出发，从人的自然权利的道德性出发，所作出的人道主义和公平利己又利他的道德要求。人是平等自主的个人，每个个体都有权利获得在社会中的平等待遇，以满足自身生存发展的需要，这是为人的权利。并且这种权利不是用来保证人的基本生存，而是为了让人过一种有尊严的生活。维护人的平等和尊严的价值追求，这是国家推行社会福利的目的，即使人的自然需要得到积极有效的社会满足。人性的需求是具有多面性的，并且人的需要也是一个动态发展的过程，要构建社会福利，我们必须对人的需要和能力进行全面评估，必须在人与人相互依存的共同体意识以及个人与社会的互动关系中把握这些信息，这样才能将所有的人从生活的局限中解放出来。

社会福利的发端可以追溯到 1883 年德国健康保险的出现。工业革命后，因经济周期性的危机，贫困家庭数量日益增加，低水平的生活保障导致社会劳动力供给的不稳定，德国俾斯麦政府推出了面向各产业工人的社会健康保险制度。不久，大多数欧洲国家纷纷效仿德国，建立健康、工伤、养老、失业等保险制度，到 20 世纪初，社会保障覆盖欧洲国家。政府被推到社会福利的前沿位置，市场的作用被削弱。此时社会保障的目的是维护经济的发展和社会的稳定，而不是增进全民福祉。

全民的社会福利制度，是伴随着西方资本主义社会进一步的经济危机而出现的。20 世纪 30 年代以后，出现了全球经济危机及第二次世界大战带来了经济停滞、大量工人失业及社会动荡不安等问题，面对这样的情况，西方社会（主要是欧洲）在“凯恩斯主义”思想的影响下，提出通过扩大社会福利支出以促进社会经济的发展。英国著名的《贝弗里奇报告》出台，首先开启了欧洲“福利国家”的建设，这种“福利国家”制度面向本国全体社会成员，为全体社会成员提供“从摇篮到坟墓”的社会福利保障。通常情况下，政府和市场是福利需求的供给主体，而在“福利国家”的制度下，政府作为供给主体的角色被极大强化，这也意味着政府的公共财政对全民福利的支出大大增加。到了20世纪70年代，西方国家陷入福利危机，经济停滞，财政无法支持日益增加的福利开支。20世纪90年代，欧洲大国的公共支出比重高出美国50%左右，1994年，瑞典的财政赤字前所未有地达到了国民生产总值的13%。[①] 为了应对危机，发展型社会福利、投资型福利、积极福利、福利多元主义等政策一一出台。

我国计划经济时代实行的是一整套由政府集中控制和管理的社会福利体系。而由计划走向市场以后，随着市场经济体制的全面推进和政府行政管理体制的改革，社会福利事业也被一并推向市场。在市场主导的经济模式下，我国坚持“高增长、低福利”的发展模式，这样的社会福利制度是一种初级社会福利制度，主要致力于对困难人群的社会救济，那些无依无靠、无家可归、无生活来源的“三无”孤寡老人、孤儿、残疾人才能成为民政福利的服务对象。它属于补缺型的社会福利模式，是一种在经济发展水平低下的情况下形成的非常狭隘的由政府包办的社会福利供给机制。政府在社会福利方面所持有的价值理念仍然是落后的、消极的，没有意识到社会福利要实现的是社会资源的再分配，以满足人们的社会需要，增进人们的福祉，解决社会问题以缓解社会的不公平现状；也没有完全意识到积极、完善的社会福利制度对于国家经济社会发展的促进作用。20世纪80年代，我国民政部提出了“社会福利社会化”的改革思路。但总体而

① 罗思坦. 正义的制度：全民福利国家的道德和政治逻辑. 靳继东，丁浩，译. 北京：中国人民大学出版社，2017：15，18.

言，传统的社会福利制度框架还没有被打破，国家保障的还是特殊社会群体的基本生活权益，提供的是基本生活保障和服务保障，个体的生存与生活依然主要受制于家庭，以“家庭福利化”作为自我实现的主要保障。民政部于 2007 年提出了“适度普惠型社会福利”的概念，这意味着国家开始建设覆盖全民的社会福利体系。

以人道主义理想为指导的“剩余型”或“残补型”的社会福利制度在社会福利的发展过程中产生了。在现实中，一方面它承认人有尊严地、幸福地生活是人之为人的基本权利，承认人性的尊严与高贵，将人放在了很重要的位置上；但另一方面，它也鼓励个人自我中心主义意识的膨胀，使个人主义和利己主义成为具有政治“合理性”和道德“合理性”的要求。同时，对于接受社会福利的救济者而言，福利也就意味着一种耻辱，因为这种救助本身是一种以牺牲个人的尊严和人格为代价的生活保障。人道主义理想的异化仅仅从抽象的人性和道德权利的角度来鼓吹人的平等、幸福，把福利当作同情、宽容和慈善施与他人，并不能实现真正的善，它只可能造成一种虚假意识形态下的社会公平。社会福利必须从社会原因方面消除贫困、剥削、贫富差别和阶级的不平等等种种社会不平等的现象，以实现社会正义并促进人的自由和解放。

于是有了全面的普及式社会福利制度的出现，这种制度不再将社会福利的对象限定为特殊人群，以经济因素作为提供福利服务的依据，而将对象锁定为所有的社会大众。这是一种不分贫富、性别或其他因素差异的普遍性的福利制度，强调的是社会效益的整体性价值，以确保个人的尊严与社会的和谐需要。

而与此不同的是，自由主义者批判说，通过高额的税收以实现社会福利的制度对私人财产权进行了不当干预。在自由主义者看来，应取消国家福利，因为最大限度的个人自由就是个人福利的最有力保障。在完全自由的市场经济里，国家只要做好“守夜人”保护好个人自由，这样，每个人都能在自由的氛围里发挥好自己的能力使自己幸福。

这些在不同历史阶段、从不同视角提出的针对人类社会福利制度的价值观念，在现实中都影响着社会福利制度的创建。

社会福利制度是实现资源再分配以解决社会问题的制度。它通过政府干预社会财富的分配，用再分配的方式以避免社会的两极分化。它要实现的不仅仅是将富裕群体的收入进行再分配，更重要的是解决社会问题，满足社会需要。保证社会公平，提高公民福祉水平，是现代社会福利制度的主要目标。随着社会福利从慈善救济发展到制度福利，福利的观念由人道主义的救济转向了社会平等和社会正义的价值追求，它将社会福利作为公民权利，把公民的社会需求也从经济生活的层面提升到了政治生活的层面。从“社会的”角度来看待福利的概念，超出了个人幸福的范畴，这种社会福利在社会层面解决如何实现人们的“好的生活”的问题，强调的是社会效益的价值，维护了社会的平等与公正，尊重了个体与社会的和谐发展。从这样的价值观出发，社会福利不再是一个纯粹的经济问题，实际已经进入了道德与政治的领域。它包含着人类对美好、幸福、平等、公正等价值的向往，是人类追求理想的产物。福利也是一个国家政治不可或缺的组成部分。只有人民的需求得到满足，人民权益得以实现，社会能保持正常稳定的发展秩序，“共同善”得以构建，一个国家才算达到了一种好的治理状态，实现了国家的善。

人作为一个种类所追求的目标是过幸福的生活，“福利社会”的终极目标是满足人类需要和增进人类福祉，即使所有人在其中都能够获得良好的生活状况。所以，社会福利的实现是现代社会国家治理的重要政治构件，是社会政治的组成部分之一，因为“政治学上的善就是‘正义’，正义以公共利益为依归”[①]。“共同善”是社会福利的价值旨归，也是国家治理要实现的目标。社会福利必须以追求社会

① 亚里士多德. 政治学. 吴寿彭，译. 北京：商务印书馆，1965：152.

的公正为己任，并且关切每一个人的幸福。对人类福利价值的普遍追求，只有在与社会经济和政治要素相结合的过程中，才能变得真实可靠。对人类福利的价值追求推动了全民福利制度的建立，为福利国家的发展提供了直接的政治道德根据。社会类型或政治制度是社会能达到一定的福利目标的制度保障，而公正价值观将决定着社会福利的价值取向，决定着福利制度的性质和社会福利的实现方式。

现实中，社会正义是一种丰富的思想，也是一个很复杂的问题。因为它源于处于不同社会群体中的人们对于“善”的不同理解，一定意义上，它源于多元主义的理解。这会使正义失去其为人们所坚持的平等理想辩护的力量。“善”要达成一种“共同善”，不能构建在多元主义的基础上，但“共同善”也不等于绝对的公平正义。只有从人类实际关系的特殊性上考虑，社会的公正、分配的正义才能实现。

构建在“共同善”的价值理念之下的新型社会福利制度，是普及式的社会福利制度。“国家为公民承担过于宽泛的责任，导致公民社会（家庭成员、邻里之间）各种各样的道德网络的弱化，同时，使得接受国家援助的人日益缺乏对自身行为的责任感。”[①] 这是发展普及式社会福利制度的国家所面临的现实困境。随着现代福利国家陷入不同程度与状态的危机，那些反对福利国家的新自由主义者将福利制度视为财政上、社会政策上的失败以及道德上的失败。

按照社会本体论的观点，个人生活在社会群体之中。个人是从社会群体里获得自身生活的目的和价值的，个人需求的满足和权利的实现只能存在于由人们的相互关系构成的社会中。在“共同善”的价值理念下，个人利益与群体利益要有机结合，在一种“互助、合作、利他”的道德价值观下，培养个人的福利责任。每一个人必须认识到，在集体的福利下，必须以一种对自己负责的精神来对待自身

① 罗思坦. 正义的制度：全民福利国家的道德和政治逻辑. 靳继东，丁浩，译. 北京：中国人民大学出版社，2017.

的需要，不能只等待他人、社会和国家来改善自己的福利；相反，为了实现更好的福利，必须充分调动自身的积极性，充分利用好各种社会资源，以及发挥各方面的作用，对社会福利做出更积极有效的贡献。社会福利在本质上是集体主义的，只有在集体主义价值观的基础上，社会福利才能得到实践与发展。

全民福利会扼杀个人的自主性和责任感，基于治理理论的视角，我们不能只强调以国家为主体的社会福利制度的发展。福利应该是国家福利、市场福利和社会福利的总和，任何一种单独的福利安排都会失灵，国家、市场、社会组织理应发挥各自的作用，跨界合作互构，进而提升社会福利的专业化程度与传递绩效。

四、扶贫伦理与国家治理

传统的经济理论认为社会福利的改进与经济的增长有密切关系，只要经济增长了，人民的福利也就实现了。这导致长期以来国家把工作重心放在经济建设之上。改革开放以来，在市场经济的推动下，我国的经济发展取得了很大的成就，人民的生活水平也相应提高，社会在总体上发生了很大的变化。由于市场经济体制自身的某些缺陷，社会历史条件、地理环境下自然资源的优缺不等以及贫困群体自身的问题，虽然国家富裕了，社会从总体上得到了进步，但社会的贫困人口依然很多，尤其农村贫困还相当严重。从 1986 年我国开始实施扶贫战略以来，2012 年，“按照人均年收入 2 300 元的国家扶贫标准，全国农村扶贫对象还有 1. 2 亿多人”[①]。到 2015 年，我国贫困人口仍然有 7 000 万人。共同富裕是中国特色社会主义的根本原则，要实现共同富裕，首先必须消灭绝对贫困，使发展成果更多更公平地惠及全

① 习近平. 在河北省阜平县考察扶贫开发工作时的讲话//做焦裕禄式的县委书记. 北京：中央文献出版社，2015：15.

体人民。

贫困不仅仅是一个单纯的经济收入问题，还涉及健康、教育、社会资本、自然资源、基础设施、社会公正、参与权利、性别平等、个人尊严等多种复杂因素方面的社会问题。人们必须抛弃单纯地依靠经济增长来消灭贫困问题的思想。伴随社会发展理论的出现，世界对贫困问题的认识也日益深入。社会贫困问题的解决需要社会经济总量的不断扩大为其提供必要的经济基础，但如果没有公正透明的社会资源分配与公共决策机制，没有有责任、有包容性的社会制度，没有优先关注弱势人群的政策，贫困人口就很难享受到经济增长所带来的好处。

党的十八大以来，中央高度重视扶贫工作，将扶贫工作作为各项工作的重中之重。党的十九大报告中也作出了明确的部署：要动员全党全国全社会力量，坚持精准扶贫、精准脱贫，坚持大扶贫格局，注重扶贫同扶志、扶智相结合，深入实施东西部扶贫协作，重点攻克深度贫困地区脱贫任务。这不仅体现了社会主义发展的本质要求，更为重要的是，它体现了国家制度对公正与平等的重视，是对国家制度的“善”的追求。以公正与平等为核心内容的扶贫伦理是衡量、指导国家治理和国家制度最根本、最重要的价值总标准。

在古典功利主义者的眼里，对幸福生活的追求就是追求绝大多数人的幸福，因此社会的整体利益就是社会绝大多数人的利益，只要社会绝大多数人的利益得以实现，社会的整体幸福也就实现了。市场必然造成贫富不均，人们只有付出更多的努力，才能为社会创造更多可供分配的财富。并且随着整个社会物质财富的普遍增多、人类整体生活水平的改善，贫困阶层的状况也会相应得到改善。

在现代社会，少数人的贫困普遍真实地存在着，并且不能以多数人的富裕来抵消。他们的贫困现状需要国家与社会予以实际性的帮助才能得到解决。

扶贫是人道主义的关怀。人道主义精神在人类的历史上可谓源远流长，但作为复兴古典人文的新精神，到启蒙运动之后，人道主义被人们广泛接纳，成为普遍的道德价值。它承认人的自主性，认为人本身是最高的价值或尊严。既然人本身是最高价值，那么人本身包括每一个人都是社会发展的目的。社会扶贫正是这种人道主义思想的体现，现世的每一个人，他们的需要和福祉都应该得到关注和获得满足，每一个人的利益，都是人类社会给予的，也只能在人类社会里得以实现。只有给予每个人可以基本生存的可能和条件，人存在于人类社会的价值才能得到根本的实现。人的价值的实现并不完全依赖社会的扶贫支持，但基于各种原因，在社会生活中处于困境的人需要得到一些基础性的社会帮助，以促使其创造力的实现，“人本身，特别是人的创造性潜能之实现，乃是最高价值”①。人自身的完善、发展与自我实现是人的最高价值的体现，对处于贫困状态的人们给予物质、技术上的支援正是对个体实现自我发展与完善提供的现实的可能。

扶贫是国家制度公正的“善”性的体现。亚里士多德说过：“唯有公正才是‘对于他人的善’。因为公正所促进的是另一个人的利益，不论那个人是一个治理者还是一个合伙者。”② 所以，公正是德性之首，因为它不仅是对自己的德性，也是对他人的德性。当然，我们并不是说，个人依靠自身的努力，通过正当合法的途径所获得的物质财富就是不公正的，“多劳多得，少劳少得”“劳有所得”这本身是一种公正。但正如法国哲学家卢梭所说的那样，所有的人在自然财富的占有上，享有平等的权利。资源总是有限的，当一些人占有了自然资源，那么另一些人必然会少获得自然资源。人与自然资源的这种关系表明，个体与个体之间通过对自然财富的共同占有的这种性质，决定人与人之间还存在着一种实质上的利益协调关系。扶贫正是完善自然社会的另一种“补偿”制度，倡导自然对人类的公正原则。

① 王海明. 公正与人道：国家治理道德原则体系. 北京：商务印书馆，2010：274.
② 亚里士多德. 尼各马可伦理学. 廖申白，译注. 北京：商务印书馆，2003：143.

事实上，在现实生活中，物质资源的稀缺、经济体制和政治体制的设计和安排以及个人道德修养等因素都会导致贫富的差距与分配的不公正。人类的社会生活不是某一个人的生活，而是所有人的生活。社会制度对社会资源的分配的出发点不是个人性的，而是社会性的。处于社会状态下的每一个人都必须获得物质财富、政治权利、发展机会等社会资源来生存和发展。在社会资源的分配问题上，除了个人公正的美德，我们更需要公正的社会制度使社会资源的分配有利于所有的社会成员或社会公民，而不是只有利于某个人或某部分人。

要使社会资源在社会成员或社会公民中得到公正的分配，要防止贫富差距悬殊，要消灭社会的贫困状态，就必须在公正的伦理价值理念指导下，加强国家的治理。王海明在《国家学原理》里说，“增减全社会和每个人利益总量”是判断国家制度好坏的终极价值标准，“公正与平等”与否是判断国家制度好坏的根本价值标准，是否“人道和自由”是判断国家制度好坏的最高价值标准。社会公正的实现不能只停留在抽象的制度和规则上，而要更加关注实际的生活，做好扶贫工作，从更现实的层面维护国家制度公正与平等，实现国家制度“善”的德性。

扶贫体现了社会主义的本质要求。中国走社会主义发展的道路，在于社会主义是优于资本主义的社会制度，可以消灭对社会财富的私人占有方式，避免造成社会财富悬殊和社会两极分化严重的恶果。中华人民共和国建立后，党和国家领导集体围绕着如何建设社会主义，进行了长期不懈的探索。以邓小平同志为核心的中国共产党第二代中央领导集体探索并回答了社会主义的本质问题，指出社会主义的本质是“解放生产力，发展生产力，消灭剥削，消除两极分化，最终达到共同富裕”。改革开放之后，在市场经济体制下，生产力得到了前所未有的发展，人们的生活水平也得到了极大的提高。但是让一部分人先富起来的政策，以及市场机制本身具有的自由与竞争的特点，使社会呈现出贫富悬殊、两极分化的现象。共同富裕是中国特色社会主义的奋斗目标和根本原则。市场经济让一部分人先富起来，先富帮后富，最终达到共同富裕，这是以邓小平同志为核心的领导人在实行社会经济改革时的初衷，体现了社会主义的根本要求，我们要坚定不移地去实现。

1949—1977年，我国实行的是计划经济体制下的广义扶贫。改革开放以后，随着人民公社的废除，制度性的变革引发了社会大规模的缓解贫困的需要，1978—1985年，我国实行的是体制改革下的救济式扶贫。中国政府从1986年开始开展了一系列大规模、有计划的农村扶贫实践，针对大范围的农村贫困现象，实行高速经济增长下的以区域为主体的开发式扶贫。党的十八大以来，中央领导高度重视扶贫工作，正式开展全面建设小康社会进程中的扶贫开发工作。这一系列的扶贫工作都表明了我国实现社会主义的坚定信念。

我国的扶贫工作在中央政府的大力推动和地方政府的努力下，取得了显著的进展。但扶贫作为一种政策，其实施的主体和对象都是人，这其中不乏不同的伦理现象。

贫困有绝对贫困，也有相对贫困，我国现有扶贫工作所要解决的主要是绝对贫困。贫困有区域性贫困，也有个体贫困。同时基于不同的制约条件，贫困还可以分成更多类型。中国政府实行扶贫政策，主要是以推动区域经济发展、促进贫困人口集中区域的自我发展能力的提高来实现经济增长，从而减缓甚至消除贫困。政府将贫困人口集中区域（通常以贫困县为单位）作为扶贫的对象。政府通过政策的扶持与引导，利用贫困地区自身的资源条件，以实现贫困地区的经济增长来减缓贫困；同时以提高贫困地区贫困人口的素质、改善基础设施、引进应用科学技术等措施来改善贫困，使贫困地区初步形成依靠自己力量发展经济的能力，逐步摆脱贫困，走向富裕。针对缺乏基本生存条件的地区，政府则实行人口迁移和劳务输出的措施。而丧失劳动能力的，缺乏正常的体力、智力和必要的专业技能的贫困户或个体，属于扶贫工作中社会保障或救济的对象，需要直接扶持。

我国自 1986 年开展大规模有计划区域性开发的扶贫模式以来，解决贫困问题主要依靠贫困地区自身的发展来实现。在贫困地区，地方财政紧张已经是一个长期存在的问题，在这种情况下，增加地方财政收入，对于地方政府而言，是当务之急。为了解决政府财政问题，在发展区域经济过程中，贫困地区的地方政府往往都倾向于选择以县办工业和乡镇企业为主要支持对象，其扶贫资金的使用也倾向于这类县办工业和乡镇企业；而在许多贫困地区，扶贫资金只有较少一部分直接用于贫困户。同时区域经济增长所实现的利益在市场经济条件下也无法自动流向穷人尤其是底层穷人，这使得在贫困地区，贫困的减少没能与地区经济的增长同步变化。

在过去很长时间里，中国政府实行以救济为主的扶贫方式，受利益的干扰，扶贫工作人员往往可能将不符合扶贫对象条件的农户划为受益对象，有意识地将扶贫资源分配给非扶贫对象或与扶贫不相关的经济实体，从中谋取个人利益，而使真正生活在贫困中的农户得不到帮助，其生活的困境无法得到缓解。同时，中国社会是构建在血缘关系上的熟人社会，尤其在广大农村，基于血缘和熟人关系的情感产生方式使民众难以将情感施于家族血亲之外的人，这也是真实的扶贫难以实现的重要根源。

同时在扶贫实践中，贫困户更愿意被政府救济，而不愿意通过自身的努力实现脱贫致富，从而形成了对国家救济的依赖。这导致我国不断出现脱贫速度逐渐减缓、返贫现象严重等一系列反贫困难题。

在现实扶贫工作中，部分政府机构或社会组织为了彰显其政绩和社会影响，使扶贫工作完全成为一种形式化的工程，贫困人口沦为他们汲取政治资本和不当利益的工具。扶贫工作中出现的种种问题，大部分是因为扶贫治理的不当，其核心在于现有的扶贫是缺乏伦理内涵的扶贫。贫困群体是社会的“不利群体”“弱势群体”，既缺乏资源，也没有信息渠道，更没有利益表达的机会和能力。扶贫是为社会弱势群体提供的社会保障，从本质上来讲就是政府为了向缺乏自我改善能力的贫困对象配给资源而对公共资源进行的再分配。贫困户脱贫、享有基本的生活保障是政府应尽的义务，属于国家社会保障制度的一部分。在以扶贫为导向的社会“再分配政策”下，贫困群体利益的实现依赖的是分配的公正。正义是实现社会保障的伦理道德基础，而对社会成员所应得的生存权利的保障是国家和社会的责任。

扶贫不是做慈善，不是对贫困户的施舍，而是基于人应该享有合乎人的尊严的生存方式，如果不能享受基本生活保障，那么人作为人的基本尊严将不再存在。贫困是社会的一种不公正现象，“公正的理论，必须包括对如何减少不公正和促进公正进行评价的方法，并非仅仅致力于刻画一个绝对公正的社会”①。相对于追求绝对的公正，人们更希望先纠正在我们周围存在着的明显可以纠正的不公正。扶贫要做的就是面对这种现实生活中的不公正，及时有效地努力消除它们。扶贫是国家向贫困户提供的社会保障，以保证在国家体系中的每一个人可以获得为人的生存可能与尊严，是对社会不公正的消除。扶贫所秉承的价值理念正是这种公正价值理念。“公正不如仁爱那样是‘无私利他’的至善，也不是单纯利己的最低善，而是‘为己利他’的基本善，是所有道德中最基本的道德。”② 从这个角度看，扶贫伦理体现的正是这种最基本的善，并且是由国家实行的以消除社会不公正的基本善。

扶贫是政府所负有的基本社会保障的责任，这种价值追求是现代政治理论的基本理念，它不仅涉及伦理的问题，在现代国家治理中还须上升到政治与法律的高度，从制度上变得具有实际的可操作性。正义与社会制度密切相关，强调社会制度的良性安排以促进社会保障的公正实现，但正义不能只停留在抽象的制度和规则上，不能将制度本身视为公正的体现，“我们必须考察那些制度基础究竟产生出了

① 森. 正义的理念. 王磊，李航，译. 北京：中国人民大学出版社，2012：3.
② 王海明. 国家学原理. 北京：生活·读书·新知三联书店，2014：145.

什么样的社会结果”①。所以我们应该关注现实生活中不公正有没有减少。公正的制度不等同于公正的全部，它的实现还有赖于社会经济、政治和文化方面多种因素的配合。

中国的扶贫工作主要是自上而下贯彻执行的，政府本身的服务职能缺乏刚性约束，这决定了扶贫工作的开展目前还只能依赖体制内部力量的推动。要增强这种执行力，责任就成了扶贫人员履行职责的道德支撑力量。扶贫人员对贫困人口负责，践行“以人为本”的最高伦理准则，拥有对公众、对组织、对下属的高度责任感。同时，每个扶贫人员都是精准扶贫政策的执行者，都要忠诚于自己的组织，自觉服从组织的安排。

传统意义上的贫困主要是指收入贫困，即个人或家庭所拥有的收入不能满足其最基本的生活需要。经济增长被人们视作解决贫困问题的重要战略。随着人们对贫困认识的不断深化，贫困的内涵也从狭义的收入贫困转向广义的人文贫困，我们不能将贫困问题简单地等同于经济收入不足的问题。我们必须依据社会发展理论全面而深入地认识贫困问题的根源，设计更为有效的扶贫战略，以实现更加公正的发展作为国家治理的核心目标。

五、生态经济伦理与国家治理

人类的历史发展过程是一个通过不断开发、利用和改造自然来创造物质财富的过程。在现代社会，为了避免生态危机的发生，人类在创造物质财富的过程中，除了涉及创造的物质财富能否真正满足自身物质文化生活的需要，还涉及应该如何开发利用自然资源的问题，即怎样坚持“可持续性”的伦理原则的问题。这一原则是指既

① 森. 正义的理念. 王磊，李航，译. 北京：中国人民大学出版社，2012：74.

能保证人类开发、利用和改造自然，创造自身所需要的物质财富，又能保证自然资源的持续可开发利用，不削弱和破坏人类生存与发展的自然生态基础；同时能促进人类社会和自然环境之间的和平相处、共生共荣。所以人类在创造物质财富的过程中应该坚持“无害性”的伦理原则，其伦理意蕴在于人类创造的物质财富应该真正有利于而不是有害于自身的生存和发展。

随着中国社会经济的发展，人们已经有了生命健康、生态环境保护等更高层次的诉求。在经济发展过程中，生态环境的更高层次诉求与经济增长之间已产生尖锐的矛盾。如何协调经济发展与生态环境保护之间的关系，是从生态伦理的角度对人类的经济活动进行理论反思和实践探索的重点和热点。以现有的国家治理结构应对这些问题的实践来看，改革势在必行。

人类经历了采集和狩猎经济时代、农业经济时代、工业经济时代，目前正处于生态经济时代初期。与此相应，人类经济伦理也可以大体上分为采集和狩猎经济伦理、农业经济伦理、工业经济伦理和生态经济伦理四种。我们把前三种经济伦理称为传统经济伦理。生态经济伦理是以批判传统经济伦理思想的姿态登上人类伦理思想历史舞台的。21 世纪的中国，伴随改革开放和工业化的进程，社会经济发展取得了伟大成就，但同时也出现自然资源日益短缺、环境污染持续恶化、生态系统退化和破坏严重等现象。社会的经济发展面临突出矛盾和问题。

1962 年，美国人蕾切尔·卡逊（Rachel Carson）出版了《寂静的春天》一书，他在该书中对传统工业文明造成的环境破坏作出了反思，指出人类在第一次工业文明运动中强化了人的主体意识，在经济发展过程中坚持的是主体至上、理性至上、经济至上的经济发展模式，以征服、主宰、掠夺自然为主要目的，这种高消耗、高污染的经济增长模式的可持续性引起了人类的质疑。传统经济的发展模式引起各界对环境保护的重视，1989 年，英国环境经济学家戴维·皮尔斯（David Pearce）等人在《绿色经济蓝图》中首次提出了“绿色经济”的概念，强调通过对资源环境产品和服务进行适当的估价，实现经济发展和环境保护的统一，从而实现可持续发展。只有规范和约束主体性，使人类的实践活动不超出自然界的承受力，人类才有继续生存和发展的希望。

对人与自然如何和谐共处的“反思”和“探索”正是一种新的生态经济伦理的思考，现代生态伦理学一直致力于论证“人应该对自然讲道德”这一命题的合理性和可行性，“人应该对自然讲道德”的生态伦理思想在实践中是与人类经济实践活动紧密联系在一起的，实现生态伦理与经济的对接才是人们研究人与自然之间的道德关系的关键所在。当代人类应该从道德视角对经济、社会和环境三者之间的关系进行考察、分析和协调，使生态伦理思想成功地与人类经济活动相结合，并对其发挥有效的调节作用。只有实现生态经济绿色发展，人类未来才有可能与自然和谐共存，走可持续发展的道路。

生态经济伦理是适应整个人类发展生态经济的新时代要求而产生的一种新经济伦理。它从道德的角度论证人类发展生态经济的合理性，为生态经济的发展创造必要的道德秩序或道德氛围。基于这种认识，我们对生态经济伦理的界定也涉及两个相互联系的方面，即生态经济这一经济发展模式的道德合理性以及生态经济发展所要求的道德意识、道德规范、道德关系和道德实践。这两个方面既是构成生态经济伦理理论体系的两个基本组成部分，也是从道德上支持生态经济形态的两个不可或缺的支撑。这样一来，我们所说的“生态经济伦理”主要是指人们在发展生态经济过程中自觉协调和平衡经济建设、社会发展和环境保护这三重价值追求时所体现的道德意识、道德规范、道德关系和道德实践的总称，或者主要是指生态经济发展所要求的道德意识、道德规范、道德关系和道德实践的总称。作为一种经济伦理，生态经济伦理既具有一切社会道德现象共有的一般本质、征象和功能，也具有不同于其他社会道德现象的特殊本质、征象和功能。生态经济伦理的特殊本质是通过生态经济伦理批判、继承和超越人类传统经济伦理思想的逻辑过程来体现的；生态经济伦理的特殊征象主要是通过生态经济伦理意识、生态经济伦理关系和生态经济伦理实践的特殊内容来反映的；生态经济伦理具有影响个人行为和社会生活的效力和作用，这就是生态经济伦理的特殊功能。生态经济伦理要求人类把经济的发展建立在节约自然资源和促进自然生态平衡的基础上，而不是靠无情地算计、盘剥和掠夺自然来谋取经济效益的片面增长，它出现的目的是实现经济和社会的可持续发展。

现代经济伦理学把经济伦理关系仅仅局限在人类社会范围内来加以考察。与传统经济伦理思想不同，生态经济伦理将经济伦理向环境领域拓展，将经济伦理与环境问题紧密联系起来。生态伦理学的核心命题是“人应该对自然讲道德”，经济伦理学的最基本命题是“每一个经济主体都应该讲道德”。生态伦理是指忽略人类经济实践活动的人与自然的直接价值关系，而经济伦理学只对人类经济活动的每一个环节即生产、交换、分配和消费环节的伦理性给予广泛而深入的关注。研究经济伦理的学者在考察和分析经济伦理关系时往往不将自然或环境因素考虑在内，而只是片面地把这种特殊道德关系看成与自然或环境无关的人际价值关系，具有显而易见的片面性。

20 世纪中期兴起的生态经济学从一开始就表现出向道德领域特别是生态伦理领域渗透的趋势。生态经济学倡导的根本经济思想或根本经济理念是在节约资源和保护环境的过程中提高经济效率。我们不难看出，生态经济学对“节约资源”和“保护环境”的强调明显包含生态伦理思想和生态伦理精神。生态经济学呼吁人类发展生态经济，但同时要求生态经济的发展应该建立在良好的“生态”即人与自然之间的和谐关系基础之上。当生态经济学对人类社会经济发展提出“应该”的价值要求时，它对生态经济的探讨和分析就不可避免地被涂上了一层生态伦理色彩。但生态经济学仍然是生态伦理化的经济学，其核心思想还是从经济学方法论的角度来展开的，主要运用经济学的研究方法来分析生态问题。从这种意义上来说，生态经济学向生态伦理渗透的深度是很有限的。

在生态危机严重制约世界经济发展和环境问题严重威胁人类生存与发展进程的今天，生态伦理学、经济伦理学和生态经济学同时处于经济、社会和环境这三者构成的关系网络的中心，已经不可能继续在传统社会科学的各学科彼此封闭的状态下独善其身。出于对生态伦理学向经济领域延伸的趋势、经济伦理学向环境领域拓展的趋势以及生态经济学向道德领域渗透的趋势的整体认识和综合把握，我们提出了将生态伦理学、经济伦理学和生态经济学进行有机整合的设想。与任何别的社会道德现象一样，这种“交叉”和“融合”不是某一门学科“吞并”另一门学科，也不是学科与学科之间的机械嫁接，而是一种自动的、有机的、灵活的组合，通过实践的过程将生态经济伦理的强大生命力体现出来。

生态经济伦理实践是指个人、企业、政府、国家等生态经济伦理主体必须在生态经济伦理意识引导下做出的具体行动，表现为每一个生态经济伦理主体在生态经济活动和生态经济生活中能够自觉地把追求经济建设、社会发展和环境保护的统一、协调与平衡这一道德理想转化为实际行为，能够自觉地运用生态经济伦理原则协调彼此之间的经济利益矛盾，能够同不利于实现人类社会可持续发展的思想和行为作斗争。生态经济伦理是适应整个人类发展生态经济的新时代要求而产生的一种新的伦理思想。

倡导生态经济伦理必须坚持四个基本道德原则，即保护环境与保护人类相结合的原则、生态经济效率原则、生态经济公平原则和可持续发展原则。根据保护环境与保护人类相结合的原则，在生态危机困扰整个世界的情况下，环境和人类都处于非常危险的境地。保护环境和保护人类之间存在一种相辅相成的关系，因而我们在开发利用自然、发展生态经济、创造生态经济效率过程中应该把二者辩证地统一起来。生态经济效率原则是在批判和否定纯功利主义经济效率模式的基础上确立的，它大力提倡集经济效益、社会效益和环境效益于一体的生态经济效率模式。生态经济公平原则是经济公平、社会公平和生态公平的有机统一和整合，它要求人们在发展生态经济的过程中必须充分体现经济效益、社会效益和环境效益的协调与平衡，认为人们对自然或环境的开发利用不应该变成一个侵害环境权利的过程。可持续发展原则是生态经济伦理原则体系中的最高原则，它要求当代人类把以追求经济、社会和环境协同发展为内在精神的可持续发展观作为引导当今世界经济和社会发展的根本价值观。

追求经济建设、社会发展和环境保护的有机统一、协调与平衡，实现人与自然的全面和谐是生态经济伦理要确立的主流价值观的核心理念。在生态危机困扰整个世界、全人类的形势下，人类社会迫切需要这样一种共同的价值导向。共同的生态经济伦理价值观，可以将每一个生态经济活动中主体的价值观高度地统一起来，使他们在生态经济活动中朝着一个共同的、明确的价值方向和目标努力。人类应在保证尊重自然的完整、稳定和有序的前提下，全面实现经济、社会和环境的可持续发展，在普遍平等的基础上实现与自然的共存共荣、共生和谐。

联合国开发计划署发布的《中国人类发展报告 2002：绿色发展 必选之路》，首次提出中国应当选择绿色发展之路，“绿色发展”的概念从此进入了中国经济建设和发展的视野。在全球金融危机、气候变化问题的综合背景下，2008 年 10 月，联合国环境规划署召开“绿色经济行动倡议”项目启动会，呼吁各国实现经济增长模式转型，并于 2009 年 4 月公布了《全球绿色新政政策概要》，启动了“全球绿色新政及绿色经济计划”。人类开始进入世界的第四次工业革命——“绿色工业革命”时代。2009 年以来，世界各主要国家都把发展绿色经济作为实现经济复苏的重要支点和抢占经济制高点的国家战略，力图通过实施绿色新政促进经济转型。

2010 年我国发布的《2010 中国可持续发展战略报告：绿色发展与创新》提出，要以“绿色发展与创新”来应对我国推进可持续发展过程中面临的各种挑战。党的十七大报告首次提出要建设生态文明，把“生态化”作为绿色发展的主要内容，要求将环境资源作为社会经济发展的内在要素，使经济活动过程和结果都要“绿色化”。党的十八大把生态文明提到了人类历史发展新时代的高度。“十二五”规划中首次详细地阐述了绿色发展的一系列问题，“标志着中国进入绿色发展时代”。“十三五”规划以“五大发展理念”为主导，为中国2016—2020年规划了更明确的“绿色发展”道路。党的十九大报告提出中国特色社会主义发展进入新时代，从绿色发展角度来看，中国进入了以生态文明为导向的新时代。

为了拥有足够的经济利益，一个国家必须把经济发展放在第一位。经济利益的获取与延续是国泰民安的基本保证。在改革开放之后，由于执政党和政府逐渐把工作重心转移到了“以经济建设为中心”的轨道上，中国才开始出现人民安居乐业、国家繁荣昌盛的大好形势。我们强调经济利益在国家生活中的重要地位和作用，但这并不意味着主张经济利益应该被视为一种至高无上的国家利益。一个国家的利益从根本上来讲是经济利益、社会利益和环境利益的复合体。未来十年，我们要明确一个目标，即美丽中国的目标；把握一个布局，即“五位一体”的总体布局。未来，生态文明建设将会被放在突出地位，融入经济建设、政治建设、文化建设、社会建设这四大建设的各方面和全过程。“绿色发展”作为一种新的发展理念，是人们价值选择的结果。以市场为导向的经济发展是“以物为中心”的发展，它使人与自然的关系处于价值对立的紧张之中。人类社会的发展过程从某种意义上讲是一个人类的价值选择过程，人们的选择过程是价值观念的实现、外化过程，事实上，人类整体利益并不是一种抽象的存在，它是人类各种利益追求的一种有机整合，包括经济利益、社会利益和环境利益。人类对可持续发展理想的价值追求最集中地体现了人类全面追求经济、社会和环境和谐相融的整体需要。绿色发展是对人与自然的关系、经济发展与资源环境的关系作出的新的价值判断和价值评价，必须在经济生态伦理的指导下，着眼于在经济发展过程中处理好人与自然之间的紧张关系，如从对自然的肆意掠夺转变为人与自然的和谐共处，从以往的以物为中心转变为以人为中心，从单纯的经济利益导向转变为对经济社会生态的全面统筹。

要实现绿色发展和生态文明建设，其关键除了绿色技术创新和生态文明制度建设，根本还在于人们思想观念的转变，在于一种对待人类社会发展的价值理念与追求。发展与绿色在本质上是一对矛盾，并且这对矛盾还将会是一对长期存在的矛盾。对于这样一对矛盾的价值选择，直接关系到绿色发展实现的性质和程度。在生态经济时代，我们需要生态经济伦理学的价值判断、价值选择和价值评价。生态经济的发展，必须依赖生态经济伦理学，并根据现有的中国国情创建自己的理论体系，为中国发展生态经济提供强有力的道德支持。

在古代中国的伦理思想中，儒家的“仁”和“义”思想以及道家的“道”理论包含丰富而深刻的生态伦理意蕴。儒家思想认为，仁义的爱心无所不在，无所不包。这种“仁”和“义”不仅要求人的道德情怀必须指向人本身，也必然投向自然万物。儒家正是用仁德来调节人与自然之间的关系的。与儒家一样，古代中国的道家思想也显示了深邃的生态伦理智慧。在道家看来，“道”是宇宙万物的本源，也是自然而然之则，是自然万物乃至人秉承的行为准则。它既是自然万物之则，也是处理人际关系的准绳，更是处理人与自然之间关系的尺度。儒家和道家的生态智慧无疑能为我们在认识人类发展的过程中正确理解经济、社会和环境三者之间的关系提供一些启示。

在西方，亚里士多德早在希腊奴隶社会时期就提出了将经济学研究与伦理学、政治学结合起来的思想。西方作为现代市场经济的发源地，具有丰富多彩的经济伦理思想。

总之，人类传统伦理思想十分丰富，影响深远，它们为人类在充分认识生态危机严重性的过程中如何选择一种以追求经济、社会和环境和谐相融为基本特征的经济发展模式，在经济发展过程中如何作好选择提供了重要的价值参考和借鉴。

第六章　共享发展理念的经济伦理意蕴

人类社会在绝大多数时候并不缺乏社会资源或社会发展成果，缺乏的是社会资源或社会发展成果的共享性。政治生活的益处在于人们能够在“国家”这一“联合体”中共享“公共产品”。[①] 现代民主国家是共享性国家形态，其社会规范体系的设计和安排以缩小人与人之间在社会资源或社会发展成果分配领域的获得感差距为根本目的，弘扬“共享”这一道德原则或道德价值观念，旨在保证社会资源或社会发展成果在现代国家的分配能够最大限度地体现共享性。“共享是中国特色社会主义的本质要求。”[②] 在党中央倡导的“五大发展理念”中，“共享发展”是最高理念。《中华人民共和国国民经济和社会发展第十三个五年规划纲要》提出：“共享是中国特色社会主义的本质要求。必须坚持发展为了人民、发展依靠人民、发展成果由人民共享。”[③]

共享发展是对传统发展理念的新突破。德尼·古莱（Denis Goulet）认为：“发展的最终目标是存在本身，是为全人类提供充实美好的人类生活的机会。”[④] 阿马蒂亚·森认为：“发展是扩大人们享受真实自由的一种过程，是人们能够过自己愿意过的生活的‘可行

① 格林. 国家的权威. 毛兴贵，译. 北京：中国政法大学出版社，2013：245.

② 中共中央关于制定国民经济和社会发展第十三个五年规划的建议. 北京：人民出版社，2015：9.

③ 中华人民共和国国民经济和社会发展第十三个五年规划纲要. 人民日报，2016-03-18（1）.

④ 古莱. 发展伦理学. 高铦，温平，李继红，译. 北京：社会科学文献出版社，2003：8.

能力'。"[1] 因此将"共享"作为一个道德价值观念来限定"发展"的内涵，是对狭隘的发展观的补充与完善，是传统发展理念的新突破。共享发展的理论强调人民要全面共享国家经济、政治、文化、社会和生态文明等各方面的建设成果，保障人民各方面的合法权益。共享发展理念不仅在于刺激生产，促进经济的发展，更在于要在发展的基础上缓解社会贫富分化所激化的矛盾，致力于不断加强社会各方面发展成果的共享性，因为"个人的可行能力严重依赖于经济的、社会的、政治的安排"[2]。人民生活的质量是根据人民的自由程度来衡量的。而财富、收入、技术进步以及社会现代化等作为人们追求的目标最终是为人的自由发展与人的福利服务的。经济发展的目的在于提高人们的生活质量，从而不断提升人的尊严和扩大选择的机会与自由。共享发展理念思想的经济伦理意蕴就在于要为中国社会经济发展寻求到更具道德合理性的保证，让经济的发展走出传统狭隘经济发展的误区，让社会向着更加美好和更为人道的生活继续前进。

一、人类追求经济共享的伟大理想

"经济共享"问题是自原始社会以来就一直与人类相伴相随的一个问题。从历史唯物主义的角度看，人类在原始社会的生存就已经具有一定的共享特征，但它所达到的共享发展程度是原始的、低级的。在奴隶社会和封建社会，由于一切都被深深地打上了森严等级观念和等级制度的烙印，统治阶级与被统治阶级之间的对立和矛盾无法调和，共享发展的空间非常狭窄，但人们对共享的伦理诉求依然是非常强烈的。进入资本主义社会之后，由于自由、平等、民

① 森. 以自由看待发展. 任赜，于真，译. 北京：中国人民大学出版社，2002：30.
② 森. 以自由看待发展. 任赜，于真，译. 北京：中国人民大学出版社，2002：42.

主、公正等价值观念已经广泛地深入人心，并且借助社会制度的设计和安排得到了较大程度的现实化，共享发展的空间也得到了前所未有的拓展。

中国古代对经济共享伦理思想的一个表述即“大同”，中国传统文化具有一种天下大同、家国一体的共享情怀。这种“大同”思想可以追溯到奴隶社会早期，如《诗经》中的《伐檀》和《硕鼠》两篇，“不稼不穑，胡取禾三百廛兮？不狩不猎，胡瞻尔庭有县貆兮？……”[①]，“硕鼠，硕鼠，无食我黍……无食我麦……无食我苗”[②]。奴隶和平民辛勤劳作却衣食无着；相反，奴隶主们坐享其成，不劳而获。这实在不是一种“大同”或共享，而是一种残酷的压迫和剥削，这时人类对经济的理想追求仅停留在劳动人民对经济和人身上的无剥削、无压迫的朦胧的公平的向往，还不是清晰的“大同”思想的体现。与此相适应，中国在商代时实行了井田制，这是一种具有共享性质的土地制度。至先秦时期，追求“天下为公”、社会“大同”的理想目标成为一种很普遍的思想。道家提出“均富”和“知足”的共享思想。墨子可谓“共享”思想的积极主张者，他提倡“兼相爱，交相利”[③]和“有力者疾以助人，有财者勉以分人，有道者劝以教人”[④]，这里面都包含了丰富的共享伦理意蕴。甚至在墨子的观念里，人们是不以血缘的亲疏远近和社会地位的高低贵贱来区分个体的差别的，人与人之间是完全同一与平等的，这种朴素的共享意识有忽视个体特有的发展权利的倾向。相比墨家，儒家也提倡共享，儒家的主流思想主张人性善论，“人皆有不忍人之心”，将这个“不忍人之心”加以扩充和推广，就能实现“大同”太平的世界。儒家文化典籍《礼记·礼运》开宗明义地提出了“大同”思想：“大道之行也，天

① 周振甫. 诗经译注. 北京：中华书局，2002：142.
② 周振甫. 诗经译注. 北京：中华书局，2002：144.
③ 徐栋梁，王悦. 墨子. 长春：长春出版社，2015：68.
④ 徐栋梁，王悦. 墨子. 长春：长春出版社，2015：34.

下为公，选贤与能，讲信修睦。故人不独亲其亲，不独子其子，使老有所终，壮有所用，幼有所长，矜、寡、孤、独、废疾者皆有所养……是谓大同。"① 在"大同"的社会里，任人唯贤，老有所终，壮有所用，所有人皆有所养育，《礼记·礼运》所说的这种"大同"世界是人类理想的乐园，创建这样的理想乐园是儒家学者的最高理想。除此之外，陶渊明的《桃花源记》、康有为的《大同书》等，都以不同的形式表达了这种理想。儒学的"大同"共享思想在中国思想史上产生了深远的影响。

中国传统社会的共享指的是"财富"的共享，并且这种共享是通过掌握政权的统治阶级基于自身的廉洁与爱民，通过实施"善政""仁政"的管理手段来实现的，它不是平等的利益和财富共享，而是一种高高在上的施舍。传统社会的共享意识更看重整体的利益，是"公大于私"的，倾向于将个体利益淹没于整体利益之中，对经济生活中个体欲望合理性的需求并没有给予肯定。"每个人的权利都取决于其在共同体中的位置和角色，而非其独立自主的价值"②，这在一定程度上说明人是被划分了等级的。

在西方，早在古希腊时期，苏格拉底就认为共有制度对城邦而言是最大的善，而建立城邦的原则是男女平等、妇女儿童共有以及通过哲人王执政来实现这些理想。柏拉图在苏格拉底对城邦共同体界定的基础上，进一步主张消灭家庭和私有财产，他在《理想国》中提出一切财产归集体和城邦所共有，人们同吃同住，共同拥有所有物品，人们没有家庭、私有财产，才没有私欲，城邦才能稳定、统一、和谐。亚里士多德在其《政治学》里提出，在城邦这样的共同体中，许多不同的城邦公民，在"共同善"的指引下，通过共同活动来实现共同利益，通过与其他人的联合来实现自身的发展。古罗马时期，人类为了实现对"共同善"的追求，更一步一步地走向制度化而非

① 胡平生，陈美兰. 礼记·孝经. 北京：中华书局，2007：110.

② 孙向晨. 双重本体：形塑现代中国价值形态的基础. 学术月刊，2015（6）：20-34.

理想化，走向依靠政治法律而建立起来的社会实在。中世纪的基督教主张实行社会财富共有，以便实现经济正义。到近现代，霍布斯（Thomas Hobbes）和洛克等人从社会契约论出发，论证了如何实现人类共同利益的合理性和正当性。法国哲学家卢梭（Jean-Jacques Rousseau）在《论人类不平等的起源和基础》中激烈地抨击了不平等的财产占有，反对大私有制及其压迫，认为人类不平等的根源是财产的私有，但不主张废除私有制，主张在小共同体中，通过契约，即公民的自由讨论和争辩来协调私人利益与共同利益。空想社会主义者托马斯·莫尔（Thomas More）主张废除私有制，产品归全社会所有，公民在政治上一律平等，尽管在他的乌托邦社会里仍然有奴隶的存在。圣西门、傅立叶、欧文等其他空想社会主义者描写的乌托邦式的理想社会，还制定了财产共有共享的小公社制。

西方传统思想中的共享思想，在古希腊时期，将共同的生活目标与伦理价值取向包含在城邦的政治共同体概念之中，通过城邦公民之间的相互信任与合作，实现共同利益的分享，表现为一种对平等、自由、共享的价值追求的至善的生活方式。在中世纪的宗教时期，共享思想的发展基于共同的精神信仰。到文艺复兴直至现代启蒙理性的兴起时期，“个体”的价值和地位日渐凸显，这种共同的价值诉求转为人对自身的美好追求、人的生存与发展的需要的满足。共享思想的历史发展形态向我们展示了人类对共享思想的思考与追求，社会发展的最终目的是使人从物的世界中超越出来，这样的发展要求我们将经济发展过程中对物质财富的关注转向对人的真正平等幸福的关注。正如亚里士多德所说的那样：“财富显然不是我们在寻求的善。因为，它只是获得某种其他事物的有用的手段。”①

与以上观点不同的是，马克思主义理论致力于对资本主义社会不公平现象的揭露和批判，认为人类历史是由人民创造的，人类社会

① 亚里士多德. 尼各马可伦理学. 廖申白，译注. 北京：商务印书馆，2003：11.

的一切价值也是由人民创造的，但在资本主义的生产关系中，广大劳动者所创造的价值并不属于劳动者自身，劳动者所创造的产品作为一种异己的存在物，是同劳动、劳动者相对立的。甚至出现这样的情况："工人生产的财富越多，他的生产的影响和规模越大，他就越贫穷。"① 劳动者所创造的价值只有维持其劳动力再生产的那一部分被劳动者所拥有，而剩余的更多部分则为资本家无偿占有。在马克思、恩格斯看来，资本主义社会中种种不公正、不合理现象产生的根源在于资本主义制度本身所具有的不平等性，雇佣劳动、无产者的劳动创造出来的财产，反而成为剥削他们自身的资本。这是一种极其怪异和不公正的现象。"资本是集体的产物，它只是通过社会许多成员的共同活动，而且归根到底只有通过社会全体成员的共同活动，才能运动起来……资本不是一种个人力量，而是一种社会力量。"② 生产条件和发展成果最终是应该由人民共享的成果，而不是成为异己的产品进而继续压迫和劳役劳动者。劳动者劳动的成果若不是被人民所共享，而成为一种异己的、与人相对立的东西，那么劳动的成果必然成为一种凌驾于人的价值之上的异己的东西。因此，马克思主义自产生之日起，就以推翻资本主义制度，建立共同富裕、人人共享的共产主义社会为目标。如《共产党宣言》中宣示的那样："过去的一切运动都是少数人的或者为少数人谋利益的运动。无产阶级的运动是绝大多数人的、为绝大多数人谋利益的独立的运动。"③ 后来，马克思在《政治经济学批判》中更加明确地提出，在未来新社会中，"社会生产力的发展将如此迅速，以致尽管生产将以所有的人富裕为目的，所有的人的可以自由支配的时间还是会增加，因为真正的财富就是所有个人的发达的生产力。……财富的尺度是可以自由支配的时间"④。

① 中共中央编译局. 马克思恩格斯选集：第1卷. 3版. 北京：人民出版社，2012：51.
② 中共中央编译局. 马克思恩格斯选集：第1卷. 3版. 北京：人民出版社，2012：415.
③ 中共中央编译局. 马克思恩格斯选集：第1卷. 3版. 北京：人民出版社，2012：411.
④ 中共中央编译局. 马克思恩格斯全集：第46卷下. 北京：人民出版社，1980：222.

在马克思、恩格斯所设想的理想社会中，每个人在自由全面发展的基础上，通过“自由人”的“联合体”共享社会发展成果，这个发展成果具有丰富的内涵。

什么是“共享”？正如恩格斯在《共产主义原理》中的阐述，共享是指“由社会全体成员组成的共同联合体来共同地和有计划地利用生产力；把生产发展到能够满足所有人的需要的规模；结束牺牲一些人的利益来满足另一些人的需要的状况；彻底消灭阶级和阶级对立；通过消除旧的分工，通过产业教育，变换工种，所有人共同享受大家创造出来的福利”[①]。共享发展的主体不是少部分人，而是不分地区、民族、性别、阶级的全体社会成员。共享的不只是与人们物质生活密切相关的物质生活条件，还包括人类天性中的各种需要的满足。

马克思深刻认识到人和动物不同，有意识的生命活动把人同动物的生命活动直接区别开来。人作为有意识的类存在物通过自己的实践活动创造和改造着对象的世界，这种活动是自主的、自由的活动。人甚至可以理解为自由的类存在物，植物、动物、石头、光都是人的意识的一部分，是人的精神的无机界，自然界就是“人为了不致死亡而必须与之处于持续不断的交互作用过程的、人的身体”[②]。人类的解放首先是经济的解放。要实现经济的解放，就要克服资本主义私有制下的劳动异化，消灭私有制，实行生产资料的社会占有，通过建立社会的自由“联合体”，让工人共同享有生产资料、全面享有自己的成果，最终实现人的全面自由发展。

人是现实的存在，同时也是理想的存在，人总是生活在现实的和理想的矛盾之中。现实中的人终归有个体的欲望与情感的需求，这是人的自然生命力的体现。而人的身上也潜藏着一个“大同”共享的梦想——在一个没有差别的世界里，没有矛盾和斗争，人们可以没有

---

① 中共中央编译局. 马克思恩格斯选集：第1卷. 3版. 北京：人民出版社，2012：689.

② 中共中央编译局. 马克思恩格斯选集：第1卷. 3版. 北京：人民出版社，2012：56.

痛苦地共同幸福地生活。这个梦想会被现实的欲望和各种需求抑制或覆盖，但在根本上没有消失过。它是人内心中一种向上的力量，是人类不同于动物的“一隙之明”，是人类积极向上追求的根本所在。究其根源，是人性中存有如孟子所言说的“不忍人之心”、王阳明所言说的“良知”或亚当·斯密所言说的“同情心”。在中国近代资产阶级的代表人物康有为的“大同”思想里，这个“不忍人之心”、这个“良知”、这个“同情心”，就是人类社会进步的一切根源，是人类追求经济平等、利益共享，实现“大同”理想社会的人性逻辑起点。正是因为人性中有这种“同体大悲”“好仁恶恶”“天下为公”的蕴含公平正义理想的情怀，正是基于这种人性中的“根”，人类历史才有了追求经济共享的美好理想的前提和可能性。

而在现实的生活中，人类历史的许多思想学说都表达了对一个共同的世界“大同”的理想。在西方，有柏拉图的《理想国》、托马斯·莫尔的《乌托邦》、康帕内拉（Tommas Campanella）的《太阳城》、傅立叶等人的空想社会主义学说以及马克思的科学社会主义学说。在中国，也不乏各种愤世、避世的乌托邦思想。如东晋著名的田园诗人陶渊明在他的不朽作品《桃花源记》中所描述的，“土地平旷，屋舍俨然，有良田美池桑竹之属，阡陌交通，鸡犬相闻”[①]。这里风景优美，没有战争的纷扰，人们在田间耕作并怡然自乐，和睦相处，不闻不问外界的是是非非。这正是古代人所憧憬的自给自足的小农经济的田园生活，即庄子所描述的“君道自然”的“至德之世”。在这样的世界里，统治者对社会的统治，应是顺应自然的“无为”而治，君王作为社会的最高统治者，应以“天下为公”，不应“割天下以自私，以富贵为崇高”[②]，而人们可以“耕而为食、蚕而为衣、

① 刘明华. 大同梦. 上海：上海文艺出版社，1999：109.

② 北京师范大学伦理学与道德教育研究所. 伦理学经典著作选读. 北京：北京师范大学出版社，2010：29.

衣食周身”[①]，过着满足基本生理需要的简单富足的生活，社会呈现一派安定、和谐的美好景象。阮籍的《大人先生传》中设想的“太初”理想社会，是一个无君无臣的社会，社会生活中人无等级贵贱之分，没有欺压凌辱、尔虞我诈，在这样一个质朴淳厚的社会里，一切顺应自然，人们过着悠然自得的生活。[②] 中国近代资产阶级的代表人物康有为以《春秋》公羊学“三世”说和《礼记·礼运》篇的“大同、小康”说为框架，在西方各种空想社会主义理论和佛教“众生平等”思想的基础上，创作了《大同书》，以其丰富的想象力描绘了一个内容丰富的“大同”理想社会图景。

这样的社会理想的构想与追求，从现实的层面来说，是一种人民对没有压迫、没有剥削、没有战争的生活梦寐以求的向往，是一种发自内心的渴望与企盼。正是因为从人类社会产生的那一天起，人民的生活就充满着各式各样的矛盾、斗争和痛苦，人类的历史虽然有过经济繁荣、太平盛世时期，但经历更多的是战争的纷扰、阶级的压迫，在一个充满残酷剥削与压榨的阶级统治社会里，人类生存和发展的安全感荡然无存。

基于人自身“趋乐避苦”的天性，更基于人对社会生活尽善尽美的追求，人自然会发挥其最大的想象力，将现实社会生活的一切提升到一个不可企及的高度，构想和描绘着一个又一个令人叹为观止的理想社会的蓝图。这种被理想化和绝对化的蓝图，在宗教里被设想为“来世”“彼岸”，是远远不可企及的；但在人们的现实社会理想之中，是“桃花源”“大同社会”。

① 北京师范大学伦理学与道德教育研究所. 伦理学经典著作选读. 北京：北京师范大学出版社，2010：158.

② 北京师范大学伦理学与道德教育研究所. 伦理学经典著作选读. 北京：北京师范大学出版社，2010：27-29.

二、人类维护经济共享的当代实践

柏拉图的理想国、儒家的“大同”理想、马克思主义的科学社会主义学说，以及西方近现代的各种启蒙运动，都体现了对一个没有剥削、没有压迫、没有贫富差别的“大同”社会的向往，是人类对社会发展成果的共享性的追求，使人们在现实的生活中真实地体会到对社会发展成果的“占有感”或“享有感”。人类社会发展的实际历史不像“大同”理想所描绘的那样，可以通过简单地创造或设计一个完美无缺的“世外桃源”或“理想国”来替换充满剥削与压迫的不公平的世界。人类社会的发展过程是长期的、动态的，并且充满着不同的矛盾，而社会正是在克服其自身矛盾的过程中不断前进的。最终走向的那个理想的、优越的社会制度，应该具有更高程度的共享性。人类追求经济“共享”也不能只是“共想”，而必须落实到行动上，使其在现实经济生活中运行和实现。人类社会的发展成果如果不能为社会成员共同享有，其所取得的发展就是没有道德价值的增长。

从 20 世纪下半叶开始，世界上很多国家都将经济的共享发展视为自身追求的方向与目标。虽然达成经济共享目标的初衷各不相同，但在现实的情况里一定程度上实现了人类的经济共享。

西方发达国家维护经济共享的方式主要是推行社会福利、社会保险、社会救助等一系列的社会保障制度。从 1825 年英国爆发第一次经济危机开始，此后，大约每隔十年，资本主义社会就会爆发一次经济危机。1929—1933 年世界经济大危机爆发，“凯恩斯主义”思想认为造成危机和失业的根本原因在于有效需求不足，因此必须加大国家对经济的干预力度，政府当局和社会也开始意识到国家干预社会的必要性，如美国在 1935 年率先颁布了《社会保障法》。“凯恩斯主义”思想在一战后相当长的一段时期内成为西欧经济政策的主导思想，为现代西方“福利国家”的建立提供了理论依据。1942 年，英国“社会保险及相关事务委员会”提出名为《社会保险和相关服务》的报告，简称《贝弗里奇报告》，报告为英国规划了一套“惠及所有国民的全面而普遍的社会保障体系”。1945 年，英国在著名的《贝弗里奇报告》的基础上，建成一套“从摇篮到坟墓”的社会保障制度，率先进入“福利国家”的行列。到 20 世纪 60 年代，几乎所有的西方发达国家都基本完成了有关社会保障制度的立法，相继宣称本国为“福利国家”，建立了以社会保险、社会福利和社会救济为核心内容，以高福利为主要内涵的一套完整的社会保障体系。福利资本主义成为二战后资本主义的重要形态，福利制度的完善与发展是资本主义社会实现经济共享的重要实践。西方社会福利制度的设计安定了其国内劳动者队伍，维护了社会稳定，促进了二战后西方资本主义世界的经济发展与繁荣，实现了经济繁荣和社会稳定的协调共赢。但这样的状况并没有持续很久。

高福利的社会制度使很多国家陷入了债务危机，企业也因向劳动者提供终生雇佣保证和过高工资而丧失了社会竞争力和生存能力。少工作、高报酬和更好的社会福利吃光了政府财政收入，政府不得不依靠借债来填充财政赤字。同时，人口老龄化和经济全球化下高福利引发的高税收循环，使“福利国家”财政背上了沉重的负担。高福利的社会制度因为让失业人群获得高额的福利保障，使其在生活质量上拥有与辛勤工作者几乎一样的待遇，从而大大消退了劳动者的工作热情。这种福利制度严重地影响了自由竞争的市场秩序，使社会由一种“不公平”走向了另一种“不公平”，使经济社会失去了应有的活力。“福利国家”的社会政策目标不应该只是提供基本的生活保障，还应该追求社会平等。以英国的吉登斯（Anthony Giddens）为代表的一批学者开始研究重塑国家合法性的地位，通过重新界定政府与个人之间的契约关系，发展从个人向政府寻求经济保护转变为个人向政府寻求“自主与自我发展”机会模式。政府的功能从提供经济援助转变为向劳动者进行人力投资，将福利消费支出改为教育、培训、创造就业机会和鼓励风险投资等社会投资支出，实行弹性工作制度，鼓励和谐家庭般的工作关系，鼓励个人积极自主创业。美国加利福尼亚州大学的社会福利学者詹姆斯·米奇利（James Midgley）提出了发展性社会福利政策，主张将社会福利和经济发展联系起来。他指出，社会保障制度涉及的不仅是社会财富再分配领域的问题，更是经济生产领域的问题。他强调福利事业与经济发展动态结合，通过有计划的社会变迁来改善人口整体的福利。

西方社会保障制度的发展与改革蕴含着一定的经济共享价值理念，主要是通过社会保障体制实行社会资源的再分配来达到经济和社会的平衡发展，并在一定程度上实现了社会公正。发达国家虽然通过国家税收与再分配政策对总体收入分配格局产生了重要影响，其社会福利政策也从表面上掩饰了收入差距带来的许多矛盾，但是居民收入分配差距扩大和不平等的事实依然存在，并且日益扩大，中低收入的普通民众的生活并没有得到有效改善。

无论是中国古代的儒家道德伦理学说还是西方中世纪的宗教学说，都只将人类社会的“大同”理想构建在理想的原则上，通过精神上的至善消灭至恶，而没有将其与现实的具体生活结合起来，真正地利用世界、改造世界，在现实的基础上实现人的真正的全面自由解放。而马克思主义对未来人类社会的共产主义构想是一个把人类的“大同”理想、人类社会的发展动力机制和人类生存发展的现实需要有效结合起来的理论。社会主义国家在维护人类经济共享的实践中，正是遵循了这样一种理论思想的指导。

社会主义国家初期在追求经济共享的方式上，是通过建立生产资料公有制，通过高度集中、高度权威的政治经济体制来实现的。这种经济共享的方式是由国家实行高度集中的计划管理，再由各级政府下达详细指令性计划，对全社会实行一种准军事化的管理，实行集体劳动，按劳分配。这种对“大同”理想的经济共享实践的典型代表有苏联和中国。20 世纪 30 年代，苏联在改造小农经济的基础上建立起了一种崭新的社会主义农业制度——“集体农庄”制度；而中国，则是在 20 世纪 50 年代实行了一次规模空前的“人民公社”的“大同”理想实践。“人民公社”实行的是政社合一，管理上既集权又集中，经营的方式是单一的，在分配方式上实行绝对的平均主义，但这种平均主义的生产方式后来严重阻碍了社会生产力的发展，暴露出传统“大同”理想的社会主义生产方式的局限性。20 世纪 90 年代，东欧剧变，人类历史上第一个社会主义国家苏联解体，中国也开始走向改革发展的道路。从二战后的民族独立运动到“冷战”结束前，世界上有 50 多个社会主义国家，而其中大多数的社会主义国家具有浓厚的民族主义或宗教的色彩。当今，世界上的社会主义国家只剩下五个，即中国、朝鲜、越南、老挝和古巴。

社会主义革命建设是在苏联、中国这些政治、经济、文化相对落后的国家实现的。民族的危机、经济上的长期窘迫，迫使人们想急切地实现共同富裕的梦想，这样的理想使得社会主义国家在追求经济共享的实践过程中普遍表现为急于求成，夸大了主观意志和主观努力在现实中的作用，而在客观实际上忽略了经济发展的普遍规律，导致苏联的“集体农庄”、我国“人民公社”的“大同”理想追求实质上都只成了一场跑步进入共产主义的空想实践。但这些实践意味着人类对美好生活目标的向往与尝试，而这种理想的追求与实践的脚步将永远不会停歇。中国社会近几年来在全面推进深化改革的进程中，已经将“共享发展”理念作为经济发展的重要目标，并已将其落实到国民经济整体发展战略与城乡协调发展战略之中，而“人类命运共同体”的提出，更是一种基于现实世界的关系状况、对实现全球社会经济共享的理想追求。“一带一路”倡议的实施就是一个典型事例，它展现了中华民族从国际社会整体角度倡导和坚持共享发展的道德信念以及探索现代社会共享发展的实践追求。

在追求和维护经济共享的实践过程中，无论是基于被动地缓解社会矛盾、维护社会稳定以促进经济发展的目的，还是基于积极主动地追求“人人共享太平盛世”的理想主义情怀，资本主义国家和社会主义国家都面临着许多现实的困难和问题。

纵观以上内容，资本主义国家和社会主义国家在维护经济共享的实践中有一些共同的问题表现：其一，无论是在福利制度下，还是在共同劳动和共同分配的制度下，人们普遍出现了懒惰情绪，劳动积极性消退，其原因各异。资本主义国家劳动者劳动热情的消退是基于“劳动无用”，因为无须劳动就可以衣食无忧；社会主义国家劳动者没有劳动积极性也是基于“劳动无用”，但原因不是不劳动就可以衣食无忧，而是多劳动和少劳动的结果都是一样的，劳动者并不能通过付出更多劳动而改变实际的生活状况，走向真正的富裕。其二，无论在资本主义国家还是在社会主义国家，维护经济共享的方式，都是国家干预的方式。在资本主义国家，国家干预了财富再分配的方式，这种干预使得一些穷人可以不劳而获，而让一些努力工作的富人背上了沉重的税赋包袱，也让国家陷入负债状态。在社会主义国家，国家不仅干预了财富的分配和再分配，甚至介入生产和流通领域，实施行政管理。这种干预也就变成了包办，不仅遏制了生产力的发展，也剥夺了个人的自主性，个人没有自由选择的权利。

经济的发展既是社会的整体发展，更是个体自我实现的发展。国家、社会和个体间是一种共生的关系，人类社会的发展是一个整体协同发展的过程，这就要求在发展的过程中，不是只发挥国家的主体作用，强调政府主导下的社会公平，不是只强调某一方的责任、义务或权利，而应该是国家、社会和个体间对责、权、利共同担当，在经济建设中要共创、共赢。这才是真正的经济共享发展。

各个国家各个地区的情况不同，在追求经济共享的实践中所遇到的问题自然各异。但要实现经济共享，首先必须有丰富的物质基础，这是实现共享的必然的前提条件。但共享不只是利益的均衡，共享的实现也不能只依靠制度的保障，共享更是人类的一种价值理念和价值追求，共享的实现更应该被当作一个价值问题去思考与实践。实现人类经济共享的核心问题是共享伦理问题，即如何构建以“共享”为核心价值取向的伦理思想、伦理精神、伦理原则和伦理行为的伦理价值体系。

三、人类推进经济共享的现实困难

人类社会推进经济共享，这是一种现实需要，也是一种理想追求。人类和其他所有自然物一样，自出现在这个地球开始，都共同地享有自然所赋予的一切资源，天地生养万物，是“道生之，德畜之，物形之，势成之……生而不有，为而不恃，长而不宰”①，所以自然对待万物是公平的，尽可能给予万物生存的条件和可能，并且给得恰如其分。当然，自然界种类之间还有一个共生共存的现象，在种类的内部也会存在一个竞争与适者生存的问题。人类作为天地间的一个种类除享有自然资源以外，不同于自然界的其他种类的是，人类社会自形成以来，自然资源和人类社会资源都成为人类赖以生存和发展的基础，并且伴随着人的自然差别与社会地位的差异，在对资源的共享上，人类社会已经走向了不平等的道路。社会物质财富不断丰富，而人们的贫富差距却日益扩大，由贫富分化而导致的社会矛盾也更加尖锐。人类的理性告诉自己，要缓解社会矛盾必须彰显社会公平，实现经济共享。为了缓解这种矛盾，各个国家也在现实中采取了一定的社会制度来实现社会的公平与公正，以促进社会和经济的发展与稳定。

人类不同于其他物种，人在天性中具有同情心、不忍人之心、善良的意志，人在天地万物中具有至上的地位，在于人能爱人、能敬

① 汤漳平，王朝华. 老子. 北京：中华书局，2014：205.

人，在于人有超乎自然的社会本质，这种本质表现为人与人之间的爱与尊重。《孟子·告子上》言：“人性之善也，犹水之就下也。”《国语·周语下》言：“言仁必及人”，“爱人能仁”。人类不能像其他物种那样为争夺食物、争夺生存领域而相互残杀，不适用物竞天择、适者生存的生存方式。从人类社会产生以来，伦理道德就成为维系社会秩序的重要力量，德性也成为人性中的一种偏好。经济的共享正是基于人性中的这种德性而表现出来的一种外在行为，是人类的美好价值追求。

然而在现实的生活里，经济的共享无论是作为一种现实需要，还是作为一个人类的美好价值追求，要推行起来都有很多的实际困难。经济共享的一个重要指标是社会财富的合理分配，包括人类对物质财富、政治权利、发展机会等社会发展成果或社会资源进行的分配，这种分配不同于中华人民共和国刚成立时的共同劳动、统一分配，不是国民以平均主义或利己主义的方式简单地分享社会发展成果或社会资源。要实现经济共享必须围绕着“共享”的理念，设计惠及全体民众的经济制度体系和经济发展机制。要实现经济共享，还必须构建经济共享的价值理念，这是一种构建在社会道义基础上的道德协调，在社会生活中普遍形成对“共同善”的价值追求，并达到在情感、信念、道德、价值等方面的道德共识。在对利益的让渡与共享处于互相同意与承认的状态下，共享经济才能实现。经济的发展不是一个只着眼于当下而不兼顾未来社会发展能力的短期行为，经济的发展必须是可持续性的发展，要兼顾当代人也兼顾未来人的利益，必须在整个人类历史的演进过程中把握经济发展的本质，从而实现当代人与未来人的经济共享。同时，当今的社会经济发展已经进入一个全球化、信息化和高科技革命的时代，全人类的命运已被信息网络紧紧地联系在了一起。在当今这样一个多极化世界，如何实现国际化的人类经济共享将会是一个非常复杂、艰难的问题。

“共享”是一种美德，是一个伦理概念。经济与伦理分别属于人类社会两个不同的维度，经济要解决的是人的“生存”问题，而伦理要解决的是人“怎么生存”的问题。或许正是因为它们分别是不同的问题，所以亚当·斯密才会分别在他的《国富论》《道德情操论》两部不同的著作里论述它们。

经济发展的本质是追求和实现个体利益的最大化，在经济活动中“经济人”的经济行为无不是有利益导向性的，无论是在生产、交换、投资还是贸易过程中，我们都很难发现无利可图的经济行为，如果他们图的不是既得利益或眼前利益，那肯定是长远的更高额的利润。在经济活动中，人们也会形成基本的道德共识，这种道德共识是一种在理性的基础上形成的共识，即“经济人”会依自身的意图和需要，在经济活动中本着互惠互利的原则，在使贸易或交换对象受益的同时实现自身的最大利益。这样的一种道德共识，可以当作经济活动的道德基础，但这样的道德是体现经济活动中的贸易或交换活动“公平”的一种道德，它惠及的对象是经济活动中的双方或多方，而不是经济活动之外的其他人。

通常，学者们在论述经济伦理的核心问题时，是围绕经济活动自身的合伦理合道德性展开的。市场经济普遍被认为是最具有效率的经济，人类的经济活动原来是由基于血缘、地缘关系而构建起来的信用关系来维系的，但是由于社会市场经济的出现与发展，人们交易的关系拓展到陌生人之间的交易时，原有的信用关系就失去了血缘或地缘这种天然的信用基础。在一个完全是陌生人的市场经济环境里，如何实现经济活动的公平公正，实现市场经济的效率与公正的兼顾，让市场经济活动中的“经济人”的经济行为具有道德性，就是经济的伦理性问题。“经济人”的存在只是一种理论的假设，在现实的经济活动中，并没有单纯的“经济人”，也没有单纯的“道德人”，人总是处在复杂多样的社会关系中，是有着多种价值追求的复合存在。

经济共享需要一定的物质基础。要实现经济共享，其前提条件必须是社会生产力的大力发展。市场是一种有效的资源配置方式，市场经济作为自由竞争的经济形式，与传统的计划经济不同，大大增强了劳动者的自由选择性，也刺激了劳动者的劳动积极性和创造性。几乎全世界的经济发展都选择了市场经济，中国在经历了高度集中的计划经济体制后，也选择了社会主义市场经济体制，通过多年改革开放的历程，已经建立并且还在不断完善社会主义市场经济体制。市场经济是交换经济，在以自由与竞争为特点的市场经济中，交换得以实现的前提是清晰的产权。“在产权关系较明确的时候，交换总是可以通过市场来完成；在产权关系不能明确或界定费用太高的时候，交换可以通过传统体制内的某个‘权威’的协调来完成。”① 这种需要清晰的产权界定、把一切人纳入交换关系中去的经济，在实质上已经产生了无数个分裂的经济主体，而这无数个分裂的经济主体分别握有不同的资源与社会财富，也就是说由于市场经济体制的特性，社会财富要实现的经济共享的物质基础是由不同的人所拥有的。

“共享经济”的理念是伴随着西方主要资本主义国家在“后工业时代”频繁出现的经济危机而诞生的，经济危机下，资源浪费的趋势和社会消费的不公平现象更加严重，经济低迷与社会发展停滞使得人们开始寻找经济运行和消费的新模式。互联网的出现为“共享经济”的实现提供了基本的平台。如在20世纪90年代，美国Around Again、Makeup Alley公司开始提供网上平台，供人们互换闲置物品。Zipcar公司提供的共享汽车服务，给消费者带来了共享产品的新体验。“共享经济”的最典型代表——美国Uber（优步）公司，也以一个颠覆者的角色在交通领域掀起了一场革命。“共享经济”被描述为“个人对个人”的消费合作，也称作协同消费。它大幅度地节约了社会成本，让闲置资源得到更充分有效的利用。“共享经济的最基本的特征是，拥有闲置资源的机构或个人有偿让渡资源使用权给他人，让

① 汪丁丁. 市场经济的道德基础. 改革，1995（5）：89-96.

渡者获取回报，分享者利用分享他人的闲置资源创造价值。”① “共享经济”是经济发展观念上的一次革命性的改变，促进了社会经济结构的变化，也改变了现行的收入分配方式和社会保障体系。“共享经济”作为一种更有效的资源利用的经济方式，也将是一种可持续发展的经济方式。

“共享经济”不仅包括有偿的让渡者、分享者，还涉及提供平台的第三方，第三方的出现使得消费与供给变得更加透明，使消费者可以在消费过程中充分发挥自我掌控能力。这三者都是基于自身的利益参与到共享经济活动之中，并且都要在共享中获取最有效的利益。所以“共享经济”还是一种求利的经济活动，是一种能够更充分、有效地利用经济资源、社会资源和知识资源的新的经济合作方式。“共享经济”的提出是为了更好、更有效地利用资源，“共享”也必须最有效地节约资源。出于环境资源可持续发展的考虑，为了节省资源，我们要反复、重叠利用和使用资源，但当资源的共享如果是不可持续性的使用、不低碳环保的使用，就不属于经济共享的范围。

罗宾·蔡斯（Robin Chase）女士的《共享经济：重构未来商业新模式》，为我们理解“共享发展”理念提供了前沿性启发。蔡斯认为共享是指“使用而非拥有”②，这是“共享经济”主张中共有的内核，而闲置资源的利用是“共享”理念的一个重要内涵。要实现闲置资源的共享，一个重要核心是理解“产权”与“使用权”的关系。共享的财产会不会成为非排他性产品，或可不可以非排他性地利用，是“共享经济”能否成势的关键所在。通常认为，要实现“共享经济”，必须使“产权”与“使用权”相分离，并且依法保护好私人的产权。“共享”必须是在产权没有发生改变的情况下，部分闲置资源的“使用权”的让渡。

---

① 卢德之. 论资本与共享：兼论人类文明协同发展的重大主题. 北京：东方出版社，2017：135.

② 姜奇平.《共享经济》中的共享发展理念. 互联网周刊，2016（6）：70-71.

从“共享经济”发展的现状来看，“共享经济”设计的初衷是以“资源充分利用”理念支持资源共享，从而达到经济越共享越能创造更高经济效益的效果。“共享经济”仍然是一种以获得一定报酬为主要目的的商业经济模式。现代“共享经济”中，众多的人参与这样的共享事业并且让大众受益颇多，不能不说这里蕴含着共享的意愿，但这种共享与我们要追求的“经济共享”之间是有很大差距的。“共享”是一种价值理念与追求，“是人与人之间以及人与自然之间追求共同发展的过程”①，它需要人们普遍形成对“共同善”的价值追求，在情感、信念、道德、价值等方面达成道德共识。社会发展的最终目的是人，让人们共同享有美好的生活和应有的人格尊严，这正是人类历来对“共享”进行思考与追求的目的所在。要实现“共享”的追求必须以物质为基础，“共享”的价值追求也必然是一个伴随着经济发展的过程而存在的过程。正像人自身是物质与精神的矛盾体一样，追求“经济共享”正是人自身对物质的欲望与积极向上的精神性追求的一个自我斗争到自我统一的过程。这将是一个人自身的博弈过程，也将是人类的价值理想与各种社会现实矛盾展开博弈与斗争的过程。

“共享”是一种价值追求，但终究要转化成一种社会实践，才具有现实的含义。人类历史上对“共享”的实践追求从来就有，并且一直以不同的方式伴随着人类社会的发展，但也以不同的方式宣告失败。如何将一种价值理想转化为现实经济共享，是人类必须切实把握和面对的问题。

王富仁教授将人类的文化分为三个层面。② 第一个层面是人的生命需要的层面。人的生命需要以个体人的形式存在，由不同人的不同欲望、情感、意志、理性要求组成，它永远处于一种无序的状态，充

① 卢德之. 论资本与共享：兼论人类文明协同发展的重大主题. 北京：东方出版社，2017：57.

② 王富仁. 重温大同梦：人类大同理想与现实社会和人性本质之间的文化解读. 西南师范大学学报（人文社会科学版），2000（1）：31-36.

满了矛盾、斗争和痛苦不安。但人的生命需要是人类社会得以存在的基础，也是人类社会的基本动力机制。第二个层面是理想的层面。这个理想就是古今中外思想学说所表达的那个共同的“大同世界”的理想，那个世界是一个没有矛盾斗争，也没有痛苦绝望的美好世界。第三个层面就是现实原则的层面。它满足了人的欲望、情感、意志、理性等的要求，在现实生活中它们被具体化，但这种具体化不是人的生命力的自然无序的表现形式，而是在肯定人的生命力需求的基础上，通过合法化、具体化的方式将其演变为现实。它是功利主义的、实用主义的、个人主义的、享乐主义的、现实主义的。它不但赋予人以力量和智慧，赋予人在现实斗争中取得胜利的可能性，同时也赋予人的欲望、情感、意志、理性等以社会存在的合法性与合理性。将“共享”的价值理想追求转化为现实的经济共享，就必须考虑人的生命的基本需要，就必须面对这些现实的、复杂的各种人的需要，将现实的生活还原成真实的生命的活动过程，把人类的理想、人类社会的动力系统和人类生存与发展的现实原则有效地结合起来。而在现实生活的“共享”理想的追求过程中，这三个方面总存在某一方面的缺失，而导致理想追求的失败。在现今世界，经济有了长足的发展，可人更“实利化了，功利化了，现实化了，个人化了，智巧化了，享乐化了，因而也颗粒化了”①。在个人化的意识下，个体不愿意承担他人的生命，把自我以外的他人的生命都当作自己的负担，或者只是交易的对象，或者只是获取自身需要的手段，唯有物质、利益、权力、金钱以及能获取利益的知识才是真实的。而理想、精神、道德、文化这些人文精神被人们真心诚意地否定掉了。我们的社会需要注入一点理想的精神，在现今的时代，“共享”价值追求的提出与倡导为人类伟大不灭的善点亮了希望，而超越人性的自私与狭隘，是实现经济共享要面对的一个长期的、困难的挑战。

---

① 王富仁. 重温大同梦：人类大同理想与现实社会和人性本质之间的文化解读. 西南师范大学学报（人文社会科学版），2000（1）：31-36.

追求经济的共享，既要考虑穷人的需要，也要考虑富人的需要。共享不是劫富济贫，“共享是建立在自觉自愿基础上，让更多人分享或共享发展成果的方式”[①]。所以，要实现经济共享，将其变成所有人的道德行为。富人们能不能共享，怎样共享，共享什么，这是富人们必须要去面对的问题。从让富人、穷人双赢，而不是走向共同毁灭的立场出发，从社会可持续发展的角度考虑，共享将是一种好的社会发展方向。

“共享”不是“共产”，也不等于“均平”。共享社会条件下的“共享经济”形态，将是一个新的复杂的经济形态。财富不平等的根源是收入的不平等，劳动价值论认为价值是由劳动创造的，“谁创造，谁拥有”，因此劳动所创造的价值应该归劳动者所有，而现今的经济发展，通过产权获得收入比通过劳动获得收入的比例要大得多。劳动价值论确实认为“谁创造，谁拥有”，但这样的理论虽然是对劳动获取价值的肯定，却也不是对产权获取收入的否定，因此，产权的收入不一定就是不正当收入。事实上，交易成本、人力资本，这些在劳动价值论中没有地位的因素在经济运行中发挥着至关重要的作用。要实现收入分配的公正，在实践中必须面对公平与效率的两难抉择。人类要在保持经济发展效率的同时，又能实现分配的公正。社会贫富分化差距扩大，除一定的历史条件和社会制度的漏洞所造成的社会成员之间的经济资源和社会地位的差别外，个人自身的素质与条件也是导致收入差别的原因。

共享还涉及复杂的国际环境。当今世界是一个多极化的世界。美国在苏联解体后成为当今世界唯一的超级大国，但伴随着欧盟的发展、中国的迅速崛起以及俄罗斯的逐渐复兴，美国难以创造一个超独大的国际战略格局，同时加上联合国等国际组织在一定程度上对美国战略图谋的制约，当今世界已经形成多极化发展的态势。以多极化

① 卢德之. 论资本与共享：兼论人类文明协同发展的重大主题. 北京：东方出版社，2017：60.

方式存在的当今世界缺乏统一的价值观念体系。有些国家出于维护本国、本民族利益的片面、狭隘的考虑，对外坚持民族利己主义价值观，少数国家甚至为了本国、本民族的私利不惜以牺牲国际正义为代价。在全球实现经济共享，将是一条非常艰难的道路。

四、当代中国人的共享发展理念

人类社会的发展经历了奴隶社会、封建社会和资本主义社会阶段，在这样的社会进程中，绝大多数人是创造社会财富、促进社会发展的主体，但他们并不能充分享受社会发展成果；而奴隶主、封建主和资本家等少数统治者，凭借拥有的社会生产资料和手中的统治权力，不合理地侵占和享有了社会发展的绝大多数成果。马克思、恩格斯对未来社会的构想是实现共产主义社会，他们指出，要实现共产主义社会必须杜绝生产资料的私有，消灭一切剥削，“所有人共同享有自己创造出来的福利”①，使人民的生活质量得到普遍提高，人性得到充足发展。人的发展与社会发展是一致的，未来的社会“将是这样一个联合体，在那里，每个人的自由发展是一切人的自由发展的条件”②。社会主义和共产主义能“保证一切社会成员的富足”，能够“结束牺牲一些人的利益来满足另一些人的需要的状况；彻底消灭阶级和阶级对立；通过消除旧的分工，通过产业教育、变换工种、所有人共同享受大家创造出来的福利，通过城乡的融合，使社会全体成员的才能得到全面发展”③。马克思对未来社会发展进行的阐述，蕴含了大量的“共享”思想。社会主义制度相比起奴隶社会、封建社会和资本主义社会的制度的优越性就在于它要消灭经济上的不平等性，

① 中共中央编译局. 马克思恩格斯选集：第1卷. 3版. 北京：人民出版社，2012：308.
② 中共中央编译局. 马克思恩格斯选集：第1卷. 3版. 北京：人民出版社，2012：294.
③ 中共中央编译局. 马克思恩格斯选集：第1卷. 3版. 北京：人民出版社，2012：689.

消灭剥削和压迫，追求社会成果的共享，赋予社会经济发展以“共享”的伦理价值目标。

马克思主义的科学社会主义学说支持着中国人对一个没有剥削、没有压迫、没有贫富差别的共享社会的向往。对这种共享的追求不仅仅是一个抽象概念，中国作为一个以马克思主义为理论指导的社会主义国家，也正将这样的理想付诸实实在在的行动。中华人民共和国成立之初，我们实施高度集中的计划经济，实行了生产资料公有制，在分配方式上采用按劳分配的方式。在当时的历史条件下，它应该是一种完整的理论形式，实际上也创造了一个经济上贫富差别最小、政治上贪污腐败现象最少的共享社会，只是这样的理想状态没能持续发展下去。

改革开放多年来，我国在经济、政治和文化建设方面均取得了丰硕的成果，但也遭遇了社会贫富差距越来越大、发展机会欠均等、公共权力监督不力等现实问题，这也说明了当今中国实现社会发展成果的共享性不足。《中共中央关于制定国民经济和社会发展第十三个五年规划的建议》明确提出：“共享是中国特色社会主义的本质要求。必须坚持发展为了人民、发展依靠人民、发展成果由人民共享，作出更有效的制度安排，使全体人民在共建共享发展中有更多获得感，增强发展动力，增进人民团结，朝着共同富裕方向稳步前进。”相对于现代自由、现代民主，现代“共享”理念是中华民族对人类文明发展的伟大贡献。①

中华人民共和国成立后的一个时期，人们几乎完全进入了一种“大同”理想的梦幻之中，自觉地将自己的命运和社会的发展紧密结合在一起，追求一个经济上最平等、政治上最公正的美好社会，很多外在的影响都无法破坏对这种社会理想追求的整体上的和谐统一性。中华人民共和国成立后，我们完成了农业、手工业和资本主义工商业

① 卢德之．论资本与共享：兼论人类文明协同发展的重大主题．北京：东方出版社，2017：292.

的社会主义改造，建立了以生产资料公有制为主体的社会主义社会。全国人民都在响应毛泽东同志的号召，积极地投身于人民公社运动之中，力图通过人民公社运动，尽快改变国家贫穷落后的面貌，并且在较短的时间内赶超英美，过上共产主义生活。这里的共产主义生活是一种人民共同富裕的生活。犹如 1955 年，毛泽东同志在一次讲话中所提到的："我们的目标是要使我国比现在大为发展，大为富、大为强……现在我们实行这么一种制度，这么一种计划，是可以一年一年走向更富更强的，一年一年可以看到更富更强些。而这个富，是共同的富，这个强，是共同的强。"①

为了实现这种经济共享的追求，从 1945 年到 1957 年，国家基本上掌控了社会的全部物质资料，为进一步落实计划经济创造了客观条件。在农村，实行了土地革命，没收了地主的土地，把地主所有的土地变成农民集体所有；建立人民公社，由政府直接对农村生产经营进行统一管理。在城市，实行了对个体工商户和资本家的改革，没收个体工商户和资本家的生产资料，将这些私有财产收归国家所有，使生产资料从私有变为公有。劳动者必须通过劳动获取报酬，而在分配方式上实行较为均等的按劳分配。总的来说，这个阶段中，国家掌握了全部经济命脉，有关国计民生的行业都由国家统一进行管理，实行的是中央集权制的管理，在生产流通领域实行统分统销，基本实现社会发展成果的公平共享。

这种理想的状态并没有如当初设想的那样持续发展下去，社会生产没有得到应有的发展，人民的贫困状态也没有得到应有的改善，甚至还对自然环境造成了大规模破坏，其中种种教训值得深思。这种共享缺乏应有的物质基础，"没有发达的社会生产力创造的丰裕的社会总产品，共享的结果只能是共同贫困"②。要实现经济的共享，首

① 毛泽东. 毛泽东文集：第 6 卷. 北京：人民出版社，1999：495.

② 赵学清. 马克思是如何论证共享发展的：读《哥达纲领批判》的体会. 中国浦东干部学院学报，2016（3）：65-73.

要的前提必须是大力发展社会生产，提高社会生产力发展水平。

从制度上来看，传统社会主义是一种高度公有制、高度计划经济的模式，在管理的体制上实行的也是高度权威和高度集中的方式。国家可以通过这种经济管理方式集中有限的财力、物力和人力办大事，但这种共同劳动、共同富裕的理想追求压抑了个体的自由性和选择性，个人没有选择的自由，个体的价值需要无法得到尊重，个人也无法通过努力实现对现有经济状态的转变和改善。人民没有得到预期所想要的幸福，反而在这样的一种经济状态下，个体的生命成了最不被重视的对象，甚至个体生命完全消解在社会整体之中，个人不能按照自己的生命意志去从事自己想从事的工作，而是完全被动地按照社会和国家的要求劳动，每个个体实际上是相互对立、相互消耗的。人失去了发展生产的热情与活力，社会经济也失去了创造力，经济的共享、共同富裕最终也只成了人民的一个虚幻的“大同”梦想。

社会主义最大的优越性是要实现人民的共同富裕。但是应该怎样建设社会主义？为什么社会主义国家在建成后都出现了困境？以邓小平同志为核心的党中央第二代领导集体对社会主义建设问题进行了深深的反思：要实现经济共享，追求共同富裕，这些都离不开丰裕的经济基础。而我们的社会主义是在经济文化不发达的基础上建立起来的，计划经济时期由于我们过于片面追求共享，侧重公平，而忽视了经济的发展，同时由于我国当时国力薄弱，根本不具备全国同时富裕的物质基础，所以共同富裕的追求非但没有实现，反而造成了国内普遍贫穷。之前的中国实践已经证明，中国不能再继续实行“平均主义”，必须实行经济改革，提高效率，发展生产力，为实现经济共享奠定厚实的物质基础。没有可供共享的财富，就只能共享贫穷。1992 年邓小平同志在南方谈话中对社会主义本质作了精确的表述：“社会主义的本质，是解放生产力，发展生产力，消灭剥削，消除两极分化，最终达到共同富裕。”邓小平同志关于社会主义本质的表述将我们对社会主义的认识提升到了新的高度，也为社会主义的发展目标指明了清晰可行的方向，激发了人民建设社会主义的积极性和主动性。

这种社会主义初级阶段的共同富裕的实现是一个分步骤进行的过程。我国在实行改革开放初期，邓小平同志明确提出“鼓励一部分地区、一部分人先富起来”，以“带动越来越多的人富裕起来，达到共同富裕的目的”①。在邓小平同志看来，我们实行的是社会主义现代化，遵循两条最重要的原则：第一，坚持公有制经济为主体；第二，坚持走共同富裕的道路。有这样两条原则，一部分地区和一部分人先富起来，社会就不会两极分化。而坚持市场的效率原则，让一部分地区、一部分人先富起来，才能更好地发挥市场的作用，促进个体发展的积极性，才可以更好地促进生产力的发展，为实现共同富裕打好坚实的物质基础。允许一部分地区和一部分人先富起来，是实现共同富裕的一个必要手段。贫穷不是社会主义，贫富不均更加不是社会主义。对此，邓小平同志还阐述了具体的先富帮助后富的方法，如通过发挥税收和财政政策的作用，通过技术转让等方式，让发达的地区支持不发达的地区，以及提倡先富裕起来的人自愿拿出钱来办教育、修路等一系列的措施。② 这些都充分显示了我国改革开放后，在强调经济效率的同时对共同富裕的理想追求与实践。

共同富裕是马克思主义经典作家在认识人类社会发展规律的基础上，对未来社会提出的理想目标，人类走向共同富裕的过程将是一个历史进程。共同富裕不等于同时、同步富裕，在生产力低下、物质财富匮乏时，必须先追求经济效率，实现经济增长。效率与公平在一定的时空下总是相互矛盾。按照党中央部署的“两个一百年”计划，中国到 2020 年全面建成小康社会，到 2049 年基本实现社会主义现代化，初步达到共同富裕。而在刚刚实行改革开放的社会主义初级阶段，我国刚走出“平均主义”的计划经济的阴霾，在当时这样的社

① 邓小平. 邓小平文选：第 3 卷. 北京：人民出版社，1993：142.
② 邓小平. 邓小平文选：第 3 卷. 北京：人民出版社，1993：111，374.

会历史背景下，只能在追求社会经济大力发展的同时，树立先富帮后富的理念，倡导先富帮扶后富，减少社会贫富分化。

改革开放以来，我国经济实现了高速增长，社会生产力和综合国力也在不断增强，人民的生活境况得到很大程度的改善。而现实的生活中，先富者并没有如邓小平同志所期待的那样，以先富带动后富，社会生活中出现了发展不平衡、居民收入差距过大、社会结构严重不合理的现象，社会成员在承担经济体制改革成本和享受经济体制改革成果方面出现了极大失衡，弱势群体的利益没有得到足够的保护和重视。关注社会平等、缩小社会的贫富差距成为当今社会的重要议题。

在改革开放的政策下，我国经济社会的发展取得了巨大的成就，经济增长速度快，社会财富得到不断积累，中国经济社会面临着将“蛋糕”做大后，如何解决分配的问题。针对经济社会发展过程中出现的这些问题，在党的十五大报告中，江泽民同志指出：“保证国民经济持续快速健康发展，人民共享经济繁荣成果。”这是我党第一次提出经济“共享”的概念，表明中国共产党对发展的认识有了新的飞跃，将“发展”作为一个更全面的概念来看待，对发展的目的有了更加清晰的认识。党的十六届五中全会通过的《中共中央关于制定国民经济和社会发展第十一个五年规划的建议》更进一步明确提出在“十一五”时期要“更加注重社会公平，使全体人民共享改革发展成果”。党的十六大以后以胡锦涛同志为总书记的中央领导集体立足国情、顺应时代发展趋势，明确提出了以人为本，全面、协调、可持续的科学发展观。党的十七大报告对科学发展观的核心“以人为本”作了精辟的阐释：“走共同富裕的道路，要促进人的全面发展，做到发展为了人民、发展依靠人民、发展成果由人民共享。”①此后，胡锦涛同志多次从全面建设小康社会、建设和谐社会等多个方面对

① 中共中央文献研究室. 科学发展观重要论述摘编. 北京：中央文献出版社，2009：30.

"共享"进行了系统的阐述。康德说，人才是目的。社会追求经济发展的最终目标是人的存在，是为全人类提供充实美好的生活机会。现代文明最具价值的特性在于对每一个人自由和权利的尊重，共享发展是社会主义的重要特征，体现了社会主义的本质要求。

2015 年，党的十八届五中全会进一步提出了"共享发展"理念，强调共享是中国特色社会主义的本质要求，"要作出更有效的制度安排，使全体人民在共建共享发展中有更多获得感……朝着共同富裕方向稳步前进"[①]。改革开放极大地促进了我国社会的进步，但因此形成的丰硕社会发展成果并没有在国民中间得到很好的共享，社会贫富悬殊大、个体发展机会欠均等以及公共权力监督不力等问题严重存在。这些问题都说明当今中国在维护社会发展成果的共享性方面仍然需要不断努力。按照社会主义的伟大构想，实现共同富裕是一个历史的进程，倡导经济共享发展正是顺应新的历史时期的发展要求，是更好地推进共同富裕的实现的必然道路。"共享发展"理念正是以习近平同志为核心的党中央对我国当前的国情现实和人类社会发展的总体趋势进行深刻认识和把握的结果。从人类社会发展的总体趋势来看，走共享发展道路是大势所趋，社会主义中国应该顺势而为。

我们今天的社会在经济的发展结果上，已经陷入物质的丰裕与资源的匮乏、财富的富足与人民幸福感降低的二元悖论中。共享发展不只是强调对发展成果的共享，"共享发展"理念将共享贯穿于整个发展过程之中，强调的是共享式的发展。在经济制度日臻成熟的今天，人们需要对更高层次的精神文明建设和政治理念有着更加深入的思考，对平等、正义等价值观念要愈加重视。共享伦理是共享发展的伦理基础，而共享伦理的核心价值观念是"共享"。"共享"的基本含义是强调每一个国民或公民都具有共同享有社会发展成果的平等权利。

---

① 中国共产党第十八届中央委员会第五次全体会议文件汇编. 北京：人民出版社，2015：66.

当今的人类社会正在进入一个全新的“全球化”时代，不同国家、不同地区已经形成或者正在形成“你中有我、我中有你”的命运共同体关系。人类只有一个地球，随着当今世界经济、信息全球化、网络化，以及科学技术发展的现实需要和生态环境问题的日益严峻，世界上所有国家的命运已经被联系在了一起，个体自我与他人的生命、个体与国家的生命、国家与全人类的生命甚至全人类与自然的生命之间都已经形成了生死与共、休戚相关的命运共同体关系。从世界的发展来看，世界需要一个促进时代与全球“共享发展”的理念，以实现人类的共同进步与发展。构建“人类命运共同体”是实现人类经济共享发展的重要方式。

2012 年 12 月 5 日，习近平同志在人民大会堂与在华的外国专家代表座谈时，第一次正式提出“命运共同体”的理念。自此，习近平同志在国际场合反复提到国际社会发展中坚持“人类命运共同体”的构想，并对“共同体”的价值理念作出了不断的发展与完善。在当代中华民族的发展理念中，世界各国的发展权利是平等的，世界各国的利益也是相互联系的，世界各国的命运更是休戚相关的，经济共享发展将会是人类实现共同发展的理想路径。

五、人类坚持经济共享的伦理意义

传统经济发展以经济学为立论的基础，将视野集中在经济发展上，通过经济增长来说明经济发展。在现代发展伦理学的观点里，发展伦理的核心理念是“以人为本”，这里的“人”是群体或类意义上的人。总之，任何一种意义上的“好的发展”应该以人为目的，要实现人性的提升与自由的拓展。古莱说：“伦理学仅仅靠宣讲高尚理想是不能从政治权力的领域驱除邪恶的……真正的伦理学是一种实践。”[①] 人类坚持经济共享正是要将共享伦理的“共享”核心价值取向推及人们的实际生活，以“共享”来界定“经济发展”的本质内涵，让人类追求经济发展的活动变成充满价值观的活动。所以“好的经济发展”应该在处理人与社会或人与人关系时做到“公正”和“平等”，以保证共同生活的安全与稳定，以实现社会的发展成果或社会资源能够惠及所有人，使人们有强烈的获得感。用“共享”来界定“发展”，正体现了伦理与经济的结合，从而使人类的经济活动具有伦理的意蕴。

人类在发展经济的过程中追求效率的同时，往往很难兼顾到公平。传统的发展观是以单纯的经济增长为目标的社会发展观，缺乏伦理关怀与道德规范。“共享发展”理念的提出，正是对传统发展观的补充，避免了人们在经济的发展中，因为收入分配差距过大而产生巨大的不公平感。经济的发展既要注重效率，让一切创造财富的劳动、技术、资本、管理等在自由竞争中发挥效力，也要兼顾公平，让社会财富充分惠及全体人民，实现全体民众共享社会发展成果。发展经济是为了实现人的生存与发展的可能性，这里的“人”指的是所有的人，不是少数人或者部分的人。

阿马蒂亚·森认为：“我们应该用一个人所拥有的自由来代表他的利益，而不应该用（至少不能完全用）一个人从这些自由中所得到的东西（福利的或主观能动的）来代表他的利益。”[②] 人的全面性的实现包括最大程度的生存、尊重与自由，生存是最基本的，自由是让人可以像人那样活着所需要的东西，从这里人才能获得人的基本尊严感。“尊严就是最能使人高尚起来、使他的活动和他的一切努力

① 古莱. 发展伦理学. 高铦，温平，李继红，译. 北京：社会科学文献出版社，2003：28-29.

② 森. 伦理学与经济学. 王宇，王文玉，译. 北京：商务印书馆，2014：50.

具有崇高品质的东西。”① 人性的尊严如何实现？如何让人可以像人那样活着？人性尊严的实现包括两个必备要素：一是个体的物质需求得到满足；二是个人的发展能够实现自由全面发展的价值旨归。要获得为人的尊严，个体必须获得物质需要的满足。物质是利益得到保障的最基本前提条件，只有物质的满足首先实现，人才能从异己的劳动中获得解放，才能有供自己自由使用和支配的时间。马克思说时间不仅是人的生命尺度，也是人的发展空间，人只有拥有了自由支配的时间，才能提高自我选择能力，从而扩大自由选择活动范围，实现人的全面自由发展。

在人类社会早期，单个人就可以比较全面地发展，这是因为生产方式还没有扩大，社会生活领域相对简单。如我国道家逍遥派的典型代表人物庄子，在没有充足的物质基础的前提下，也可以活得很丰富，很逍遥自在。“那正是因为他还没有造成自己丰富的关系，并且还没有使这种关系作为独立于他自身之外的社会权利和社会关系同他自己相对立。流连那种原始的丰富，是可笑的，相信必须停留在那种完全的空虚化之中，也是可笑的。”② 在商品经济的时代，人的社会关系转化为物的社会关系，“他们的相互联系表现为对他们本身来说是异己的、独立的东西，表现为一种物”③，人的能力转化为物的能力，个人都被物所操纵，人只能在不断发展的社会关系中，通过物的社会关系获得独立存在的地位和价值。这是一种人对于物的异化现象。社会的发展成果若不能被人民共享而成为一种异己的、独立于人之外与人相对立的东西，那就必然产生异化现象。

要实现人的自由全面发展，个人必须具有全面把握和占有社会关系的能力，拥有自由支配和足以发展自身的充足的社会财富。在还不能完全改变现有社会生产关系的前提下，以对“共同善”的价值

① 中共中央编译局. 马克思恩格斯全集：第40卷. 北京：人民出版社，1982：6.
② 中共中央编译局. 马克思恩格斯全集：第30卷. 2版. 北京：人民出版社，1995：112.
③ 中共中央编译局. 马克思恩格斯全集：第30卷. 2版. 北京：人民出版社，1995：107.

追求作为人类的道德共识，通过经济共建共享进而达到实现社会的经济公正是具有现实意义的。“经济共享”的理念蕴含着公正的价值理念，经济共享的核心是财富分配的正义。财富分配的正义是以分配的手段实现的，它体现为收入分配方式，也与社会其他领域的分配相结合，不仅体现了经济领域的正义，更彰显了社会领域的正义，体现了对个人的现实生活和终极目标的伦理关怀，对维护实现人性尊严的自由将起到不可忽视的作用。

“共享发展”虽然让社会发展成果惠及全体人民，体现了公正的价值取向，但公正不是片面追求改革成果的平均分配，更不是不劳而获，而是着力于实现公共利益、公共价值和公共精神的公平受益。这种公平不是绝对的公平，而是发展机遇、权利、过程和发展成果分配的相对公平，与个体的实际能力、社会贡献相对应，以适当的比例呈现，从而使广大人民最大限度地增加“获得感”。公平不等于均等，绝对的均等本身就是最大的不公平。

“共享发展”的公平性价值还体现在生态资源的公平共享性上。这种共享性包括在代内和代际实现生态资源的公平使用。生态问题是全球性的问题，自然环境、生态资源是全人类共同拥有的天然资源，由于各国人民在经济发展中对资源的开采程度不同，对生态环境的破坏不一，因此其资源环境的共享性是不同的，但资源环境受到破坏所带来的负面作用是各国人民不得不共同承担的，甚至未来人也必须承担共同的责任与后果。经济“共享”的公平性还体现在不仅共享发展所带来的成果，还要承担创造发展成果的共建义务和发展可能带来的风险。同时，还要注重人与自然的关系问题，自然不只是人的客体对象，人类在对待自然的态度上，要区别好“能做”和“应做”的，以保证有限资源和脆弱环境的安全，实现自然资源的共享。

经济共享还是“共同体精神”的伦理体现。关于“人类命运共同体”有一种言论，即凯里特·哈丁（Garrett Hardin）在“救生艇伦理观”中所言说的“共享的悲剧”。哈丁认为，人类自私的本性和不追求环境生态效益的做法最终会导致人们共同生活和栖息的地球丧失承载力，人们被迫去寻找新的出路，而国家就是一个漂浮在大海上的救生艇，每一个救生艇都有一个安全系数，这个安全系数由承载的人口数量来决定，贫穷的发展中国家的人口由于占世界人口比重的2/3，其救生艇自然拥挤不堪，会导致部分人跌落水中。那么尚有容纳能力的发达国家的救生艇要对他们施以援助吗？哈丁的理论是对穷人的救济将会导致救生艇安全系数降低，实施全部的救援，其结果是救生艇倾覆，所有人都会被淹死，“彻底的正义却换来彻底的灾难”。而解救部分人，会存在究竟让哪些人上船的艰难选择，结果还是“部分的正义却伴随着歧视”。所以应该让救生艇保留一定空间，让救生艇上的人有一份安全感。这种做法虽然令人憎恶，但“彻底的冷漠就是彻底的正义”①。

哈丁的“救生艇伦理观”可以说是现代主义的典型观念，即认为个体的自由是现代文明的标志。现代文明是一种尊重“个体”价值的文明，如自由、平等、人权等价值观念都是以此为基础的。它表现为重视每一个个体的生命，肯定每一个个体欲望的合理性，也注重个体的权利和自由的追求与实现。这种对个体价值的尊重在西方社会已经成为一种共识，我们称之为“现代性”思想。“救生艇伦理观”应该就是这种“现代性”思想催生的产物。当然社会主义也不否认这种对个体价值的追求，共产主义理想要实现的也是人类的全面自由发展，这个“人类”包含着每个人，而且每个人的自由发展是实现一切人自由发展的条件。如果人只是孤立的个体存在，那么其本性自然是绝对的自私性，救生艇上的人基于理性的思考未给予落水的人救助，当然这种行为也是自私的自保行为，那么落水的人基于自私的本性的自救，其结果必然是靠近救生艇，并使用各种方法让自

① 斯特巴. 实践中的道德. 程炼，等译. 6版. 北京：北京大学出版社，2006：114-116.

己获救，在混乱与冲突之中，更大的可能性是共同的毁灭。这种“个体本位”的思想在现代社会已经产生一系列的问题、危机和挑战，当今世界上存在的各种国际、国内冲突矛盾与争端，正是这种“个体本位”的“救生艇伦理观”的最好的真实写照。同时，这种思想还将衍生出道德上的利己主义、价值上的虚无主义和文化上的相对主义等多元价值观念。

费尔巴哈认为人不是抽象的孤立的自我，而是感性对象性的存在，“没有了对象，人就成了无”①。在现实的生活里，人与人之间由于生存的需要必然形成一定的关系，只有从人与人的关系出发，才能理解人的存在，也才能理解人所具有的本质。而且，个人正是通过对类的把握才形成自我意识的。在《论货币的本质》中，赫斯（Moses Hess）指出：“个体的生命活动的相互交换、交往，个体力量的互相激发，这种共同活动，是个人的现实的本质。”② 人的这种本质决定人是在和世界交往的双重发展过程中实现自身的，而人的交往，也是在历史的进程中不断发展的。所以人必然是一个“有机共同体”，不是孤立的存在。“天下非一人之天下也，天下之天下也。阴阳之和，不长一类；甘露时雨，不私一物。”③不只是人类，天下万物都是一个共同体，都是天生之、地长之，都是天地生养之物。“天下莫不相与为彼我，而彼我皆欲自为，斯东西之相反也。然彼我相与为唇齿。唇齿者，未尝相为，而唇亡则齿寒。故彼之自为，济我之功宏矣。”④并且天下万物是在彼此独立又相为的过程中得以生存的，这其中蕴含着一定的相生相为的伦理道德性。黑格尔把人类历史描述为伦理发展的历史过程，伦理是人类“共同体精神”，是人、社会、国家运行的价值准则，这种价值原则是以一种普遍化了的形式存在于主体

① 费尔巴哈. 基督教的本质. 荣震华，译. 北京：商务印书馆，1984：32.
② 赫斯. 赫斯精粹. 邓习议，编译. 南京：南京大学出版社，2010：138.
③ 陆玖. 吕氏春秋. 北京：中华书局，2011：22.
④ 郭象，成玄英. 庄子注疏. 曹础基，黄兰发，点校. 北京：中华书局，2011：314.

的意志之中的，是人类社会最本质的属性和规定。这种伦理的属性表现在当今社会正是经济共享的伦理精神，正是经济共享的伦理价值追求。

人类是一个共同体，自然万物是一个更大的生命共同体，共同体的价值观强调共生共赢共发展的整体性，这种整体性不是对个体价值的不尊重，更不曾忽略个体的利益，恰恰相反，“共同体精神”正是以一种相生相为的天下情怀，关注共同体内的每个生命个体的生存发展与自由。经济共享的伦理意蕴体现的正是对这种“人类命运共同体”的价值观的认同与积极支持。“共享”可以让个体在这个“命运共同体”中获得更多的自由、价值和尊严，感受到那种命运相关、休戚与共的共生感、获得感，并由之产生强烈的幸福感和责任感。人们从共同体中获得的利益越大，才越能形成更紧密的团体，才越能与共同体共生共亡，才越会将共同体朝着更美好的方向发展下去，从而才能更好地保证个体的利益。

“共享”是一种伦理精神，更是一种人性精神的回归。人终归是人，不同于神。人有七情六欲，人有原始性的需求，人会“饥而欲食，寒而欲衣，劳而欲休”，对于强有力的东西，人会恐惧，由此有可能匍匐在权威之下。人会追逐财富、荣耀、地位，甚至为此不择手段。但人作为人的存在，亦有不同于纯粹自然之物的存在之处。荀子说：“水火有气而无生，草木有生而无知，禽兽有知而无义，人有气、有生、有知，亦且有义，故最为天下贵也。”[①]“义”是人的自觉的道德意识，是人不同于自然之物而具有至上价值的根源所在。就本性而言，人对于利欲的追求是无止境的，而社会财富总是有限的。如何调节这样无止境与有限的矛盾？荀子说：“欲虽不可尽，可以近尽也；欲虽不可去，求可节也”。人对于欲的追求，可以通过“少私寡欲”“养心莫善于寡欲”“去利怀义”“以义制利”“以礼节欲”等人

① 方勇，李波. 荀子. 2版. 北京：中华书局，2015：127.

性的精神修行途径来实现。人通过人性精神上的不断提升，通过建构内在的精神生命和道德生命，去面对自己的自然生命。总之，中国的传统文化特别重视人的“安身立命”。而在西方的传统文化里，在各种不同的哲学本体论和宗教神学里也有很多关于人心安顿的伦理关怀思想，如古希腊哲学家就认为人的欲望的美德是节制，宗教也将人的终极归属建构在彼岸的世界，而不是放在现世需求的满足上。西方传统文化中的宗教精神、科学精神、艺术精神以及哲学的思辨精神，无不体现为对人的精神世界的追求。

人类历史进入近现代文明以后，技术革命、商品经济的发展带来了物质财富的巨大增长，也更加刺激了人的本能——对物质需求的欲望，甚至由于传统文化对人的欲望的过于限制，在长期的情感、欲望的压抑下，在物欲主义和消费主义盛行的市场经济时代，人们思想的禁锢彻底解除了。现代和后现代的对原有社会价值体系的解构，科学与民主、自由与平等、理性的批判精神，都代表了现代性的价值取向，强调价值的多元性、不确定性，传统的真善美的价值意义和价值的普遍性被消解，在世俗化、理性化思潮的运动之下，人类迷失了自己的精神方向，走向道德的利己主义、价值的相对主义甚至文化的虚无主义，注重个人的自由发展、个性的自由解放和对自我的责任。这成了这个时代一种普遍的文化心态。在这样的一个时代，人的自私心得到了充分的发展，人与人之间的冷漠也得到了充分的展示，而物质利益成为人们共同角逐也最为倾心的现实追求。

人不应该只是“物化”了的存在，个人主义、拜金主义、享乐主义也不应该成为现代社会人们的价值追求，人应该寻找自己生命的“根”，那个可以支撑人之为人的高尚的灵魂。当物质生活发展到一定程度，人对物质的需求获得一定满足后，人对人生意义的思考就会产生。如管子所言：“仓廪实而知礼节，衣食足而知荣辱。”人异质于动物的根本在于那“一隙之明”，在于人有积极向上的精神向往，必须拥有一种有意义的精神生活。人的理想追求会受现实条件的种种限制，在理想与现实之间、在义与利之间、在自我与他人之间形成诸多难以选择与平衡的困惑与矛盾，所以人需要一种价值观的建构，需要一种心灵的调适，需要一种打破现实局限的精神理念来支撑自己的精神生活。共享经济的伦理价值正是要突破这种“物化”的观念，突破“个体本位”的意识局限，使人在享受现代物质文明的同时，享受到“独乐乐，不如众乐乐”的精神喜悦。

亚里士多德说，“善”的生活，要有民主的政治环境，要有中等的社会财富，也要有思辨的精神快乐。经济共享的意义在于，既可以帮助人们实现较公正的财富分配，保证人人都能享有可供自己生存发展的“中等”财富（财富太少不能保证充足的生活需要，太多则会让人滋生贪婪和懒惰之心，也会激化人与人以及人与自然之间的冲突和矛盾），也可以让人获得分享的精神快乐，得到一种“德善”所给予的精神抚慰。人必须生活在社会这样的共同体里，不只是因为需要社会给予的帮助，还在于人必须在和他者的关系中寻找到自我存在的价值与意义。“人要活着，就必须生活在一个共同体中；在共同体中，人不仅能活下来，还能活得好……人只有在城邦这个政治共同体中才有可能成全人的天性”①，所以说人要活得好，必须和大家在一起，而且是很好地在一起，也只有和大家在一起，人的天性中的所有品质才能完全得到实现，这个天性包括人的性、情、欲。

① 奥古斯丁. 上帝之城：驳异教徒. 吴飞，译. 上海：上海三联书店，2007：1.

第七章　经济治理的伦理意蕴

经济治理既是一个经济学问题，也是一个伦理学问题。作为一个经济学问题，它说明人类的经济治理活动总是要通过具体的经济治理主体、经济治理动机、经济治理模式、经济治理制度安排等表现出来。作为一个伦理学问题，它说明人类的经济治理活动必然要通过具体的道德主体、道德动机、道德方式、道德规范等表现出来。这两个维度并不是截然分离的关系，而是一种相互关联、相互作用、相互影响、相辅相成的关系。它们的融合和贯通不仅使人类经济治理活动实现了经济性和道德性的统一，而且使人类实现了“经济人”和“道德人”的统一。本章拟通过探析经济治理的道德记忆基础、经济治理的主要伦理问题、经济治理的国际伦理维度等内容，揭示经济治理的伦理意蕴。

一、经济治理的道德记忆基础

人类的经济活动可以追溯到原始社会，但这并不意味着原始社会就存在经济治理。原始社会是一种没有国家或政府主导人类生活的社会状态，人类依靠氏族部落这种原始集体形式过着简朴的群集生活。在这种群集生活方式中，人与人之间的社会关系实质上仅仅是血缘关系，部落酋长在协调社会关系方面发挥着举足轻重的作用。由于生产力水平低下，原始社会的人类只能从事采集、狩猎等非常低级的劳动，所取得的劳动产品根本无法达到有剩余产品的程度，人与人之间的经济利益矛盾相对简单，经济治理也无从谈起。

经济治理是人类在进入有国家和政府的社会状态之后才遭遇的问题。国家和政府出现之后，人类经济活动不仅在规模和水平上发生了根本变化，而且在方式上发生了根本转变。具体地说，人类经济活动从氏族部落管理的原始方式转变为国家治理的方式，经济治理问题才随之产生。经济治理问题是随着国家治理问题的出现而形成的，它只不过是国家治理问题的一个子问题域。

人类总是带着一定的道德价值观念从事经济、政治、文化等活动。这不仅意味着他们所从事的一切活动都深受其自身的道德价值观念的影响，而且意味着他们所从事的一切活动都会留下深刻的道德记忆痕迹。作为人类记忆思维的一种特殊表现形式，道德记忆是关于人类道德生活经历的记忆。由于人类的道德生活经历是通过经济活动、政治活动和文化活动具体表现出来的，我们的道德记忆必然涵盖人类社会生活的方方面面。我们人类的社会生活经历的范围有多大，我们道德记忆覆盖的范围就有多大。

道德记忆是连接人类社会生活的“过去”“现在”“未来”必不可少的纽带。当代人类之所以愿意过道德生活，其重要原因之一是我们的先辈一直在过着道德生活。我们的先辈在“过去”拥有丰富多彩的道德生活经历，并且借助于我们的记忆能力将它们作为历史经验和教训留传给我们，道德记忆因此而被刻写和建构，人类社会源远流长的道德文化传统也因此而形成。道德记忆是人类建构道德文化传统的必要条件。

人类进行经济治理留下的道德记忆非常复杂，但归纳起来无非有两个维度：一是关于善治的道德记忆；二是关于恶治的道德记忆。经济治理有善治和恶治之分。善治意义上的经济治理是具有善性本质的经济治理模式，它受到人类普遍认可的道德价值观念的有效引导，具有可靠的道德价值。相比之下，恶治意义上的经济治理是具有恶性本质的经济治理模式，它背离人类普遍认可的道德价值观念，缺乏可靠的道德价值。人类在推进经济治理的漫长历史中，形成了善治和恶治两种模式，也留下了关于这两种模式的道德记忆。

中华人民共和国成立之后，我国一度极力推崇苏联式的计划经济体制。这种经济体制赋予政府全面干预经济活动的绝对权力，允许政府将所有经济活动纳入中央的统一指令性计划，这有助于凸显国民经济发展的宏观计划性和政府统筹性，但它既不利于调动企业、个人等经济主体的积极性、能动性和创造性，也不能产生高经济效率。因此，在它居于主导地位的时代，我国的国民经济发展到后期，严重缺乏活力，社会民众的经济生活处于极低的水平，甚至曾经出现过“三年严重困难”那样的事态。计划经济体制的最大弊端是政府过多干预经济活动，市场配置资源的作用几乎彻底被扼杀。历史地看，计划经济体制在一定时期发挥了积极的作用，但它是一种严重缺乏道德合理性基础的经济体制，留给我们的是经济效率低下、平均主义思想严重、人们物质生活窘困等不好的道德记忆。虽然计划经济体制并不完全是恶的，但是它确实具有很多恶治的特征，它留给我们的恶治教训是值得我们反思的。

我国走中国特色社会主义道路的一个重大成就是用市场经济体制取代了计划经济体制。这是我国进入社会主义发展阶段之后发生的一场深刻的社会变革，因为它标志着社会主义中国在经济治理模式方面的根本性转变。在市场经济体制下，政府干预经济活动的绝对权力遭到合理削弱，企业和个人参与经济活动的权利受到合理维护，这不仅有利于激活市场配置资源的功能，而且有利于提高经济效率，从而使我国的国民经济在改革开放时代表现出生机勃勃、欣欣向荣的新气象。改革开放多年，我国在经济治理方面留下的主要是善治的道德记忆。市场经济体制的成功实施使我国社会各界对政府干预主义经济治理思想的迷信被逐渐破除，而对“市场”这只调节经济活动的“看不见的手”树立了越来越坚定的信念。如果说我国的改革开放是成功的，它的一个重要表现就是我国实现了从过度迷信和推崇政府干预经济的经济治理模式向主要依靠市场经济规律的经济治理模式的重大转变。

从多年改革开放的历史来看，虽然市场经济体制也存在容易导致物欲横流、贫富悬殊等社会问题的弊端，但它总体上是一种优于计划经济体制的经济体制。在当今世界，越来越多的国家已经认识到，任何国家的国民经济都不能单独依靠政府计划或市场调节来达到推进经济发展的目的，而是必须依靠政府宏观计划和市场自主调节的协同推进来实现该目的。之所以如此，是因为绝大多数国家从人类推进经济发展的道德记忆中借鉴了很多东西。人类推进经济发展的道德记忆告诉我们，经济发展需要以合理的经济治理模式为前提和基础。合理的经济治理模式本质上合乎伦理，它既表现为一种能够提高经济效率的经济治理模式，也表现为一种能够真正造福于人类的经济治理模式；相反，不合理的经济治理模式本质上不合乎伦理，它的存在不利于经济效率的提高，更不用说造福于人类。

向人类推进经济治理的道德记忆学习是当代经济治理者应该具有的一种美德。这一美德不仅要求当代经济治理者深刻认识人类经济治理活动总是基于一定道德记忆基础之上的事实，更重要的是要求当代经济治理者具有以史为鉴的道德思维方式、道德思想境界、道德价值观念和道德行为选择能力。人类在进行经济治理的历史长河中积累了大量关于善治经验和恶治教训的道德记忆，它们都是当代人类进一步推进经济治理不可或缺的历史合法性和历史合理性的资源。对这样的资源进行合理发掘、保护和传承，有助于当代人类更好地开展经济治理活动。

二、经济治理的主要伦理问题

作为一个具有深厚伦理意蕴的问题，经济治理问题主要由三个子问题构成：（1）如何保全国家公共权力的内在善性；（2）如何将人类经济治理活动纳入合乎伦理要求的轨道；（3）人类的经济治理活动应该实现什么样的道德价值目标。

首先，经济治理必须保全国家公共权力的内在善性。经济治理是国家治理的一个重要内容。这一方面意味着我们应该将“经济治理”这一概念作为“国家治理”的一个子概念来加以认识、理解和解读，另一方面意味着我们应该关注人类经济活动与国家公共权力的紧密联系。对此，我们需要借助历史唯物论来加以诠释。

根据历史唯物论，公共权力的出现是国家诞生的根本标志，因为它不仅标志着人类社会从无政府状态转入了有政府状态，而且标志着公共权力影响人类社会生活的肇始。事实亦如此。在进入有国家的社会状态之后，人类社会生活的方方面面时刻都受到国家公共权力的强力制约，人类所从事的经济活动、政治活动和文化活动都必须在国家公共权力允许的范围内进行。更进一步说，人类在有政府的社会状态中的生活不是一种孤立、任性的生活，而是从根本上受制于国家公共权力的生活。可以说，进入文明社会之后，保证国家公共权力朝着有利于人类正常开展经济活动、政治活动和文化活动的方向运行是人类进行国家治理的关键所在。

国家公共权力运行状况的好坏取决于它自身的内在本质能否得到保全的事实。国家公共权力的内在本质是什么？就是它的内在善性。地球上原本没有国家公共权力，只是到了国家必须产生的历史节点，公共权力的产生才获得了历史必然性。然而，公共权力毕竟是人类建构出来的一种东西。被人为建构的公共权力本身无所谓善恶，一旦被具体的人所掌握或使用，它就会带有善或恶的烙印。因此，国家公共权力的善恶实际上是由掌握和使用它的人类的善恶道德价值观念决定的。如果人类用善的道德价值观念来掌握和使用国家公共权力，则国家公共权力是一种具有善性本质的权力；如果人类用恶的道德价值观念来掌握和使用国家公共权力，则国家公共权力是一种具有恶性本质的权力。

国家治理的核心任务就是要保全国家公共权力的内在善性，而要完成这一核心任务，人类必须同时诉诸两种基本手段，即德治和法治手段。前者借助国家治理者的个人道德修养来规约他们手中掌握的国家公共权力，后者借助以法律为主要内容的社会制度来规约国家治理者手中掌握的国家公共权力。第一种手段是自律性手段，即它主要依靠国家治理者对自己的道德约束来发挥作用，因此，它是一种柔性的非强制性手段；第二种手段是一种他律性手段，即它主要依靠基于国家意志制定的社会制度对国家治理者掌控和使用国家公共权力的方式进行外部规约，因此，它是一种硬性的强制性手段。要使国家治理所依赖的国家公共权力保持内在善性，德治和法治手段缺一不可。

作为国家治理的一个重要维度，经济治理状况的好坏也从根本上取决于国家公共权力的内在善性能否得到保全的事实。当经济治理者用于经济治理的国家公共权力的内在善性能够得到保全，则他们的经济治理活动就更容易被引上向善、求善和行善的轨道；如果经济治理者用于经济治理的国家公共权力不具有内在善性，则他们的经济治理活动就很容易滑入向恶、求恶和作恶的深渊。因此，经济治理的首要伦理问题是如何同时借助于经济治理者的个人道德修养和合理的社会制度安排，保护、维护和捍卫国家公共权力的内在善性。

其次，经济治理必须确保人类经济治理活动合乎伦理要求。合乎伦理要求的经济治理是那种受到人类道德价值观念的有效引导、规约、支配的经济治理模式。人类的经济治理活动不能仅仅停留在片面追求经济效率或经济利益的经济性诉求层面上，而更应该彰显合伦理性。单纯基于经济效率或经济利益诉求而进行经济治理是狭隘的，因为它缺乏道德价值。经济治理应该体现经济性和伦理性的贯通、融合和统一。

人类的经济治理活动应该受到人类道德价值观念的有效支配。人类的道德价值观念具有人际差异性，但也具有普遍性的一面。在经济生活领域，人类对其自身的经济活动所作的道德价值认识、道德价值判断、道德价值选择总是存在某种程度的共识性，这既是人类能够在经济生活领域给予相互道德尊重的一个重要原因，也是人类能够共同建构合理经济秩序的一个重要原因。正是由于道德的介入，人类在经济活动中才能超越狭隘的经济效率或经济利益追求，并且能够通过自身的道德价值观念使自己的经济活动或经济生活具有崇高的道德价值。

现实中的经济治理常常会遭遇道德难以介入人类经济活动的困难。导致这一困难的根源是人类向善、求善和行善的道德价值观念不够强大。当向善、求善和行善的道德价值观念不够强大的时候，向恶、求恶和作恶的道德价值观念就会主导我们。唯利是图往往是人类在经济生活领域向恶、求恶和作恶的强烈动机。在现实中，一些企业或个人之所以会通过生产和销售假冒伪劣商品的方式牟取暴利，是因为产生了唯利是图的贪婪动机。

再次，经济治理应该以实现经济正义为道德价值目标。人类进行经济治理必然会带来经济发展成果，而如何以公平的方式分配这些经济发展成果是实现经济正义要考虑的问题。经济正义是分配正义的一种重要表现形式，它意指经济发展成果分配的公平性。如果经济治理能够以经济正义作为伦理价值目标，它就能够朝着公正的方向运行，并且契合人类对经济活动的道德价值诉求。正如孔子所说："有国有家者，不患寡，而患不均，不患贫，而患不安。"① 其意指，人类在有国家的社会状态中生活，最担心的不是从社会分配中得到的份额少，而是分配不公；最担心的不是贫困，而是分配不公所导致的社会动荡。

人类进行经济治理的最终目的不仅仅是造就丰硕的经济发展成果，更是让最大多数人能够最大限度地从中受益。用当代中国人的话

① 陈晓芬，徐儒宗．论语·大学·中庸．北京：中华书局，2011：198.

来说，就是要让广大社会民众具有强烈的“获得感”。要增强广大社会民众对经济发展成果的获得感，唯一行之有效的途径是维护和实现经济正义。由于经济发展成果集中表现为物质财富或经济利益，经济正义得到实现的状况实质上就表现为物质财富或经济利益在广大社会民众中间得到公正分配。

经济治理中的问题大都与人类的道德价值诉求有关。我们人类总是要带着一定的道德价值观念进行经济治理，也总是希望我们的具体经济活动能够经得起一定道德价值观念的检验。物质财富或经济利益的存在价值具有双刃性。它既可能成为推动人类不断创造物质财富或经济利益的强大动力，也可能成为驱动人类唯利是图或贪得无厌的根本原因。由此可见，经济治理对于所有国家来说都是必要的。如果没有合乎道德要求的经济治理，一个国家的经济发展就不可能达到有序化状态，更不用说达到伦理化状态。将人类经济活动纳入伦理化轨道，并使之应有的伦理特性充分凸显出来，是经济治理的内在要求。

三、经济治理的国际伦理维度

经济治理应该合乎伦理的内在要求。什么是伦理？它是自然界和人类社会存在和发展的内在机理或自在之理，是以客观性、必然性和普遍性为主要特征的自然法则、自然规律、社会规范、社会规律等构成的公理，是不以人的主观意志为转移的一种客观力量。不过，客观的伦理可以被人类认识、理解和把握，并能够转化为人类的道德认知、道德情感、道德意志、道德信念和道德行为。道德是对伦理的反映。从这种意义上来说，合乎伦理要求的经济治理是那种体现自然界和人类社会存在和发展的内在机理或自在之理的经济治理模式。

客观伦理总是在具体的空间中对人类经济治理活动形成规约。这个具体的空间就是人类经济治理活动的伦理空间。这种伦理空间有多大？它的范围是由人类经济治理活动的范围决定的，而后者又是由人类经济活动的范围决定的。具体地说，人类在多大范围内开展经济活动，经济治理就能够在多大范围内发挥作用，规约它的伦理空间也就有多大。在经济全球化时代，由于人类的经济活动不再仅仅局限于民族国家的范围，经济治理不可避免地要从民族国家的范围突破到国际范围；或者说，经济全球化时代的到来必然要在很大程度上将民族性经济治理纳入国际治理的格局：其结果必然是人类经济治理活动具有一个更大的伦理空间——国际伦理空间。

经济全球化不仅极大地拓展了人类经济活动的范围，而且迫使人类深刻认识、理解和把握国际伦理存在的实在性。国际伦理是通过国与国之间的伦理关系状况来体现的。在经济全球化时代，由于国与国之间的经济交往和合作变得日益频繁，国际关系的伦理维度也充分凸显出来。日益频繁的国际经济交往和合作使世界各国都变成了彼此的利益相关者，国与国之间的关系也因此变成了一种“利益攸关”的关系；与此同时，出于维护彼此经济利益的需要，世界各国又不得不结成相互尊重、相互包容、相互支持、相互促进的伦理关系，以实现同生共荣、互利共赢、共享发展的道德价值目标。

要实现世界各国同生共荣、互利共赢、共享发展的道德价值目标，不仅需要将经济治理从民族国家的层面拓展到国际层面，而且需要充分凸显国际经济治理的伦理意蕴。国际经济治理的伦理意蕴必须建立在国际公共权力的基础之上。在当今世界，国际公共权力是存在的，它是通过世界贸易组织、联合国下设的一些经济管理机构（如联合国经济发展委员会）等来体现的。不过，由于领导权实质上掌握在西方发达国家手里，这些国际性经济组织或机构并不是可以真正凌驾于所有国家之上的国际公共权力组织，而常常实际充当着西方发达国家的经济利益维护者。

将经济治理从民族国家的层面拓展到国际层面不是一件容易的事情，而将国际经济治理纳入合乎伦理的轨道更加困难。在当今世界，没有哪一个国家能够独立承担国际经济治理责任的能力，已有的国际经济组织或机构也都因为缺乏真正的独立性而难以在国际经济治理中发挥应有的作用。世界各国目前仅仅能够在非常低的程度上实现国际经济治理和推动着彼此朝着同生共荣、互利共赢、共享发展的道德价值目标前进。

民族利己主义问题是当今世界在推进国际经济治理的过程中必须着力解决的一个重大伦理问题。世界各国大都倾向于从自身的利益需要出发来理解国与国之间的经济关系，并且在处理国际经济关系的过程中倾向于更多地关注和强调本国私利。在民族利己主义价值观的驱动下，有些国家大搞贸易保护主义，甚至肆意侵害其他国家参与世界经济活动的权利。民族利己主义是当今世界推进国际经济治理的一个巨大障碍。

不过，有两个客观事实要求人类将国与国之间的经济关系纳入道德的调节范围：一是国与国之间的相互依赖性；二是生态环境保护、贫困等问题的国际性。在经济全球化时代，国与国之间在经济上的相互依赖性日益强化，这不仅为国际伦理关系的建构提供了经济基础，而且为国际伦理的巩固创造了条件。另外，生态环境保护、贫困等全球性问题的存在也使国际伦理具有更大的发展空间。如果这些问题不能在最广泛的国际交流和合作基础上得到解决，人类就会深受其害。这种可怕背景有助于推动世界各国加强“命运共同体”意识，也有助于国与国之间建立合乎伦理的相互关系。

人类的经济治理活动应该体现国际伦理视野。国际伦理视野的形成有助于消解经济生活领域的民族利己主义，有助于化解国与国之间的经济利益矛盾，有助于推动当今世界弘扬和践行同生共荣、互利共赢、共享发展的道德价值观念。人类经济活动具有国际伦理意义，经济治理也具有国际伦理意义。如果人类不能从国际伦理的角度来审视、认识和理解经济治理问题，人类经济活动造福人类本身的功能就不可能充分发挥出来。

第八章　市场经济体制的道德合理性基础

“市场”这个概念的核心意思是“交换”，所谓市场经济就是一个通过交换关系把所有个体连接起来的经济形式。市场作为一种协调分工的工具，通过有效的资源配置，保护并满足一群理性的人谋求自身的利益。亚当·斯密以为，人都是理性地追求自我利益的最大化的，这是人类一切经济行为的出发点，也是促进社会经济发展的根本动力。商品交换最初出现于原始社会末期，产生的基本条件是社会分工与生产资料和劳动产品分属不同的主体。按恩格斯的描述，商品和商品生产在人类社会生活中已经存在了 7 000 多年的历史，在当代中国，社会主义商品生产和市场经济更是实现社会主义现代化的必由之路。市场经济作为通过市场配置资源的经济运行体制，本质上既是一种与人的利益相关联的道德活动，也是一种与人的切身利益相关联的道德价值活动，所以构建社会主义市场经济体制需要有道德基础并使之为其发展提供价值导向。市场经济的发展需要通过促进人们观念的更新，构建和培育个体的市场理性，增强人们在经济活动中的道德责任和义务，促使其实现道德自觉，遵守市场运行的“游戏规则”，形成与之相适应的生产生活的行为方式来实现。

一、计划经济体制的伦理局限性

中华人民共和国成立初期，在经济体制上选择的是计划经济，其原因有很多。除当时的工业化压力、资源短缺等重要的现实客观原因外，还有苏联的影响、解放区供给制的影响，以及中国当时对社会主义的认识（认为社会主义就是计划经济）等主观原因。

自 1949 年中华人民共和国成立到党的十一届三中全会以前这段时期，是我国实行计划经济体制的时期。纵观 20 世纪的计划经济，可以说基本上是政府主导型经济发展极端化的模式。计划经济体制是指在国家决策权高度集中的情况下，生产、资源配置以及产品的消费，都依靠行政命令管理经济的体制。第二次世界大战以后，一大批殖民地、半殖民地国家先后独立并开始工业化进程，普遍存在工业落后、人口众多以及资源短缺等众多问题，同时，由于全球化引发的国际暴力竞争给经济落后的国家造成了巨大的外部压力，这些国家不得不主要依靠国内的积累来为工业化进程积聚资金，通过建立独立工业体系和提高积累率来促进经济发展。这些国家在制度选择上偏好能够整合国家资源并迅速推动国家工业化的国家控制型制度。

中华人民共和国成立初期的计划经济体制，利用行政手段人为压低利率、汇率、能源和原材料的价格，以及工资和生活必需品的价格，降低发展重工业的成本，使我国在物资极其匮乏的情况下，能够把有限的资金尽可能地集中起来，用于国家急需的建设项目，保证了工农业生产快速向前发展，在恢复国民经济、保证重点建设和保障人民生活等方面发挥了重要作用，建立起社会主义制度赖以巩固和发展的物质基础，初步奠定了中华人民共和国工业化的基础。但它最大的缺陷是不能调动广大群众的积极性，也不能按照市场的需求来安排生产，无法长久实现社会主义所追求的高效率。

计划经济体制最早是由马克思、恩格斯提出的基本设想。马克思对照他所阐明的资本主义社会运动规律，认为在资本主义生产资料私有制条件下，按比例分配社会劳动规律的实现形式是价值规律。但是，生产资料的私人占有与社会化大生产之间的矛盾，特别是社会生产不断扩大的趋势与社会消费相对缩小的趋势之间的矛盾，常常会使价值规律在配置资源时失效，最终引起导致社会再生产中断的大规模经济危机。所以未来社会理想的经济模式应该是有计划的经济。马克思和恩格斯设想的计划经济理论模式包括以下几个方面：首先，未来社会即社会主义社会和共产主义社会的经济制度是“一个集体的、以生产资料公有为基础的社会”① 经济制度，有计划地组织社会生产是社会化大生产的客观需要，生产资料公有制则是使这种需要成为可能的前提条件，是构成有计划的经济运行的一般基础。其次，实行计划经济的物质前提条件是高度发达的社会生产力。这个前提条件包括两个方面，机器大工业和生产的社会化。再次，社会劳动者之间实行生活资料按劳分配制度。马克思在他的晚期著作《哥达纲领批判》中说，在未来的社会经济生活中，“个人劳动不再经过迂回曲折的道路，而是直接地作为总劳动的构成部分存在着”②。马克思、恩格斯设想的理论计划经济的按劳分配，核心内容有两点：一是在整个社会范围内以劳动作为收入分配的唯一尺度，而不存在任何其他分配尺度；二是在整个社会范围内提供等量劳动获得等量报酬。所以在马克思和恩格斯所设想的计划经济理论模式中，由于生产资料归社会占有和使用，劳动具有直接的社会性，商品生产和商品交换也随之消亡。因为，“一旦社会占有了生产资料，商品生产就将被消除，而产品对生产者的统治也将随之消除。社会生产内部的无政府状态将为有计划的自觉的组织所代替”③。社会统一占有生产资料并且以直接社会化的形式把它们应用于生产，每一个人的劳动就都直接表现为社会劳动，没有社会交换，不需要借用“价值”的媒介，资本主义基本矛盾带来的有害后果也将消除。

传统计划经济在中国经济发展过程中，作为一种具有平均分配

① 中共中央编译局. 马克思恩格斯选集：第 3 卷. 3 版. 北京：人民出版社，2012：363.
② 中共中央编译局. 马克思恩格斯选集：第 3 卷. 3 版. 北京：人民出版社，2012：363.
③ 中共中央编译局. 马克思恩格斯选集：第 3 卷. 3 版. 北京：人民出版社，2012：671.

倾向的社会制度，被赋予了一定的道德理想和道德使命，这就决定了我国在对传统计划经济模式的选择上，道德的目的高于经济的意义。当然，“经济体制是一个价值实体，它包含着一整套关于人的本性以及人与人之间的相互关系的价值观”①。我国传统计划经济的决策者认为，资本主义社会之所以会出现它自身无法克服的经济危机和道德危机，是由其根本的经济制度决定的。即资本主义社会实行的是生产资料私有制，在私有制的经济体制下，每个个体都追求自身的利益，人与人之间容易形成自私自利、尔虞我诈、相互欺骗的关系，人与人之间是“狼”的关系，而不是和谐的社会关系。资本主义社会奉行的市场机制，是一种由市场自主指导资源配置的经济运行方式，这样的经济制度容易导致生产的无政府状态、生产的盲目性以及竞争的残酷性、不道德性，会造成人力、物力等资源的极大浪费并引起严重的社会问题、道德问题。只有实现计划经济这一科学体系，社会经济才能消除资本主义市场经济所产生的弊端，达成社会主义社会所追求的社会和谐、人们幸福的理想目标。

道德作为一种社会意识形态是其所处的社会经济关系的反映。一个时代的人们的伦理思想和价值追求也是那个时代的精神的体现，在计划经济年代，人们的伦理意识和精神特点必然也呈现了那个年代的特征。归纳起来有如下表现：

1. 道德意识形态的整齐划一

计划经济是依靠国家计划配置资源的一种国家权力高度集中的体制。在那个物资紧缺的年代，国家通过计划经济体制把有限的财力、物力、人力等资源都集中起来配置，生产什么产品、生产多少都是由政府规定，生产出来的产品最后也是由国家统一调拨、统购包销。企业之间不会因为竞争出现经济摩擦和各种经济矛盾；相反，形成了服从计划调节、分工协作的整体意识。在计划经济体制下，相应

① 诺兰，等. 伦理学与现实生活. 姚新中，等译. 北京：华夏出版社，1988：322-324.

的道德意识形态往往也是以行政命令的形式，通过国家和政府的推动，以灌输和倡导的方式得以实现的。这样的道德呈现了与经济体制相一致的单一性、权威性和被动性等特点。对于什么是道德、什么是道德的行为，人们没有自我的认识与判断，在行为选择和价值的取向上，完全以服从为标准。人们的思想意识可谓高度集中统一，久而久之在道德意识上的自主性和自觉性相对比较差。

2. 精神价值追求高于物质利益追求

基于对资本主义市场经济的认识，人们认为资本主义经济制度是一种人剥削人、人压迫人的经济制度，会导致社会的贫富分化严重，个体在价值追求上会表现为以利益为核心的拜金主义思想。社会主义社会就是要改变这种不平等的社会制度，所以在传统计划经济体制下，人们在自力更生与自给自足的基础上，实行按劳分配的分配方式；在个体的价值追求上，对人的精神价值的强调远远高于对物质利益的追求；政府通过各种政治运动和精神鼓励，强调人们必须具有高度敬业精神、奉献精神、开拓和创造精神。这是中国计划经济体制下最深层次的伦理特色。当然这种精神价值高于物质价值的价值追求理念，也含有中国传统儒家伦理思想“义利观”的典型特点，是传统伦理价值理念在人们内心留下的一种痕迹，也是新民主主义革命精神的传承，更是由当时物质生产力低下决定的。

3. 公利高于私利的价值追求

在中国古代，古人一直强调谋求社会的公共利益，要求人们“不以私害公”“先公后私”“至公无私”。马克思认为未来社会的计划经济的基础是公有制经济。以公有制经济为基础，是针对实现计划经济的必然相关性而言的。公有制并不是否认个人的利益需求，只强调国家利益、集体利益；相反，马克思认为社会是“通过有计划地组织全部生产，使社会生产力及其成果不断增长，足以保证每个人的一切合理的需要在越来越大的程度上得到满足”①。强调国家公共利益只是为了集中生产力，更大力地发展生产力，最终实现和满足个体的一切合理的需要。但我国在计划经济的具体实施中，多表现为对个人利益的轻视，强调个人利益必须绝对服从国家利益和集体利益，所有人的一切活动都以维护社会整体利益、集体利益为准则，在必要的时候，个人必须为了集体利益和他人利益牺牲自我利益。这是对马克思“计划经济”理念的错误解读，也是中国传统“公私之辨”思想的错误运用。

社会主义计划经济体制的构想的根本目的是社会生产力的大力发展，以保证每个人一切合理需要的最终实现和满足。从人的本性上来说，个体对物质利益的追求与实现才是个体从事劳动生产的最直接动机。马克思主义认为生产力包括三要素，即劳动者、劳动资料和劳动对象。劳动者是具有一定的生产能力、劳动技能和生产经验的能参与社会生产过程的人，是生产力中最活跃的因素。但计划经济体制严重压抑了劳动者的自主性和积极性，导致社会管理体制日益僵化，极大地束缚了社会生产力的发展。计划经济具有公平性，但效率性不足，导致社会生产力发展落后，在物质上不能保证和满足人民群众日益增长的需要，其本质是不符合通过经济发展实现人的全面需求满足的伦理性特点的。

我国计划经济体制所构建的人们的道德理想体现在维护社会整体利益和人民的根本利益上，具有一定的道德合理性。但计划经济体制下的伦理道德设想，是在社会主义经济建设之初，人们依据共产主义理想而设定的，是一种很高的道德理想的设定。在任何时代、任何社会，人都既是以个人的形式存在，同时也是社会的存在物。人存在的两重性决定了人需要的两重性：作为一种“个人的存在”，每个人都有维持自己生存和发展的需要；同时，作为一种“社会的存在

① 中共中央编译局. 马克思恩格斯全集：第30卷. 2版. 北京：人民出版社，1995：336.

物”，每个人又有维持社会共同体的存在和发展的需要。前者即我们通常所说的个人利益，后者即我们通常所说的社会利益。这两种需要应该都是人作为人的存在的正当需求，而且不管我们是否意识得到它们，它们都是客观存在的。马克思在谈到人的需要时说过人的需要即人的本性，这里的需要指的就是基于人的两种存在本性决定的两种需要，是应该得到社会保护和认可的。计划经济体制下人们的道德理想强调的正好是人作为“社会的存在物”的需求的满足，强调实现社会整体利益和人民的根本利益，但忽略了个人追求自身生存发展的需要，社会舆论和人们的道德心理都以追求个人利益为极大的耻辱。同时在一种“不患寡而患不均”[①] 的社会集体意识下，人们一方面觉得对物质利益的追逐是可耻的，另一方面也没有积极追逐物质利益的动力。

幸福的生活是需要一定的物质保障的，人的精神生活作为人类特有的生活内容，也是以人的物质生活为基础的，是社会存在的反映。人人都有追求幸福的权利，道德的生活与个人的物质利益不是没有关系的；相反，它是实现人的自由全面发展的根本保证。人们对于道德生活的重新正确认识正是道德意识作为上层建筑对生产物质基础的积极反作用力的具体表现。我们应该在社会的整体意识下，对个人与社会整体的利益、个人物质利益与精神价值追求作一个全新的价值界定，肯定经济因素的价值取向和社会作用。“人们总是自觉地或不自觉地，归根到底总是从他们阶级地位所依据的实际关系中——从他们进行生产和交换的经济关系中，获得自己的伦理观念。”[②] 一定的道德总是与其所处的社会经济关系相适应，也只有这样的道德才真正有利于社会经济的发展、人们幸福生活的实现。

---

① 陈晓芬，徐儒宗．论语·大学·中庸．北京：中华书局，2011：198.

② 中共中央编译局．马克思恩格斯文集：第 9 卷．北京：人民出版社，2009：99.

二、市场经济体制的内在善性

通常学者们在论述市场经济的道德性时，伦理学界往往会将其界定为市场经济本质的道德性，即市场经济本身所包含的道德秩序及合理化程序和市场经济所需要的社会规范与责任伦理，也即市场经济道德性的内在方面和外在方面。从事社会经济学的研究者几乎普遍有个倾向，希望将经济学与善恶划清界限，在经济学研究中努力追求实证与价值中立。经济学家更多认为经济的重心就在于探讨社会整体经济结构与运作机制，及其对市场秩序、交易模式、个体和组织的利益产生的影响，为追求一个良好的经济社会秩序而努力。自由主义的经济学家往往强调“市场经济会在竞争中自然产生出道德机制、道德规范来”①，认为并不需要更多外在的道德规范。可以说这种市场经济道德的内在方面就是市场经济体制的内在善性。

在近现代社会，认为经济内含有道德性，这一思想的最早研究者可以追寻到18世纪英国著名的经济学家亚当·斯密，斯密在其两部代表作《道德情操论》与《国富论》中分别提到“道德人”“经济人”这两个相互对立的概念，“斯密问题”应该是现代经济伦理道德问题研究的源头。亚当·斯密在《国富论》里阐述了这样一种基本观念：私利的极大化，必然导致最大的公共利益。因为在资本主义的分工制度下，个人基于对自身利益的追逐，在市场这只“看不见的手”的推动下，将会自发、无意识地促成社会的整体最大利益。如斯密描述的那样：“他受着一只看不见的手的指导，去尽力达到一个并非他本意想要达到的目的。也并不因为事非出于本意，就对社会有害。他追求自己的利益，往往使他能比在真正出于本意的情况下更有

① 汪丁丁. 道德基础与经济学的现代化. 经济研究参考，1997（5）：6.

效地促进社会的利益。"[①] 在这样的一种经济行为下，善性和道德成为个体在"自我利益"的创造过程中实现的对社会的正面产出，"经济人"在不自觉的过程中完成了追求自身利益和促进社会利益的双重目标，实现了与"道德人"的身份统一。

事实上，在马克思看来，在资本主义的经济环境下，私利极大化的发展并不必然造成公共利益的产生，资本主义的市场经济是充满阶级的剥削与矛盾的。基于剩余价值的存在，工人的劳动力商品所获得的收入和资本家的资本商品所获得的收入是不成比例的，工人在资本主义高度发展的过程中属于被剥削的阶级。资本主义的自由竞争甚至会导致中小资本家的生存环境趋于恶化，最终使其在竞争中被淘汰。所以只有消除自由市场的竞争，取消私有制，在公有制的经济基础上，有计划地实施社会化大生产，实行按劳分配，才能消灭剥削，取消贫富分化，才会给无产阶级工人带来最终所需要的利益和自由。

"市场"这个概念本身表示的是交换关系的集结。所以市场的核心概念是"交换"。"市场经济"是"一个通过交换关系把所有个体经济连接在一起的经济"[②]。马克思对交换关系有极为深刻的省察。在交换的关系里，人们交换的原初动机是"使用价值"的交换，但马克思相信在交换的关系中存在着一个客观的价值尺度——"社会必要劳动时间"（人类的抽象劳动时间），即劳动者通过劳动实现的自我异化，"我"之为"非我"的异化，是一切物质财富产生的根源，也是交换得以实现的基础。由于马克思更侧重于对资本主义制度的批判，所以他看到的更多是交换关系中人的异化，是商品拜物教和资本作为雇佣劳动榨取剩余价值的手段，是社会矛盾的激化和阶级

---

① 斯密. 国民财富的性质和原因的研究：下卷. 郭大力，王亚南，译. 北京：商务印书馆，1974：27.

② 汪丁丁. 道德基础与经济学的现代化. 经济研究参考，1997（5）：6.

斗争。[①]

如果不从社会矛盾和阶级斗争的角度出发，而只从社会分工导致人们交换行为出现的角度看，人们的交换行为只是简单的互通有无，市场经济就应该是一个交换的经济。从市场经济的发展历程来看，市场经济的成熟与完善大体经历了以下几个阶段：物物交换的市场经济萌芽阶段；以货币为媒介的商品交换的市场经济形成阶段；现代信用货币交换的市场经济发展阶段。[②] 恩格斯在其名著《家庭、私有制和国家的起源》中指出："在野蛮时代高级阶段，又进一步发生了农业和手工业之间的分工，于是劳动产品中日益增加的一部分是直接为了交换而生产的，这就把单个生产者之间的交换提升为社会的生活必需。"[③] 因为有了社会的分工，尤其当社会出现了直接以交换为目的的产品，即社会的第二次大分工使手工业从农业中分离出来，以交换为目的的产品就诞生了，这时市场经济也初步形成了。所以市场经济本质上就是一个以交换为基础的经济形式。

产品的交换之所以发生，是因为通过交换可以获取规模经济效益。亚当·斯密在《国富论》中用工人制针的事例来说明这一点。一个做针的师傅每天只能制造一根针，但如果十几个工人分工，平均每人每天可以制造几百根针。可见分工可以提高劳动生产率。并且由于分工，各个生产者可以集中时间和精力专注于某个方向的知识和技能，即所谓劳动知识的专业化。劳动者专业化程度越高，劳动生产率也就越高。可见提高劳动生产率的根本途径在于实现社会的分工和发展劳动者的专业化带来的规模经济。通过发展这种规模经济，"经济人"可以完成和实现斯密所说的追求自身利益和促进社会利益的双重目标。

善性，就主体的德性而言，是善在主体意志中的体现。善不仅有

① 汪丁丁. 道德基础与经济学的现代化. 经济研究参考，1997（5）：6.

② 张述传. 简论现代市场经济的特征. 学习与实践，1999（12）：23-26.

③ 中共中央编译局. 马克思恩格斯选集：第4卷. 3版. 北京：人民出版社，2012：182.

好、可欲、有益的意思，还有幸福的含义。中国古代也有“可欲之谓善”[①] 的说法，善就是人的欲望可以得到的满足，是一切事物对人的生存、生命的欲求的满足。善性是一种“自在之善”，也是一种“手段善”或“目的善”。善性作为事物的一种特性，应该满足人的根本需求，以能为人们带来好的幸福的生活为标准。马克思主义伦理学认为，善与恶，反映的是在一定的社会经济关系中人们的利益和实践活动的要求。善恶观念是在人们的社会生活中形成的，并随着社会经济关系的变化而不断变化。评价善恶，最终必须以是否符合社会历史发展规律、符合最广大群众的根本利益和要求为标准。市场经济作为人类社会迄今为止创建的一种最为先进的经济体制，其优越性首先表现为它是一种能够创造较高社会经济效率的经济体制，能给人们的生活带来幸福的物质保障。市场经济不是目的，只是实现人的全面自由发展的有效手段，是为了达到人的全面自由发展这一道德上的根本目的的“手段善”。

依照亚当·斯密对市场经济主体的描述，在市场经济活动中，“经济人”所追求的利益最大化目的是在“经济人”理性设定下的，符合“经济人”个人利益偏好的目的。“经济人”自身的利益追求最大化，因此，“经济人”的行为总是具有个人性、自利性。但市场经济是以交换为目的的现代经济体制，“经济人”所追求的个人利益，往往依赖于“经济人”相互之间的交换活动才能实现。在市场经济活动中，“经济人”通过自己的劳动满足的是他人的需要，作为一种交换，“经济人”也从他人那里获得自身需要的各种满足。交换双方都是为了实现自身利益的最大化，但任何一方利益的最大化实现，都依赖自身能够在多大程度上满足对方的需要。所以，在市场经济中，虽然商品生产者为别人生产使用价值的目的是实现自己的利益，但在客观现实中，在市场机制的作用下，商品生产者的这种活动又往往

① 方勇. 孟子. 北京：中华书局，2010：295.

实现了社会的公共利益和他人的利益。正如马克思在分析商品生产时指出的："要生产商品，他不仅要生产使用价值，而且要为别人生产使用价值，即社会的使用价值。"[①] 从这种现实的客观条件上来看，"经济人"的个人行为具有一定的社会性和公利性。亚当·斯密指出："由于每个个人都努力把他的资本尽可能用来支持国内产业，都努力管理国内产业，使其生产物的价值能达到最高程度，他就必然竭力使社会的年收入尽量增大起来。确实，他通常既不打算促进公共的利益……由于他管理产业的方式目的在于使其生产物的价值能达到最大程度，他所盘算的也只是他自己的利益。"[②] 可以说市场主体的行为，是出自自利的经济理性。从经济学的角度看，自利是经济发展、社会前进的动力。把"自利"引入经济理论，会形成促进经济发展的强大动力，也是人类冲破传统伦理意识束缚的一次伟大进步。如果没有人类对自身物质利益的重新认识和追求，就不会有今天社会生产力的发展。自利的行为本身并不具有道德性，但在结果上是与社会公利相吻合的，使得"自利"的目的能有效地导致"公共利益"的实现，其结果具有了一定的道德意义，这是市场经济内在善性的体现。

从社会实践来看，市场经济是人类社会迄今为止最具效率性的经济模式。市场经济的根本目标是实现效率最大化，人们之所以选择市场经济，是因为市场经济作为人类社会的一种主要经济形式或经济体制，是一种以市场机制为基础和主导的配置社会资源的经济形式，通过市场对资源的合理配置和利用保证了资源量的扩张，最大限度地开辟和调动了现代社会经济活动所需的各种自然资源和社会资源。市场经济不仅能有效地激活社会成员的创造性生产行为，提高资源的使用效率，同时，从宏观上通过价格机制、供需机制、利润平均

① 中共中央编译局. 马克思恩格斯选集：第2卷. 3版. 北京：人民出版社，2012：101.

② 斯密. 国民财富的性质和原因的研究：下卷. 郭大力，王亚南，译. 北京：商务印书馆，1974：27.

化机制等诸多经济机制，使社会生产要素或资源得以充分有效利用，从质和量两方面保障社会生产要素或资源的配置和利用，最终实现了最大限度地满足人类社会生存和发展的需要。马克思在《共产党宣言》中提到，"资产阶级在它的不到一百年的阶级统治中所创造的生产力，比过去一切世代创造的全部生产力还要多，还要大"[①]，这证明了市场经济这一经济模式的高效性。相比而言，社会主义国家经历了中央集权的计划经济时代，社会的所有资源都掌握在政府手中，由政府及其计划管理部门统一按计划调拨，资源在经济运行过程中不能自由合理地流动，经济主体没有明确的责、权、利划分，导致生产效率低下，严重地阻碍了生产力的发展，也不能从根本上满足人民群众日益增长的物质文化需求。在社会主义市场经济条件下，市场经济这一模式提高了生产效率，使人民日益增长的物质文化需求得到满足，共同富裕得以实现。这也是市场经济内在善性的体现。

市场经济从理论上来看，还是公平合理的经济模式。市场行为是由市场来调节的，市场是一种非人格化的客观力量，因此市场调节具有原始的正义性。市场经济作为以交换为主要内容的经济形式，奉行的基本原则是等价交换原则。等价交换原则是人们之间的经济交往关系的客观价值尺度。这种原则得以实现依赖的是在市场经济社会中主体地位的独立、自由和平等。市场的经济主体具有在生产、管理上的自主性和交易过程中的自由性。市场经济主体在相互的关系上，人格平等、机会均等，在社会资源的配置活动中，具有独立决策和行动的自由，可以平等自由地参与市场竞争。市场竞争机制作为市场经济的一个重要机制，一方面要求在经济活动中，经济主体可以自由平等地参与；另一方面，要求这种参与和竞争必须是公平合理的，要求市场主体权利平等、机会均等，不因人的种族、肤色、性别、等级门第与信仰等的差异而区别对待，保证每一个人或群体自由平等地参

① 中共中央编译局. 马克思恩格斯选集：第 1 卷. 3 版. 北京：人民出版社，2012：405.

与市场活动，每个个体都可自由发挥自己的能力，争取自己的经济利益。市场经济的自由公正性也是市场经济内在善性的体现。

市场经济作为一种追求效率的手段，虽然创造了空前丰富的物质财富，但造成了资源和财富的巨大浪费。“经济人”的经济理性，往往是以追求利益的最大化为根本目的的，太过于直接纯粹的利益追求不仅不会创造生产的高效率，反而有可能造成效益的浪费。如资本主义社会数次的经济危机，就是在市场这只“无形的手”调控下盲目追求利益最大化的后果。在这样一种纯粹地追逐利益的目的下，市场的运行很容易偏离道德的轨道，从而产生不道德的结果。同时，市场经济作为一种追求效率的经济方式，关注的是资源最有效的利用，缺乏对资源来源的合理考虑。长期以来，经济的快速发展成为工业文明社会现代化的标志，在发展经济的过程中，人们盲目地开采资源、掠夺式地摄取能源，已造成了资源短缺、环境污染与生态破坏等严重的生态环境问题。市场经济由于缺乏必要的规范和约束，不但难以保证社会经济的均衡发展，更不能实现人类自然资源的合理利用和生态环境的有效保护。市场经济的运行、市场经济的结果，不能有助于人的整体的改善，这显然有悖于选择市场经济为人类谋福利的初衷，从而失去它应有的善性。

马克思曾经指出，人的存在方式即人的独立性是以物的依赖性为基础的，市场经济社会中人的独立、平等是以对物的依赖性为前提的。所以在商品的经济关系中，人是有一定经济基础支持的独立的主体，一定的经济基础促进人成为具有独立利益、独立目标、独立人格、独立价值追求的真正意义上的主体。在这种形态下，“才形成普遍的社会物质交换、全面的关系、多方面的需求以及全面的能力的体系”①。在现实生活中，基于人自身自然天赋才能的高低、集团和“民族国家”的贫富强弱分化，以及自然资源的天然差异等，个人、

① 中共中央编译局. 马克思恩格斯文集：第8卷. 北京：人民出版社，2009：52.

集团和“民族国家”参与市场竞争的原初能力存在一定的差异，这从一开始就或多或少地预定了竞争起点与结果的不公平。

市场经济是一种外部强制减到最低限度的自发性机制，由于其过分自由与放任的运行方式，不利于社会生产者、消费者及其社会诸多要素在总体上的和谐统一，也难以兼顾效率与公平，从而会降低市场经济的内在善性。市场经济体制是人类社会迄今为止最具效率性的经济模式，针对它的局限性，政府需要发挥国家的宏观调控职能，通过国家干预的方式克服以上困境，建构与社会主义市场经济发展相适应的，同时能够满足人民幸福生活需要的社会稳定秩序。

三、市场经济体制与经济正义

市场经济实质上是一种人类基于自身利益的交换方式，也是一种合作方式，相对于计划经济而言，它促进了经济效率的提高和社会福利的改善，也扩大了个人自由选择权和自主决策权。市场经济的一个最基本的前提条件是给予每一个人在经济活动中的选择自由，市场经济中个人选择的自由不仅是提高经济效率的前提，而且是整个自由社会的基础。在现代市场经济活动中，经济自由的人们可以自愿交换和自愿合作，可以选择进行市场交换的对象，通过交换，实现彼此的利益。这种自由必须建立在不危害他人利益的基础上，谁要想通过市场为自身谋取更大的利益，就必须更好地满足他人的需要，否则，自身的利益将难以实现。因此，现代市场经济不能以自私自利的极端利己主义为道德基础，而必须以自利与利他相结合的互惠互利的思想为其道德基础，公平公正地实现交换双方的利益。

市场经济所带来的社会弊病还包括在社会经济方面分配上的不平等的日益扩大。在现代社会，随着政治自由和经济自由的发展，人们发现，平等的政治权利和机会并不能使人获得平等的地位、平等的财富和平等份额的收入。因为“其政治制度和社会制度提供了广泛的权利分配，虽然公开宣布所有公民一律平等，然而其经济制度却建立在市场决定收入的基础上，由此产生了公民生活水平和物质福利上的悬殊差别”①。所以，仅有法律上的自由和平等是远远不够的，人要有尊严地活着，必须有经济作保障。由于人们在知识能力、社会地位和机遇等方面的重大差异，市场经济的效率性并不会带来人们收入和财产的平等，社会经济的增长如果没有得到恰当的利益分配，就会造成财富在少数人一方积累而让社会中的大多数人处于贫困状态之中，绝大多数人将失去做人的自由和尊严，从而导致自由与平等的社会理想在现实中难以实现。而收入和财产的不平等反过来也会威胁到公民的政治自由和平等，因为穷人与富人在政治权利上是不可能平等的。如何消除社会在利益分配方面的不公平，缩小社会的贫富差距，日益成为当代社会最大的理论和实践问题。经济正义问题是当代社会经济发展过程中日渐凸现出来的重大课题。

经济正义问题是当前我国市场经济运行中的一个重大问题。随着我国改革开放的深入和市场经济的发展，先富与共富、竞争与协作、利益与创造、经济发展与社会发展等诸多矛盾在社会经济生活中日渐凸现。经济的有效性或效率并不能把经济的效率原则和社会公平原则统一起来，而要确保社会经济财富的增长能给人们带来幸福，实现人的生活存在价值和意义，在市场经济活动中调和自由与平等、效率与公平的矛盾，不仅要注重经济的发展，更要协调经济发展与社会的进步和人的全面发展的关系，这就需要建立公正的社会市场经济秩序。

正义是什么？思想家们的答案各不相同。苏格拉底认为，正义是知道如何行动是最好的。柏拉图认为，正义应是一种关于人类美德的道德原则，体现为各司其职、各守其序、各得其所。亚里士多德认

① 奥肯. 平等与效率. 王奔洲，等译. 2 版. 北京：华夏出版社，1999：1.

为，正义是守法和平等。古罗马法学家乌尔庇安（Domitus Ulpianus）认为，正义乃是使每个人获得其应得的东西的永恒不变的意志。西塞罗（Marcus Tullius Cicero）把正义描述为“使每个人获得其应得东西的人类精神取向”[①]。休谟认为，正义是一种尊重财产权的人为美德。可以说这些答案都是从人的主观意愿和态度上来定义正义的，强调正义是一种公平地对待人与人之间关系的社会美德。而罗尔斯将正义视为社会制度的首要价值，认为它是人类社会制度评价的基本标准。从哲学的层面上讲，正义是与人、与人类活动紧密相关的范畴，是对人的生存方式及社会关系是非善恶的追问。从现实的角度来说，正义问题产生于主体与客体的交互作用之中，取决于人们交往的内容和性质，受制于主体的地位以及与此相关的认识的立场和方法。正义是人类追求的重要价值目标，是社会和个人全面发展所必不可少的。正义是衡量人的社会制度的重要价值标准，也是衡量社会文明发展的重要标准。

在现代社会，随着生产力的发展、经济的高速增长，百年间产生的物质财富足以抵过以往整个人类生产的财富。这种经济的高速发展也在深刻地改变着人们的价值观念体系，正义作为衡量社会制度的重要价值标准与传统社会相比发生了重大的改变。平等不只是政治上的自由和平等，更是指人们在社会经济生活领域或社会经济活动中的正义，实现经济正义是实现社会正义的一个重要内容和形式。当代社会的不平等，主要表现在经济领域的不平等上。经济正义所反映的是经济发展中人与人之间的关系，是对经济发展和人类存在方式的关系的合理的价值评判。经济正义在现实中，表现为一种制度安排，是关于社会经济活动和经济制度的正义。制度是一定历史条件下人们为实现合作而制定的、要求大家共同遵守并长期有效的确定性的公共规则或行动准则。经济正义制度要求在经济制度和经济活动

① 博登海默. 法理学：法律哲学与法律方法. 邓正来，译. 北京：中国政法大学出版社，1999：264.

中实现人本、公正等价值理念。在经济活动中，经济主体应该把事实判断与价值判断、效率与公正、经济效益与社会效益等有机结合起来，遵循经济制度和经济秩序中的“机会平等原则”，为全体经济主体提供普遍的发展机会，缩小社会的贫富差距，实现经济与正义的互动整合。因此，我们可以把经济正义定义为人们经济活动中的价值观念和个体实现经济权利、义务与分配具体财物的制度和活动。

经济正义从其起源、价值取向和作用方面来说，是为了限制、规范和调节市场经济运行及其结果。经济正义是随着私有财产、社会分工出现的，是从道德和政治规范出发规约市场经济活动的观念。西方经济正义思想由来已久，早在古希腊时期，亚里士多德就认为要通过交换正义、分配正义和矫正正义来实现经济正义，进而实现人的平等。因为在亚里士多德生活的时代，财富的累积、分化与商业行为已足以对传统社会结构产生冲击。这种经济正义的思想在当今仍然有重要的意义。交换正义要求交换主体之间的交换关系是公正和公平的，它的核心原则是等价交换原则。分配正义即在社会成员或群体之间进行权利、权力、义务和责任配置的公正问题。分配正义涉及初始资源、权利等的分配，即产权的分配；也涉及社会产出的分配，即财富的最终分配。一般来说，如果市场经济的资源初始分配符合正义要求，而在其经济交换的过程中只要符合交换正义的要求，其结果往往也是公平和正义的，不然就要通过矫正正义来实现。在现代市场经济的社会里，人的社会地位和价值取决于其收入和财富，而其收入和财富又取决于其资源禀赋作为经济要素参与市场经济活动所获得的市场价值，最终，人的社会地位和价值取决于其在市场中的地位和价值。市场经济的精髓在于自由竞争，用“看不见的手”进行资源的合理有效配置，通过自由竞争实现效率。对于市场经济难以克服的局限，必须诉诸国家干预的方式，这就是社会合法的正义再分配。经济正义正是在这种情况下产生的。它要求以道德和伦理规范与政治力量去控制、约束商品交换过程和结果。经济正义问题归根到底是国家与市场的关系问题，市场和国家都是经济运行必要的调控手段，当双方的平衡被打破时，就会产生经济正义问题。

经济正义问题的产生在于商品化的生产与交换方式对现有的社会结构和生活方式产生了冲击。商品生产和市场交换经济作为一个相对独立的领域从政治和社会关系中脱离出来，在社会生活中占有绝对的地位，因此市场促进了经济效率的提高和社会财富的增加，实现了经济繁荣，也扩大了个人在市场经济中的创新动力和自由选择的权利。“现代市场经济的基本特征：一是依靠市场来分配资源和收入；二是经济利润作为生产和投资决策中的指导力量居支配地位。”① 在现代社会，由于经济活动已经获得相对于政治和社会关系的独立性，一旦经济行为脱离了传统社会和政治的力量与价值观念的约束，金钱就成为支配一切的社会力量。中世纪后期到 17 世纪是西方资本主义市场关系和商品化的扩张时期，市场自发调节的经济关系取代了传统的政治和社会关系成为支配社会的主导力量，鼓吹的是市场的自由与效率原则。当自由与效率的市场经济秩序作为资源配置的机制和收入分配的主导力量时，就不会有分配正义的存在，市场经济就会造成收入和财富的不均等，经济正义问题就会产生。

合理的市场经济正义在于规范商品的交换和财富的分配。交换正义涉及的是商品交换行为，它遵循的基本原则是等价交换。但商品的价格并不完全等于竞争市场的均衡价格。一方面，商品的价值由社会的习俗来制约；另一方面，价值是主观的，用于交换的商品的价值有时只能根据订约者的主观意愿来衡量，如果在交换中存在隐瞒、诱骗、欺诈和胁迫等情况，商品的交换就违背了交换正义的原则，交换就不会发生，只有公平的价值才是交易者认可的价值。所有的市场交换，只要是在自愿的前提下进行的，就是平等交换，是有公正性的，否则交换就不公正。市场经济自身基本上能够实现经济正义中的交

① 乔洪武，龙静云. 论市场经济的道德基础. 江汉论坛，1997（8）：21-24.

换正义。市场经济本身的规则是自利的，在自利过程中间接地实现利他。

市场经济最主要的经济正义问题是分配正义问题。罗尔斯明确地宣称代表“平等主义”的经济正义观点是起点平等和有限的结果平等。这指的就是分配的正义。对经济分配正义的理解应该包括如下内容：一是指收入分配的公正，即财产分配的公正；二是指获取收入与积累财富的机会是公正的。前一种理解指的是分配的结果正义，后一种理解指的是分配过程的正义。收入分配的公正指的不是绝对的平均主义（这是传统计划经济体制下的分配正义，这种绝对的平均主义恰恰是一种“最不公平”）。分配应该是不同要素在社会总产品中所占份额的分配，商品生产中，人本身的智力和能力都是商品生产的要素，而且高低不等，同时分配还应该考虑人的需要和权利。分配正义还是一种价值的诉求，而公正是一种合理的需求获得的满足，市场的公正更应该理解为机会的均等。在市场经济制度里，社会必须承认个体拥有合法追求自身利益和拥有财产所有权的制度，这是进行市场交换的基础，也是人们实现自身利益的保障。

市场经济是一个以交换为基础把所有的个体经济连接在一起的集结过程，还是一个分工与合作的秩序不断扩展的过程。这样一种秩序的稳定需要一个道德的基础，这个道德基础就是哈耶克（F. A. Hayek）和布坎南（J. M. Bucnanan）所说的“人们对相互尊重产权所达成的共识”[①]，即分工与人们对产权的尊重。“产权”的概念最早是由英国经验主义哲学家洛克明确定义的。他将产权分成三大块：个体对自己生命的权利；个体对维持其生命正常运行所需要的那部分财产的权利；个体的自由。其中财产权利是产权理论的核心部分。财产权作为现代市民社会的基本权利，是构建市场经济秩序的核心。当尊重产权成为一种社会共识时，产权制度就能够促使和规范人们以

① 汪丁丁. 市场经济的道德基础. 改革，1995（5）：89-96.

正当的途径与方式获得财产，能促使经济正义实现。如休谟认为的那样，正义是一种社会契约，是尊重个人财产权的人为美德。他提出了经济正义的三大法则，即财产稳定地占有的法则、根据同意转移所有物的法则和履行许诺的法则，并强调政府在落实经济正义三大法则过程中的作用。休谟认为人们对财产的占有不仅仅是因为他们对其付出了劳动的结果（这是洛克的观点），还在于人们之间相互的承认，即彼此承认劳动者拥有对该物的所有权。只有在尊重产权的基础上，人们才能意识到自身利益的存在，再通过构建平等的交换关系来增进彼此的共同利益。只有有了产权意识，人们才能尊重彼此的权利，平等的交换关系才能存在，经济正义也才能得到实现。

财产权作为市民社会生存及自由选择的基础，同时也是市场资源配置的有效手段。在市场经济中，私有产权制度和自由竞争的交换关系被视为一切具有经济价值的物品分配的基础，是导致社会收入产生差距的根本原因。当今，在推动社会经济市场化改革的过程中，针对社会财富分配及居民收入差距这一重大问题，要实现经济正义，首先需要关注和审视社会主义市场经济条件下产权制度的价值取向。分配正义不仅仅是一个社会的经济分配问题，还涉及社会收入、财富、机会、社会地位以及道德尊严等的分配。

社会主义最重要的特征是要实现社会的平等，走市场经济的发展道路是我国的客观现实需要，也是全面建设小康社会的必由之路。中国社会在走市场经济道路时也面临着严重的经济正义问题。经济正义体现了社会主义的本质要求，在经济全球化和市场经济条件下，在社会主义初级阶段，我国经济正义的价值目标是建立一个人人共享、普遍受益、人人具有尊严的社会，即建立一个机会平等、按贡献分配而又具有完善调节功能的发达而公正的社会，这就要求经济活动的起点公正、过程公正和适当的结果公正。

社会主义市场经济仍然是一种市场经济，具有市场经济的基本特点。市场经济是自由竞争的经济，它之所以能创造出高于计划经济的效率，促进生产力的发展，就在于它通过自由竞争大大激发了各种利益主体对物质利益的追求。利益驱动着不同主体相互竞争，这些主体追求利益最大化，在自由竞争过程中实现了经济的高效率，也创造了社会的总财富。这是市场经济精神的基本原则。如果允许这种自私的利益追求欲望一直不断膨胀而不加以有效规范，就会产生一系列社会不公正现象。如：商品生产者的目的不是使用价值，而是交换价值。商品生产者可能为了自己的利益，不会去关注产品真实的使用价值，而是想方设法在商品交换过程中弄虚作假、欺骗别人；为了避免在市场竞争中失败，商品生产者或经营者会寻找政治权力的支持，这就不可避免地会产生种种腐败现象。市场经济发展到一定阶段，在物质利益的驱使下，权力、地位、名誉、人格这些本不是商品的东西都有可能变成商品。在这种情况下，人们十分痛恨的腐败现象就会滋生，从而导致市场经济条件下社会收入、财富、机会、社会地位等不同要素参与的社会分配过程的不公正。在当代社会，资本和权力在分配中起到“支配”作用，这种“支配”正在影响社会经济公平，引发社会的各种冲突与矛盾。

市场经济是一个交换关系明确的自由的经济体制，必须有明确的产权关系。如经济学家汪丁丁所说：“市场经济的道德基础应该是以保护每个人‘产权’为核心的一套行为准则或是非标准。”① 而现实中，“从西方社会生长出来的市场经济体制在中国社会里并没有找到一个适当的道德基础，也没有与这个道德基础相适应的法律传统来保护产权”②。以上种种社会不公正现象的出现，正是因为在市场经济过程中没有明确的产权界定，从而没有相互尊重由“生命、基本自由和财产权利”组成的产权的道德共识。个人主义、利己主义价值观浸润到政治、经济、社会生活的各个方面，影响了市场经济的平等竞争。资本主义市场经济的哲学基础是理性个人主义和自由，私

① 汪丁丁. 市场经济的道德基础. 改革，1995（5）：89-96.

② 汪丁丁. 市场经济的道德基础. 改革，1995（5）：89-96.

有财产是实现个人主义和自由的现实保障。人需要自由，在社会主义市场经济中依然如此，但自由不是单向的自由，也不是积极的自由，而是个体在享受别人不干预其权利的同时也担负着尊重别人同等权利的自由，是一种能最大限度保障的消极自由。这是一种在理性基础上形成的对相互产权尊重的道德共识。

马克思、恩格斯认为资本主义社会的分配不公正现象正是基于生产资料占有的不平等，“在雇佣劳动制度的基础上要求平等的或仅仅是公平的报酬，就犹如在奴隶制的基础上要求自由一样”[①]。这可以说是马克思主义关于产权的认识。马克思、恩格斯在研究关于公平的认识时意识到，每个社会成员要实现平等，必须拥有财产权利，获得和使用财产的公平（即在产权基础上的劳动产品分配的公平）。“共产主义是私有财产即人的自我异化的积极的扬弃”，私有制的产生有着“历史必然性”，它必然要发展到“全部私有财产关系的顶点、最高阶段”。[②] 尽管马克思、恩格斯看到的是资本作为手段榨取雇佣劳动者的剩余价值，看到的是社会矛盾的激化和阶级斗争产生的必然，但马克思、恩格斯对资本主义私有制的批评和对未来社会公有制的构想仍然包含了深刻的产权正义思想，即人人拥有财产权利和使用财产的公平。

公有制应该是一种人人都拥有产权的制度，但西方的大部分思想家认为公有制的产权关系不明晰，缺乏进行有效市场交易的先决条件；而且市场经济与社会主义结合，其集权化的政治体制必然干预市场机制的有效运行。公有制是实现社会主义目的的一种手段，社会主义公有制不完全等同于国家所有制，社会主义公有制应该是一种社会主义所有制，社会主义公有制并不等于没有私有产权，这种社会所有制与市场经济是相互适应的。党的十八届三中全会通过的《中

---

① 中共中央编译局. 马克思恩格斯选集：第2卷. 2版. 北京：人民出版社，1995：76.

② 中共中央编译局. 马克思恩格斯全集：第3卷. 2版. 北京：人民出版社，2002：295，297.

共中央关于全面深化改革若干重大问题的决定》中提出："公有制经济和非公有制经济都是社会主义市场经济的重要组成部分，都是我国经济社会发展的重要基础"，"公有制经济财产权不可侵犯，非公有制经济财产权同样不可侵犯"。社会主义市场经济的产权正义原则充分体现为法律承认和保护私人财产获得的正当性及正当财产权利的排他性。当然，构建明确的产权制度必须加强社会主义法制建设，构建平等保护财产权利的法律体系，用法律的手段保护社会主义市场经济的产权正义与公平，建立一个公正合理的市场经济秩序；在产权明晰的基础上发挥市场配置资源的优势，利用资本作为生产要素促进生产力发展，实现社会的快速前进。

除明晰的产权界定以外，在社会主义市场经济中，国家和政府要合理利用国家权力，发挥政府职能，加强社会保障制度建设。国家和政府要加强对健康、教育的公共资源投资。在我国经济发展的现阶段，收入和财产仍然是按要素贡献来分配的，贫富差距在很大程度上源于个体人力资本要素和先天禀赋的差异。政府有责任提供更多的公共产品来改变这部分人的健康状况和受教育程度，提升他们的人力资本含量，切实保障弱势群体的生存权和发展权。

四、市场经济体制与个人幸福

改革开放后，随着社会经济的发展，人的发展问题逐渐引起了国家和社会的广泛重视。2003 年党的十六届三中全会通过的《中共中央关于完善社会主义市场经济体制若干问题的决定》中把"坚持以人为本，树立全面、协调、可持续的发展观，促进经济社会和人的全面发展"[①] 作为深化经济改革的原则之一。党的十八大进一步强调坚

① 中共中央关于完善社会主义市场经济体制若干问题的决定. 北京：人民出版社，2003.

持以人为本，党的十八届三中全会通过的《中共中央关于全面深化改革若干重大问题的决定》指出要“全面深化改革，……坚持社会主义市场经济改革方向，以促进社会公平正义、增进人民福祉为出发点和落脚点”[①]。实现人民的福祉关乎社会主义的根本目的，而经济增长是保障人的幸福和发展的前提条件。但经济增长是不是就完全等同于国民幸福，等同于人的发展呢？市场经济作为最有效率的经济体制，与人的幸福的关系又是怎样的？

“幸福”是一个很模棱两可的概念，通常被视为对人们生活状态的描述。古希腊哲学家亚里士多德早就指出：“幸福是人特有的，牛、马等其他动物是不可能拥有幸福的。”[②] 幸福是人们对享有最大程度的自由和快乐的生活方式的追求，是人生的最高目的。亚里士多德在《尼各马可伦理学》中说：“仅就最高目的的名字而言，大多数的人的看法都一致。一般大众与精英人士都称之为幸福。他们认为活得好与做得好即等同于幸福。”[③]所以幸福是最高的善，即至善。幸福自成目的，无须通过别的什么来证明。

《现代汉语词典》是这样定义“幸福”的：幸福是“（生活、境遇）称心如意”或“使人心情舒畅的境遇和生活”。所以幸福应该是一种客观现实的生活对主体需求的满足。也就是说，对于人来说最好的、最幸福的事是获得符合其本性需要的东西。马克思也说人的需要就是人的本性。需要是人追求自己的对象的一种本质力量，是人对外部世界的一种特殊的摄取状态。所以幸福的问题关系到人的生命价值。生命的最基本问题就是生命得以存在，生命延续的需求得到满足。所以简单来说，人的需要得到满足了，就获得了幸福。

如果将心理科学和行为科学领域的研究成果吸收进有关幸福的

---

① 中共中央关于全面深化改革若干重大问题的决定. 北京：人民出版社，2013.

② 亚里士多德. 尼各马科伦理学. 苗力田，译. 北京：中国社会科学出版社，1999：1-18.

③ 余纪元. 亚里士多德伦理学. 北京：中国人民大学出版社，2011：18.

研究中，幸福就是一种心理状态，是主体的自我描述的快乐与生活满意度，表现为主体的感受性，即主观幸福感。“主观幸福感涉及对生活的多维度的评价，包括对生活满意度的认知判断以及对感情和情绪的情感评价。”主观幸福感包括四个组成要素：愉悦的情感、不愉悦的情感、对生活的整体评价（生活评价）、具体领域满意度（包括婚姻、健康、休闲等）。这种对生活的认知判断和情感体验受客观条件的制约，也因人的主观价值追求的不同而异，更表现为依赖人的主观精神对主、客观世界矛盾的调和而实现。

从人的主观感受而言，人的幸福从根本上来说也是一种精神满足，人之为人的幸福其实只能在人的精神中来确定。人因为拥有某种精神享受才感到幸福，幸福是人在精神上所达到的一种充实感。物质性的东西不可能成为幸福本身，但它永远是幸福的物质基础。幸福的实现体现为人的需要得到满足，这种需要是人人共有的基本需要，它不是个人私欲的代名词，而是承载着人之为人的文化精神，尤其是它得到满足的过程承载着个人对幸福这一普世价值的判断、追求和选择，因此，个人幸福不仅是个人需要产生的价值基础，而且是个人需要得到满足的合理性边界。[①] “幸福”是一个多维度的概念，人的幸福需要包括三个方面：自然需要、精神需要和社会需要，通常我们界定幸福也要从物质生活、精神生活和社会生活三个主要维度进行。物质生活是实现个人幸福的基础内容。这里其实是在肯定幸福不是一种主观感受或情感体验，而是一种客观真实的状态：人首先是一种自然的存在，需要获得足够的营养物质，保证身体的健康及各种生存发展的需要。幸福还是一种精神追求，苏格拉底和柏拉图等德行论者主张幸福在于拥有美德。亚里士多德说幸福在于有德性的活动，尤其在于思辨的活动。[②] 斯宾诺莎（Baruch Spinoza）认为，人生的最高快乐

---

① 向玉乔. 马斯洛的人本主义幸福观探析. 贵州师范大学学报（社会科学版），2010（3）：1-5.

② 余纪元. 亚里士多德伦理学. 北京：中国人民大学出版社，2011：41.

或幸福即在于知性或理性的完善。人的理性和精神才是更高尚的，是值得追求的幸福。但精神生活的幸福很大程度上依赖于物质生活的改善。除此之外，还有社会需要，其中包括教育需要、健康的需要和优良生活环境的需要。马斯洛的需求层次理论也强调人有五种基本需要：（1）基本的生存需要——对食物、住所、性生活、睡眠等的自然需要；（2）安全的需要——对体制、社会秩序、稳定职业、人身安全等的需要；（3）情感的需要——对亲情、友情和归属感的需要；（4）平等和尊重的需要——对自尊、自重和他人的敬重的需要；（5）自我实现的需要——对自我发挥和自我完成的需要或要求发挥其全部潜力的需要。[①] 这五种需要从低级到高级，表现为由物质需要不断向精神需要递进的层次序列。所以个人幸福的实现需要社会物质文明与精神文明的协同发展，以及个人物质生活质量的提高和精神境界的同时提升。个人幸福的实现需要同时具备一定的主体条件、社会条件和自然条件。个人健康的身体、健全的心智、良好的道德修养、合理的心态、正常的劳动能力等都是个人满足其基本需要和获取幸福的必要条件。合理的政治、经济文化制度是个人谋取幸福必备的社会条件，只有政治安定、经济发展、文化进步，个人幸福的实现才会有必要的社会支持，个人的基本需要也才能得到合理的满足。生态危机愈演愈烈的残酷现实驱使越来越多的人意识到自然因素或自然环境状况与个人幸福之间的关系问题。要满足自身的基本需要并达到幸福，个人还必须拥有自然条件的支持。

从 20 世纪 70 年代末我国开始进行经济体制改革，1978 年 12 月党的十一届三中全会召开，提出了计划经济体制存在弊端，必须把工作重点转移到经济建设上来。我国从此开始了对市场经济的研究和讨论。1992 年邓小平同志南方谈话明确指出：计划经济不等于社会主义，市场经济不等于资本主义，计划和市场都只是经济手段，不是

① 马斯洛. 动机与人格. 许金声，等译. 3 版. 北京：中国人民大学出版社，2007：15-29.

社会主义和资本主义的本质区别。1992 年党的十四大正式确立我国经济体制改革的目标模式是建立社会主义市场经济体制。这一论断从政治法律的角度正式确认了市场经济在我国社会经济中的地位。到 20 世纪末，我国初步建成社会主义市场经济体制。

改革开放以来实行的社会主义市场经济体制改革，从根本上改变了计划经济体制对生产力发展的不适应，将人从传统计划经济模式下，从一种主体的自主性、积极性和创造性被禁锢的状态下解放出来。市场经济是一种自由竞争的经济体制，这种自由竞争是合乎人的自由本性和生存竞争本性的，能从生产力内部启动“人”这个生产要素的自主性、积极性和创造性，为生产力的发展找到永不衰竭的动力源泉。改革促进了生产力的飞跃发展，也保持了我国经济高速发展的势头。

在中国长期的历史过程中，以整体主义为取向的封建社会对个人需要的满足和个人利益的实现是持否定态度的。中华人民共和国成立后，在社会主义计划经济体制下，高度集中的政治经济体制仍然是以全社会整体利益和需要为中心的。在以国家的意识形态为目标导向的前提下，我国政府通过其体制的高度统一性和计划性，将国家的整体利益、全局利益凌驾于个人利益之上。而社会主义市场经济体制的建构，不同于封建的整体主义，也不同于传统的计划经济体制。市场经济以“经济人”的预设作为其逻辑前提，把人对自身利益的追求和满足作为人们安身立命的基础，市场经济体制赋予了个人利益合法性的地位。我国自改革开放以来，社会主义市场经济体制的确立赋予个人利益以合法性的基础，并为个体追求自身的利益与福祉提供了物质和制度上的保证。

我国实行改革开放已经有 40 年，经济高速发展，物质财富也积累到一定的水平。社会主义市场经济体制改革解放了生产力，发展了生产力，促进了经济迅速发展。人民生活实现了从温饱到初步小康的跨越，如今正全面奔向小康。但是，经济发展所创造的财富相对于民众幸福来说只是工具性的范畴，幸福作为终极性的目标追求，不能完全等同于物质财富。如前所述，“幸福”是一个多维度的概念，也是一个需求层级性的概念，随着市场经济的发展，当今中国社会已经进入社会转型的新历史阶段，经济的不断增长在推动社会转型与变迁的同时，也会使社会价值向着多元化、多层次化的方向变化。通常，经济学把 GDP 增长作为幸福生活的价值判断标准，但是，当人均 GDP 达到一定水平后，社会价值将从发展经济提升到增进民生福祉的较高级层面。这就使得市场经济体制的改革和转型应该将经济增长、国民幸福与人的发展三者统一起来。马克思主义的科学社会主义理论，把实现人的全面自由发展视为全人类的幸福。幸福是一个社会的共同目标和理想，更是个体人生的最重要目的。要实现人的幸福还要致力于在推进经济社会全面发展的基础上实现经济、社会、人与自然的和谐统一发展，实现个体的物质利益、精神利益和社会利益的和谐统一。

当前，人们发现，在经济发展水平不断提高的同时，人们的幸福感并没有随之表现为完全的正相关发展。经济发展是实现国民幸福的基础，有了一定的经济基础才会有国民幸福水平的提高。但人们认识到，单纯的 GDP 增长并不完全等于人们幸福感的增长，原因在于 GDP 增长是脱离人的发展的物的增长，当今以经济增长为首要目标的发展战略带来了资源、环境、经济与社会发展失衡和沉重的道德代价等问题。当前我国经济虽然迅速发展，人们收入也相应有所提高，但收入不平等问题已成为 21 世纪经济发展的中心问题。收入分配不公、生态环境恶化、腐败等社会问题都是不利于社会和谐发展的因素，也成为人们实现幸福生活的障碍。

市场经济是当今各国普遍认可的最具有效率的经济发展方式，1993 年，党的十四届三中全会召开，明确提出了建立社会主义市场经济体制，也确定了“效率优先，兼顾公平”的社会经济发展总体思路。随着改革开放的深入，社会经济发展了，但公平等社会问题逐渐凸显，社会贫富差距扩大，社会弱势群体的生存面临越来越多的困难，严重影响了社会整体生活的和谐稳定。公平和效率的关系应该是辩证统一关系。首先效率是实现公平的前提条件，只强调社会的公平，没有市场经济的效率，社会就不能积聚财富，没有相当的财富作为基础，社会可以用于分配的就只有贫穷，就如同计划经济时期的平均主义。但是如果只有效率没有公平，财富集聚在少数人手中，社会贫富差距拉大，贫富差距的悬殊将会成为社会的不稳定因素，社会就会产生动荡，失去应有的秩序，这样也会与社会主义的本质要求相违背。社会主义的本质规定是要实现自由、平等和民主，要实现个人幸福的追求。从社会角度看，我们首先应该尊重和保障每个个体追求幸福的自由和权利。而物质财富是实现个人幸福的基本物质保障。要体现个人存在的价值，应该致力于发展社会经济以使人们摆脱贫穷，同时应该努力实行民主制度和依法治国以保证个人能够享有公平正义的伦理精神。2002 年党的十六大提出："初次分配注重效率，发挥市场的作用，鼓励一部分人通过诚实劳动、合法经营先富起来。再次分配注重公平，加强政府对收入分配的调节职能，调节差距过大的收入。"① 到党的十七大时，国家开始强调初次分配和再分配都要处理好效率和公平的关系，再分配更加注重公平。党的十八大报告指出："必须坚持维护社会公平正义。……在经济社会发展的基础上，加紧建设对保障社会公平正义具有重大作用的制度，逐步建立以权利公平、机会公平、规则公平为主要内容的社会保障体系，努力营造公平的社会环境，……调整国民收入分配格局，加大再分配调节力度，着力解决收入分配差距较大问题……"党的十八届三中全会通过的《中共中央关于全面深化改革若干重大问题的决定》指出："实现发展成果更多更公平惠及全体人民，必须加快社会事业改革，解决好人民最关心最直接最现实的利益问题，努力为社会提供多样化服务，更

① 中共中央关于完善社会主义市场经济体制若干问题的决定. 北京：人民出版社，2003.

好满足人民需求。”① 这些改革创新包括深化教育领域综合改革、健全促进就业创业体制机制、形成合理有序的收入分配格局、建立更加公平可持续的社会保障制度、深化医药卫生体制改革等。这就意味着社会主义市场经济体制在实现经济发展过程中不再局限在经济领域，而是将经济发展与人的发展联系起来，在发展经济的同时，坚持以人为本，促进社会公平正义，增进人民福祉。我们应在经济增长中实现人文关怀，满足个体自身发展的多种形式、不同层次的需要，实现国民对幸福生活的价值追求。

要在市场经济体制发展过程中实现个人幸福，还要解决一个对自然需求满足的问题。从自然的角度来看，良好的自然环境是每一个人类个体达到幸福的必要条件，没有人与自然的和谐发展就不可能实现生活幸福。自然应该得到人类的热爱、尊重和保护，因为自然界不仅是人类生存的根基，同时也是社会生产力之源、社会生产关系和上层建筑之源、道德情操与文化审美之源。② 自然环境为人类提供最基本的生存空间，为人类经济活动提供必要的资源和能源，是人类社会生活的物质前提和保障。同时，优美的自然环境为人类的审美提供了场所和对象，使人获得愉悦的心情和感受。喝上干净的水，呼吸上清洁的空气，吃上放心的食物，在良好的环境中生产生活，这应该是人们幸福生活的普遍需求。这就要求在市场经济发展过程中，要以发展生态经济为基本路线，追求经济效益、社会效益和环境效益的有机统一，在发展经济的同时满足人民对生活环境质量的要求。这一要求适用于当代人，也适用于未来人。国家应致力于创建有利于经济、社会和环境全面可持续发展的经济形势。改革开放几十年来，中国政府在片面强调经济效益至上、GDP 至上的过程中忽略了生态环境的保护工作，在创造中国快速经济增长神话的同时也引发了日益严重的

① 中共中央关于全面深化改革若干重大问题的决定. 北京：人民出版社，2013.

② 崔永和，程爱民. 适度幸福观与人的全面发展. 唯实，2012（6）：21-26.

生态危机，导致中国人民幸福生活环境质量的下降。经济生态化的要求决定中国政府的职能不能再仅仅局限于经济建设，还应该积极开展环境保护工作，在人民生活水平的提高过程中，实现人民对生态需要的满足。

自然存在物不只是具有相对于人而言的工具价值，也具有自身的内在价值，在发展经济的过程中，要以人与自然和谐发展的理念，尊重自然、关心自然、爱护自然，这是全社会的共同事务，需要政府的领导与引导，也需要广大社会民众、团体的热情参与，以及各大企业的积极推动。国家应在经济增长的过程中协调与资源环境的矛盾，实现天人合一、天人共富的目标，从现实可能中确保实现人的福祉。

市场经济是以市场机制为基础和主导来配置社会资源的经济形式，它承认市场主体自身利益的合法性和自主性，通过价格体系自主调节社会生产的种类和数量以及供求关系。亚当·斯密是对市场机制进行系统论述的第一人，他认为市场经济是自由竞争性的经济，能促进国民经济的发展。斯密型市场经济理论强调要充分发挥市场这只“看不见的手”在资源配置中的巨大作用，弱化国家与政府的宏观干预，提倡“小政府”和“守夜人”的国家，充分发挥市场的自由竞争性，以促进经济的发展。我国仍然长期处于社会主义初级阶段，坚持发展仍是解决我国所有问题的关键，在国内和国际环境及新形势的推动下，改革开放以来，我国国内经济的发展经历了从计划经济到有计划的商品经济，再到社会主义商品经济，最后到社会主义市场经济的过程。自党的十四大决定建立社会主义市场经济体制以来，我国在政治、经济、文化各方面都得到了长足的发展。

党的十八届三中全会通过的《中共中央关于全面深化改革若干重大问题的决定》第一次阐述了市场在资源配置中的决定作用，突破了以往的“市场在资源配置中起基础性作用”的提法，具有重大的理论和实践意义。计划经济不能解决效率和激励等问题，市场经济作为资源配置的主要方式，是历史的必然选择，是社会发展的必由之路。但价值规律本身并不能把一切事情管好，“所谓改革的失败，不是指生产力的失败，而是指社会主义生产关系丧失了，两极分化”[①]，并且在改革开放进行了40年之后，当效率不如公平问题更为突出的时候，当公平问题已开始影响经济发展的效率和社会的稳定时，经济发展在讲究效率的同时必须更加重视社会公平。市场是不能解决公平问题的，这时必须发挥国家的职能，使市场在资源配置中起决定性作用的同时，合理有度地发挥国家的宏观调控作用。市场经济体制和国家治理体系之间是有内在联系的，经济发展需要发挥市场资源配置的决定性作用，也需要发挥政府的调控作用。

如果把市场经济看作交换的经济，那么在人类历史上，这种经济形式很早以前就已经存在了，称作商品经济，它是市场经济发展的早期形态，与自然经济相对应。以市场机制来配置社会资源的市场经济则只有几百年的历史，萌芽于封建社会，加速发展于资本主义社会。顾名思义，市场经济是完全由市场力量来自发调节的经济形式，在20世纪以前，西方市场经济国家的市场经济发展模式基本上是自由主义的市场经济模式，也称作古典市场经济。它建立在以大机器生产为主体的工业革命基础之上，采取的是一种国家不干预经济生活的自由放任政策，社会经济运行呈现一种无组织、无计划的完全自由的运行状态。西方市场经济的自由发展有与其相适应的自由主义经济思想。早在18世纪，西方古典政治经济学派的代表人物亚当·斯密就对市场机制在促进国民经济发展中的作用进行了系统阐述。他提出了“看不见的手”的思想，认为整个经济在一只“看不见的手”支配下，即市场主体在自利动机驱使下，根据价格信号自发地调整商品和服务的供给和流向，通过价格制度促使资源的投入和产出达到有效的配置，从而完成对全社会生产资源的有效配置。斯密的市场机制调节的经济自由主义思想在当时社会是有一定合理性的，在资本

① 刘国光. 试用马克思主义哲学方法总结改革开放三十年. 中国社会科学，2008（6）：4-15，204.

主义市场经济秩序基本确立的前提下，资本主义自身的力量足够强大，完全可以依靠本身来发展经济时，经济的自身发展规律就要求摆脱国家过多的和不必要的干预。西方经济在自由主义经济思想的指导下获得了长足的发展，自由市场经济在当时带来了异常可观的经济效果，但这种发展的势头到了20世纪30年代因史无前例的巨大经济危机而终止。

从斯密时代到20世纪初是经济自由主义思潮放任的时代。1929—1933年资本主义经济危机的爆发，使经济理论发生了一个重大的转折。1926年7月，英国经济学家凯恩斯（John M. Keynes）在《自由放任主义的终结》一书中，对资本主义自由主义市场经济思想的缺陷进行了批判。1936年他出版了《就业、利息和货币通论》一书，阐述了国家干预的市场经济思想，指出市场的自发调节作用不能实现充分就业、平衡经济发展，市场经济必须要有政府的干预。随着美国“罗斯福新政”的实施，国家采取干预措施，发挥政府职能干预市场经济运行，弥补了消费需求的不足并实现了社会的充分就业。凯恩斯和罗斯福分别从理论和实践上对自由主义市场经济进行了完善，重新定义了政府与市场的关系，强调政府在维系竞争性市场中的重要作用。“凯恩斯主义”的出现是国家对市场经济进行干预思潮占据统治地位的标志。在第二次世界大战以后，西方资本主义国家普遍加强了对经济生活的干预，“凯恩斯主义”的赤字财政政策和货币政策的广泛运用，在一定程度上促进了资本主义的发展和战后资本主义经济的繁荣。

20世纪70年代，西方发达资本主义国家普遍发生了失业潮与通货膨胀并存的局面，“凯恩斯主义”国家干预经济的政策面对“滞胀”一筹莫展。资本主义世界再次爆发的经济危机导致了对“凯恩斯主义”经济思想的批判，在当代资本主义经济处于重重困难之中时，“凯恩斯主义”不能解决资本主义社会所面临的各种矛盾，于是新自由主义思潮再次复兴，并占据西方经济学主导地位。新自由主义把市场机制看作唯一能够高效率调节经济活动的机制，强调市场机制具有一种自我完善的能力和对经济的自动调节作用，完全否定其在调节经济活动时具有的局限性和缺陷，反对国家干预和计划管理经济。新自由主义经济在补充和修正了自由主义的不足之后，继续推动西方资本主义市场经济的发展。但20世纪后期，拉丁美洲国家在其适用新自由主义的20年里遭受了沉重的打击，成为新自由主义经济思潮的重灾区。再加上苏联等东欧国家经济转型，新自由主义经济思潮的天生缺陷和片面性暴露得一览无余。直到2008年金融危机的出现，人们彻底对新自由主义提出了质疑。金融危机之后，新国家干预主义又再次兴起，从而开始了资本主义市场经济思想新的周期。

迄今为止，人类进行生产的基本组织形式主要有两种，即计划经济和市场经济。计划强调国家的调控，市场主张经济的自由发展。经济自由主义和国家干预主义交替发展的世界市场经济理论及实践已经向我们表明，现代市场经济需要在市场机制的基础上进行，但同时也离不开国家的宏观调控。

可以说市场经济的发展过程就是一个不断调整市场与政府关系的过程。党的十八届三中全会通过的《中共中央关于全面深化改革若干重大问题的决定》明确指出："经济体制改革是全面深化改革的重点，核心问题是处理好政府与市场的关系，使市场在资源配置中起决定性作用和更好发挥政府作用。"①对于实行市场经济的任何国家来说，无论其是资本主义国家还是社会主义国家，政府与市场都是配置资源的主要手段。在市场经济运行过程中，社会各种资源都直接或间接地流入市场，通过市场供求关系形成的价格机制，自主引导资源在各部门和企业之间流动，通过价值规律合理配置社会资源。就市场经济自身而言，市场决定资源配置是市场经济的一般规律。当然，亦如我国著名的经济学家刘国光先生所说："凡是以商品形式出现在市场

① 中共中央关于全面深化改革若干重大问题的决定. 北京：人民出版社，2013.

上的资源都是稀缺资源。”① 为什么需要资源的配置？正是因为资源具有有限性和稀缺性。把有限的市场资源配置到社会需要的众多领域、部门、企业和各种产品与劳务生产上去，才是最有效的资源配置方式。在实际的生产生活中，市场主要是通过价值规律的运行和价格机制的运作来实现资源配置的，具有一定的自发性、分散性、盲目性和滞后性，市场需要一个能够协调各方利益的机构来处理各个生产者主体之间的关系，实现社会利益的最好分配，此时政府资源配置职能，即通过有计划按比例规律的运行和宏观计划调控机制的运作，可以弥补市场配置资源的缺陷和不足。与此同时，资源配置有宏观层次和微观层次之分，通常我们所讲的市场对资源的配置主要是微观层次的资源配置，即通过市场价值规律引导各种资源在各个市场主体之间进行配置。但在资源配置的宏观层次，如供需总量的综合平衡、部门地区的比例结构、自然资源和环境的保护、社会资源的公平分配等方面，以及涉及国家社会安全、民生福利（住房、教育、医疗）等领域的资源配置，必须依靠国家干预、政府管理、计划调节来矫正、约束和补充。正如习近平同志所说：“使市场在资源配置中起决定性作用和更好发挥政府作用，二者是有机统一的，不是相互否定的，不能把二者割裂开来、对立起来，既不能用市场配置中的决定性作用取代甚至否定政府作用，也不能用更好发挥政府作用取代甚至否定使市场在资源配置中起决定性作用。”②

在发展市场经济的过程中，市场机制充分发挥作用的前提是“完全竞争”的存在。市场经济的运行主要通过竞争机制来实现，只有竞争性市场经济才能促进经济的发展，但是自由的竞争机制会产生优胜劣汰，其发展倾向和结果必然会出现不公平竞争，并走向垄

① 刘国光. 试用马克思主义哲学方法总结改革开放三十年. 中国社会科学，2008（6）：4-15，204.

② 习近平在中共中央政治局第十五次集体学习时强调正确发挥市场作用和政府作用推动经济社会持续健康发展. 人民日报，2014-05-28（1）.

断。市场竞争必须是公平的竞争。为了避免竞争性市场的不公平性，必须界定政府与市场的关系，强调政府在维系竞争性市场中的重要作用。市场经济活动中，产权不清晰，市场主体的合法权益得不到保障，经济领域中不可避免会出现产权侵犯、商业贿赂、行业垄断、不公平竞争等现象，其结果必然是降低市场的效率。党的十八届四中全会明确提出："健全以公平为核心原则的产权保护制度，加强对各种所有制经济组织和自然人财产权的保护。"对竞争性市场的有效性和公平性的维系，是市场机制无法做到的，需要政府从法律上为市场创造适宜的外部环境，把各市场利益主体的活动纳入法律的框架，用法治深化社会主义市场经济体制改革，创新和完善产权保护制度，这样才能维护市场的自由公平竞争，维护市场的稳定有序，为所有的市场主体参与市场竞争提供平等的机会。党的十八届四中全会还提出："社会主义市场经济本质上是法治经济。""法治经济，是指国家通过制定法律、法规，调整经济关系，规范经济行为，指导经济运行，维护经济秩序，使整个经济逐步按照法律预定的方式快速、健康、持续有序地发展。"① 市场经济虽然能有效地配置资源，其竞争性机制也能促进经济的发展，但有其自身消极的一面。当前，我国经济发展步入新常态，更加需要以法治引领发展，以法治的力量为中国经济提质增效、行稳致远提供重要动力。只有建立法治经济，做到良法与善治，明确国家宏观调控的范围、任务，规范政府的职能和权限，依法进行宏观调控，才能推动社会主义市场经济不断创新和持续发展。

我国当前已进入全面深化经济体制改革时期。党的十八大报告指出："经济体制改革的核心问题是处理好政府和市场的关系，必须更加尊重市场规律，更好发挥政府作用。"② 市场的价值规律通过供求变动和竞争机制可以提高效率，对于促进经济发展起到非常重要的作用，甚至可以说是"决定性"的作用。但同时市场也是一种把

① 孙磊. 法治经济：市场经济的法治化道路. 北京：人民出版社，2014：2.
② 中共中央关于全面深化改革若干重大问题的决定. 北京：人民出版社，2013.

外部强制减至最低程度的机制，其自发性和盲目性是显而易见的。它也会造成极端的自私自利、收入和财富分配不公、负效应外部化、公共产品供给不足和市场垄断等现象，“政府的职责和作用主要是保持宏观经济稳定，加强和优化公共服务，保障公平竞争，加强市场监管，维护市场秩序，推动可持续发展，促进共同富裕，弥补市场失灵”。市场机制在宏观领域资源配置上存在很多缺陷和不足，需要国家干预，通过宏观的计划调节和加强政府的管理，进而规范市场的各种行为，用“看得见的手”来弥补“看不见的手”的缺陷。尤其我国实行的是社会主义市场经济，社会主义市场经济不是单纯的市场经济，而是“社会主义”前提下的市场经济，即“在国家宏观调控下”让市场在资源配置上发挥主导作用的经济。良好的市场秩序不需要什么都管的国家，但在一定范围内又离不开管理强有力而且有效的国家。国家的权力是实行法治市场的有力保障，也是参与国际市场、维护国际市场秩序所不可或缺的。

当前的中国，经过改革开放40年突飞猛进的发展，市场经济体制已经基本建立，虽然为与市场经济发展相适应，政府职能上有重大转变，但高度中央集权的体制依然存在，国家控制社会与经济的状况并未发生根本变化。同时，由于经济社会关系在短时期内发生了巨大的结构性变迁，社会正处于阶层分化、重组的大变动中，大量的经济和社会矛盾产生。“中国面临着整体的现代性不足和局部的后现代性因素重合、向着现代化的转型过程与转型危机叠加的复杂局面。”①党的十八届三中全会将全面深化改革的总目标确定为完善和发展中国特色社会主义制度，推进国家治理体系和治理能力现代化，并第一次提出了“国家治理”这个概念。“政府改革的主要目的，就是进一步理顺政府和市场、政府和社会、中央和地方的关系，更好地发挥市场、社会的作用，更好地调动中央和地方两个积极性，推动政府全面

① 乔小明. 当代中国国家治理理论探讨：以治理理论的国家战略为背景. 创新，2016(2)：27-38.

正确地履行职能，加快现代政府建设，努力促进经济持续健康发展、社会不断进步，不断满足人民群众的新期待、新要求。”“国家治理”的核心不是治理对象而是治理主体自身。国家治理的理想状态，就是善治。要实现善治的理想目标，还必须建立与社会经济发展、政治发展和文化发展要求相适应的现代治理体制，实现国家治理体系和治理能力的现代化。

国家治理的核心任务是必须保全国家公共权力的内在善性。国家公共权力本身无所谓善恶，可一旦被具体的阶级或人所掌握和使用，就会被打上善或恶的烙印。在国家里，公共权力是由官僚机构中的官员掌握的。权力腐败与道德失范不是现代化的必然产物，也不是市场经济与专制制度的产物，其产生的根源是国家治理能力滞后。布坎南认为：第一，人在经济活动中必然要追逐个人利益最大化，而在政治活动中，官僚也会充当经济理性人；第二，政治过程与市场过程一样，都是利益互换的交易行为，不完全代表公共利益，政府的大多数政策倾向取决于官员之间、利益集团之间的利益冲突和协调。中国在面临现代化转型的过程中，发展市场经济需要一个更适合契约社会的社会整合机制。新的社会整合机制尚未健全，于是产生了新旧社会整合机制的“真空地带”，为权力提供了异化、腐败与寻租的场域和条件。加强国家治理中的社会整合能力，才能为公共权力的运行提供社会秩序的保障。党的十八届三中全会决定中对市场在资源配置中起决定性作用的表述，既是对市场分享权力、充分发挥市场机制作用的认可，也是指通过市场机制把国家权力限制于合理范围，通过深化行政体制改革，建设法治政府和服务型政府，切实转变政府职能，防止政府干预过多和监管不到位，增强政府公信力和执行力。

随着改革开放的推进，现代社会的国家发展要围绕着市场化、法治化、民主化改革来进行。首先，政治国家必须与市场适当分离，对于资源配置和价格形成等基础性和决定性问题由市场机制发挥主导作用，加大国家和政府简政放权的范围和力度。其次，国家治理现代化的核心在于制度的现代化。要构建权力制度伦理，将权力关在制度的笼子里，才能从真正意义上构建权力的善治。必须将宪法、法律确认为社会的最高权威，将道德的“软约束”转化为以制度为后盾的“硬约束”，实现国家治理向法治思维与法治方式的转换。国家治理现代化的实质就是政府能够根据经济社会的发展变化及时作出相应的调整，使国家治理者善于运用法治思维和法律制度治理国家。再次，要实现治理的民主化，现代民主社会不需要一个干预过度的国家，而是需要一个民主的国家。现代科层制度的国家治理体系的主要问题是存在一种严格的自上而下的压制性执行力，使得采取官僚体制的现代国家抑制了制度创新和个体能动性的发挥，在整体上不能很好地发挥其治理能力从而限制其治理效能。要根据民主的原则再造国家治理的主体结构，将民主商谈、民主参与、民主决策机制贯穿于治理活动的全过程。正如中国行政管理学会执行副会长高小平所指出的那样：国家治理体系和治理能力现代化的特征，即政府、市场、社会关系布局合理，公共权力结构优化，民主发展，法制健全。

第九章　市场经济主体的道德责任

随着社会主义市场经济体制建设步伐的推进，市场经济主体的道德责任问题在我国日益凸显出来。从经济伦理学的角度对该问题进行深入探讨，既能够在一定程度上推进我国经济伦理学研究，也能够为当今中国解决市场经济主体道德责任感不足的现实问题提供一些启示。

一、我国市场经济主体道德责任感不足的现实

改革开放40年，我国逐步实现了从计划经济体制向市场经济体制的成功转型，在发展社会主义市场经济方面取得了举世瞩目的成就，人民群众的物质文化生活水平也得到了空前提高，但这种“转型”“成就”“提高”毕竟是在短期内达到的，其中不可避免地存在这样或那样的问题。目前已经暴露出来的一个突出问题是，我国市场经济主体的道德责任感或道德责任意识还没有普遍确立起来，这不仅使我国市场经济体制的道德维度难以彰显，而且为我国市场经济主体以不合乎道德的方式参与市场经济活动留下了很大空间。

1. 政府道德责任缺失的负面社会影响

在国家状态下，政府的社会作用不容低估。这主要是指：一方面，政府承担着不可替代的国家治理功能，无政府状态必定会将一个国家拖入无休无止的无序和混乱局面；另一方面，在政府部门工作的行政人员的行为对一个国家的公民具有不容忽视的示范效应，他们

中的领导干部在中国往往被赋予“父母官”的称号，他们的一言一行能够对广大社会民众产生非常深刻的影响。政府官员清正廉明，受其领导的社会民众往往也乐于追求风清气正的社会风尚；领导干部贪污腐败，受其领导的社会民众也往往更容易腐化堕落。可见，政府在国家管理中占有重要地位，其社会责任也非常重大。

政府管理国家的责任首先是道德责任。这是指，属于它责任范围内的事情，它就“应该”做好；不属于它责任范围内的事情，它就“应该”回避。政府不是万能的，它所做的事情不一定全都具有道德合理性基础。政府不仅应该合法，而且“应该”有所为、有所不为。

在市场经济体制中，政府是一种重要经济活动主体，但它的经济活动主体性毕竟是有限的。如果政府过高地看待自身在市场体制中的主体性，并处处试图彰显其主体性，它就应该承担“无限”的市场经济活动责任。事实上，任何政府都不可能包揽社会经济活动的所有事务，更不可能无限地承担社会经济活动的责任。政府作为一种市场经济主体，其经济活动职能是有限度的，也应该受到合理限制。

政府在市场经济体制中承担道德责任的主要方式是必须讲诚信。对于政府来说，“讲诚信”意味着做好职责范围内的事情，不做职责范围外的事情；在社会民众面前树立“诚信政府”或“责任政府”的道德形象，从而发挥良好的模范带头作用。

2012年“两会”期间，许多与会代表谈到了政府应该如何承担道德责任的问题。《中国青年报》在当时还刊发了这样一篇文章：

委员称社会公德缺失首先源于政府诚信缺失

“一个20岁女孩的微博炫富，引发社会轩然大波，将中国红十字基金会（微博）推向舆论的旋涡，继而使各基金会陷入前所未有的信任危机。”全国政协委员、吉林大学学位委员会副主任迟宝荣认为，诚信危机成为当前中国迫切需要解决的社会问题。

除了“郭美美事件”，近年来，“毒奶粉”“瘦肉精”“地沟油”

“染色馒头”“假鸡蛋”等诸多“造假门”被频频曝光；小悦悦被撞，18个目击者绕道而行；类似药家鑫的事件，极大触动了国人的神经。

司空见惯的还有这样的现象：人们无视地铁口“止步”的牌子，常常逆道而行；会议室明明标注“禁止吸烟”，总有一些人视而不见，甚至在电梯里吞云吐雾；拥堵不堪的道路上，汽笛长鸣，大货车渣土四溅，超龄车喷着黑烟……

这些都让迟宝荣痛心疾首。她说：“当前，中国诚信危机的根源在哪里？危害是什么？如何化解这场灾难？社会公德为什么大面积缺失？应该有人关心这些事啊！”在今年两会上，她和叶乔波、王宇等12位全国政协委员联名向大会提交了关于《社会公德缺失的成因与对策》的提案，将自己的思考和忧虑写了进去。

委员们认为，社会公德大面积缺失首先源于政府诚信的缺失。“目前，政府诚信缺失现象严重，给社会风气造成一定的负面效应。一些地方政府和职能部门的诚信意识十分淡薄，政策缺乏连续性和稳定性，比如招商引资满口承诺，但‘关门打狗’现象较为普遍和严重，从上到下相互推诿，承诺不能如约兑现或根本不兑现。”

迟宝荣认为，中国虽从计划经济转型到市场经济，但政府对市场的介入仍然很广，时常人为设障，角色错位。地方政府在尽力追求经济发展的同时，却没有让公共政策及相关利益真正惠及全社会。

“最为群众诟病的是一些官员贪污腐败，权钱交易。这损害了政府形象。涉案金额越来越大，刑责处罚却因人而异。这些深层次的败德现象和不良事件的多发频发，源于某些监督机构形同虚设，执法人员疲软无能，甚至执法犯法，远不能跟上经济形势发展需要。”委员们称，让人忧心忡忡的仇官、仇富现象悄然升温，虽然表现为一些社会成员的非理性心态，但社会收入的差距不断拉大、贫富不均造成的社会心态严重失衡与扭曲，极大影响了和谐社会的生存环境。

叶乔波委员指出，在当今中国，缺乏社会公德的坚定维护者、敏锐的监督者和侠义的“处罚实施者”。这些主体的严重欠缺，致使遵守社会公德的人得不到激励，破坏者也得不到处罚。于是，大家对社会公德都视而不见，想遵守就遵守，不想遵守就可以不遵守。

“焦点事件的频繁出现，不断挑战公序良俗，拷问社会良知。今天的道德底线在哪里？政府、社会、个人应该做点什么？”委员们问道。

迟宝荣表示，希望政府能积极、稳妥地改革政务体制，扩大公民的政治参与。只有真正实现宪法给予每个人的权利，让社会充满公平、正义的阳光，才能让百姓在诚信的环境中有尊严地生活，才能真正让百姓信赖政府、支持政府。对公职人员的渎职行为、违法行为要逐级问责，而不是找几个替罪羊了事。

与此同时，政府还有一项工作：加强商业监管，严惩假冒伪劣产品，增强行业诚信意识。特别是与民生息息相关的食品、药品、建筑业、运输业等行业，政府要加大对其监管和查处力度，要严加打击商业欺诈行为，杜绝虚假广告及商场促销的欺骗行为。就关乎生命的食品、药品坑蒙欺骗行为，应给予最高刑事处罚。

针对公民个人的败德行为，迟宝荣建议，金融、公检法等相关机构，要共同建立个人诚信档案，加大个人失信成本，全面记录和高效传递信用信息，通过拒绝交易形成全社会对失信者的联防惩戒机制，使以信用信息系统为核心的社会诚信体系，成为国民公德培育的有效手段。

委员们在联合提案中还建议以法促德，利用立法等手段促进社会公德的确立与遵守。发达国家和地区均采纳以法促德手段，有效维护了社会公德的遵守。王宇委员说：“以前内地游客到香港一下飞机，导游一般都要求看好自己的包什么的，现在则提醒大家不要吸烟，吸一支烟的代价可能就抵一张飞机票。”在香港，乱扔垃圾要被罚 1 500 港元，在电梯间吸烟则罚 5 000 港元。

联合提案还特别提到正确发挥媒体对社会道德建设的引导作用。

社会道德主要是通过舆论的引导、谴责与监督来维护实现的，要注重利用大众传播媒介对公众的影响与渗透，积极发挥媒体对社会道德事件报道的舆论压力。同时，要避免媒体尤其是网络对社会道德失范问题的过分夸大，影响社会道德建设与政府公信力的建立。①

上述文章并没有详细列举我国政府诚信缺失的例子，但它强调了政府树立道德形象和承担道德责任的重要性。它尤其谈及政府与我国目前遭遇的诚信危机的关联性。我们也不得不承认，由于从计划经济体制转入市场经济体制的时间并不长，我国政府对自身的权责目前还缺乏全面深刻的认识，至今还在做很多职责范围外的事情，而对一些属于其职责范围内的事情则没有承担应有的责任，其社会公信力和道德形象均有待于进一步提升。

在市场经济条件下，政府能否承担应有的道德责任，这不仅事关政府本身的社会公信力和道德形象，而且事关市场经济体制的发展状况。一个健全的市场经济体制背后必然有一个勇于承担道德责任的政府。政府勇于在市场经济活动中承担道德责任，则整个社会容易形成乐于承担道德义务的道德风尚和氛围。政府对市场经济体制的道德责任状况具有广泛而深刻的影响。

2. 企业道德责任缺失的社会危害性

在市场经济体制中，企业占有举足轻重的地位。市场经济体制必须建立在日益扩大的市场基础之上，而市场的不断扩大必然要求有源源不断的商品供应。能够满足这一市场需求的经济主体只能是企业。市场经济时代不是由家庭小作坊和个人小商贩主导的经济时代，而是由企业主导的时代。

企业是由达到一定标准的厂房面积、机器设备、员工数量、资本力量等要素构成的一种经济实体。企业的主要功能是生产。它生产的

① 中国青年报. 委员称社会公德缺失首先源于政府诚信缺失.［2012-03-13］. http://finance.sina.com.cn/20120313/065411573409.shtml.

产品既可能是物质性的，也可能是精神性的，但无论生产的是何种产品，它的生产方式都必须是流水线化的、规模化的、批量化的；否则，它的经济效率就是低下的，因为它既不能降低生产成本，也不能满足广泛的市场需求。一家企业一旦成立，它的首要使命就是组织流水线化的、规模化的、批量化的生产，以通过最大限度地降低生产成本和满足市场需求来体现其作为一个经济实体的存在价值。

一个企业的发展时刻面对着来自企业内部和外部的巨大压力。从企业内部来说，厂房、设备、员工、资本等要素都必须不停地被使用或保持运转，企业才能保持生命活力，而这种“使用”或“运转”是作为企业生产成本存在的，因此，企业生产的首要目的是将这种成本最小化。如果不能做到这一点，则企业将难以进行可持续生产。从企业外部来看，同行企业之间的激烈竞争、政府的政策性限制、消费者的消费需求等因素也会对企业生产形成巨大压力。同行企业之间的激烈竞争完全可能导致一家强大的企业破产，政府的政策性限制完全可能导致一家有实力的企业倒闭，消费者的消费需求状况也完全可能迫使一家企业转产。在内外巨大压力下，企业的生存和发展并非易事。

一家企业可能采取两种方式来谋求生存和发展：一种是合乎道德要求的方式，另一种是不合乎道德要求的方式。一些企业为了自身的生存和发展需要，以合德合法的方式生产，其生产的产品真正有利于满足广大消费者的物质文化生活需要。有的企业则可能采取截然不同的方式，即不合乎道德要求的方式。它们置应有的道德责任于不顾，不择手段地生产，其结果是严重危害广大消费者。例如，有些企业通过生产假冒伪劣商品来牟取暴利，对广大消费者造成严重危害。

2008 年发生的“三鹿奶粉事件”让许多人记忆犹新。石家庄三鹿集团股份有限公司生产的三鹿牌奶粉含有三聚氰胺导致许多婴幼儿患结石病的真相被曝光，蒙牛、伊利、圣元、雅士利等十多家国内知名乳业公司生产的牛奶和奶粉也被传出含有三聚氰胺的恐怖消息，消费者对我国企业生产的乳制品产生了强烈的恐惧感。该事件之所以引人注目，并不仅仅是因为它暴露了我国乳业公司存在以假冒伪劣商品侵害消费者利益的真相，更重要的是因为它暴露了我国市场经济主体普遍缺乏道德责任感的问题。因此，事件发生之后我国社会民众进行了一次广泛的伦理反思：如果市场经济主体尤其是企业缺乏应有的道德责任感，任凭唯利是图的商业动机无限膨胀，以不合乎道德的方式参与市场经济活动，那么人民群众的根本利益就会遭到不应有的严重侵害，市场经济内在具有的道德维度或伦理意蕴无法得到张扬，市场经济体制的道德合理性也会遭到质疑。

“三鹿奶粉事件”并非偶然事件，因为它不仅牵涉到众多知名乳业公司，而且牵涉到众多提供奶源的牧民和监管乳业生产的地方政府。乳业公司缺乏社会责任感，肆意侵害广大消费者的权益，这是导致事件发生的主要原因；牧民缺乏道德自律精神，政府没有尽到监管企业生产的道德责任，这些是导致事件发生的次要原因。虽然事件最后以石家庄三鹿集团股份有限公司的主要高管遭到法律严惩、有关地方官员遭到免职和《中华人民共和国食品安全法》成功出台而告终，但它暴露的问题是值得重视和深思的。“三鹿奶粉事件”只不过是我国市场经济主体缺乏道德责任感或道德责任意识的一个典型事例而已。事实上，个人见利忘义、背信弃义、铺张浪费之类的行为在当今中国相当严重，企业偷税漏税、以假冒伪劣商品坑害消费者之类的事情在当今中国并不少见，地方政府非法侵害企业和个人正当权益的现象在当今中国也时有发生。所有这些都说明，如何加强市场经济主体的道德责任感或道德责任意识是我国进一步健全社会主义市场经济体制必须着力解决的一个紧迫问题。

在当今中国，石家庄三鹿集团股份有限公司之类的企业并不少见。由于缺乏应有的道德责任感，这样的企业变成了唯利是图的机器，不惜以生产假冒伪劣商品危害社会。这样的企业越多，产生的社会危害性就越大，同时说明我国市场经济体制不健全的问题就越严重。要健全和完善我国市场经济体制，推动企业进行企业道德文化建设和增强道德责任感是一项不容忽视的重要任务。

3. 个人道德责任缺失的行为表征

马克思主义认为，人的存在具有二重性。一方面，人总是作为人类个体（个人）而存在，因为“全部人类历史的第一个前提无疑是有生命的个人的存在”[①]；另一方面，人又总是作为人类群体（社会人）而存在，因为“人的本质不是单个人所固有的抽象物，在其现实性上，它是一切社会关系的总和”[②]，或者说，因为“人就是人的世界，就是国家，社会”[③]。作为人类个体存在的人是有个人欲望、需要和偏好的人，其生活价值观念、生活态度和生活方式都不可避免地会表现出自私利己的特征。作为人类群体或社会人存在的人是具有集体性欲望、需要和偏好的人，其生活价值观念、生活态度和生活方式展现出利他利公的特征。当然，人存在的二重性并不是截然分离的，它们往往同时出现在现实的人身上。在马克思、恩格斯看来，人存在的个体性具有不容否定的重要性，但人存在的社会性似乎更为根本、更为重要，因为人只有具备了社会性之后才能成为“真正的人”。他们认为，“现实的人只有以利己的个体形式出现才可予以承认”，但“真正的人只有以抽象的 citizen（公民）形式出现才可予以承认”[④]。具有存在二重性的人既是一种现实的存在物，也是一种抽象的存在物。

人存在的二重性在其分配社会资源的生活或活动中表现得尤为突出。在参与社会资源分配的过程中，作为人类个体存在的人往往希望社会资源的分配更多地有利于满足其自身的分配利益需要，而作为社会人存在的人则不得不考虑和关注他人即社会的分配利益需要。

① 中共中央编译局. 马克思恩格斯文集：第 1 卷. 北京：人民出版社，2009：519.
② 中共中央编译局. 马克思恩格斯文集：第 1 卷. 北京：人民出版社，2009：501.
③ 中共中央编译局. 马克思恩格斯文集：第 1 卷. 北京：人民出版社，2009：3.
④ 中共中央编译局. 马克思恩格斯文集：第 1 卷. 北京：人民出版社，2009：46.

如果人仅仅以人类个体的身份参与社会资源分配，他们不可避免地会表现出强烈的自私利己性，他们追逐社会资源的过程也不可避免地会充满矛盾和冲突，因此，他们在参与社会资源分配的时候还必须充分展现其社会性。只有这样，他们才能避免彼此之间的分配利益矛盾和冲突不断激化，他们也才能成为“真正的人”。马克思、恩格斯将这种“真正的人”称为“公民”“类存在物”或“法人”，认为这种人是一种因为能够将其自身置于复杂的社会关系中来加以认识、理解和对待而使其自身具有“社会力量”的人。[①] 这种人具有的社会力量就是包括分配正义原则在内的社会规范的力量。在社会状态下，社会规范不仅反映经济基础与上层建筑之间的辩证运动规律，而且反映其与社会关系之间相辅相成的关系。有什么样的社会关系，就有什么样的社会规范；反过来说，有什么样的社会规范，也就有什么样的社会关系。在分配社会资源的活动中，人类之所以要选择和确立一定的分配正义原则，是因为人们不愿意仅仅成为自私利己的人类个体，而是希望成为能够依据分配正义原则来合理分配社会资源的“社会人”或“公民”。

人存在的二重性使人类在社会生活中同时具有两种身份，即“个人”和“社会人”。身份的二重性不仅使人类不可能成为脱离社会的孤独个体，而且赋予人类无法回避的社会责任。人类虽然必须首先作为个人而存在，但是还必须时刻承担各种各样的社会责任。

在人类作为个人所应承担的各种社会责任中，首要的是道德责任。虽然这种责任是非强制性的，但是它对个人的社会生活行为具有不容忽视的基础性约束作用。承担道德责任是个体人之为人的基本标志，是个人关联社会、融入社会的基本标志，是个人生存具有社会意义和价值的基本标志。

在市场经济体制下，个人是社会经济活动的一种重要主体。个人

① 中共中央编译局. 马克思恩格斯文集：第 1 卷. 北京：人民出版社，2009：46.

以各种各样的身份参与市场经济活动：或者以政府官员身份参与市场经济活动，对市场经济体制中的政府决策能够施加深刻影响；或者以企业员工身份参与市场经济活动，对企业的生产、销售等行为能够施加广泛影响；或者以个体商贩身份参与市场经济活动，对市场经济体制的运行能够施加直接影响。个人广泛参与市场经济活动，是市场经济体制不能排除的一种主体。

个人不管以何种方式参与市场经济活动，往往都涉及道德性质问题。这是指，个人在参与市场经济活动中的所思所想和所作所为必须接受伦理道德的审查、检验和评判。如果个人的所思所想和所作所为经得起伦理道德的审查、检验和评判，那么它们就具有道德合理性基础；否则，就不具有道德合理性基础。

判断个人的所思所想和所作所为是否经得起伦理道德的审查、检验和批判的最重要标准是看他是否承担了应有的道德责任。市场经济体制赋予个人市场经济活动的能动性和创造性，同时要求他为自己的能动性、创造性经济活动承担道德责任。他既应该为他已经做的一切承担道德责任，也应该为他正在做的一切和将要做的一切承担道德责任。对于个人来说，他的所作所为通常都是他自主选择的结果，通常都是他的自由意志得到发挥的结果，因此，他应该承担相关的道德责任。

作为一种市场经济主体，个人承担道德责任的前提是他必须具有相当的道德修养。如果他的道德修养不足，则他不会自觉自愿地或勇敢地承担道德责任。与任何一种责任一样，道德责任对于个人来说是一种“负担”。它要求个人为自己的所作所为付出应有的代价。代价即牺牲。个人承担道德责任意味着他必须牺牲自己的利益。例如，如果一个农民要在市场经济活动中承担生态道德责任，他就应该在农业生产中致力于生态环境保护，不使用化肥、农药等化学药品，但这完全可能增加他的农业生产成本。

不过，个人在市场经济活动中不承担道德责任的事情并不少见。

为了在市场经济活动中实现个人利益的最大化，有些人千方百计逃避其应该承担的道德责任。

有些人缺乏承担道德责任的动机。他们参与市场经济活动的唯一目的就是实现个人物质利益的最大化。他们唯利是图，既不关心广大消费者的切身利益，也不关心社会的整体利益。在他们的眼里，自私自利是人性的本质，利他利国有违人性的本质，因此，他们的个人幸福建立在自私自利的人性本质基础上。“人不为己，天诛地灭”是这类人的人生格言。个人私利是他们的唯一生活动力。如果这一动力枯竭，他们的生命就失去了存在的价值。他们为财而生，也为财而死。他们是物质财富的奴隶。受到物的奴役是这种人的典型特征。

有些人不愿意为他们的市场经济活动后果承担道德责任。这种人可能具有善良的动机，也可能因为无知而将他们的动机视为善良的动机，因此，他们想当然地认为自己是在善良动机的驱动下做善良的事情。在这种观念的支配下，他们往往倾向于忽略其行为可能造成的负面后果。例如，一个农民可能因为无知而将在农业生产中使用农药的事情视为“善事”，甚至以此为荣。殊不知，他在农业生产中使用的农药会随着他生产的农产品进入市场，对消费者的身体健康造成难以想象的巨大危害。

在当今中国，个人不承担道德责任的事情表现为一种严重的事态。有些农民将自己的菜地和田地一分为二，一部分用于生产自己食用的农产品，另一部分用于生产消费者使用的农产品。前者不使用化肥和农药，后者则大量使用化肥和农药，泾渭分明。有些人专门贩卖假冒伪劣商品，既损害了相关企业的利益，也损害了广大消费者的利益。有些人甚至以贩卖“地沟油”为生。他们廉价收购宾馆、酒店的剩饭剩菜，利用地下黑作坊生产对人体健康有巨大危害的“地沟油”，并无所顾忌地将这种油低价推向市场。

市场经济体制是一种能够激发个人创造精神和活力的经济体制，但它也是一种能够刺激个人欲望的经济体制。在市场经济体中，许多人攫取物质财富的欲望被无限地激发出来并日益膨胀，对个人道德价值观念产生了严重的腐蚀作用。许多人就是在个人欲望不断膨胀的过程中变成了唯利是图的市场经济主体。如何抑制个人谋取私利的欲望是市场经济体制必须解决的一个重大问题。

二、我国市场经济主体道德责任感不足的原因

市场经济体制需要在时间推移中才能逐步健全。市场经济主体的道德责任感也需要在时间推移中才能逐步得到强化。要强化市场经济主体的道德责任感，我们需要对造成市场经济主体道德责任感不足的原因予以深入系统的分析。这种分析既有助于我们深入了解市场经济主体道德责任感不足的问题，也有助于我们思考和发现解决问题的途径。

每一个国家的发展都具有社会系统性。它要求国家建设在经济、政治、文化等方面全面推进。一个发展良好的国家必定是经济建设、政治建设和文化建设齐头并进的国家。在这样的国家里，经济文明、政治文明和文化文明均达到相当高的水平，各种文明力量相互支持、相互促进、相辅相成、相得益彰。

中华人民共和国成立之后，我国所发生的最深刻变化莫过于从计划经济时代向市场经济时代的转变。中华人民共和国成立之后，西方资本主义国家对我国实行围堵、封锁、遏制的战略，我国在计划经济时代处于非常封闭的状态。这种状态无疑不利于我国经济的发展，但客观上有利于阻止西方资本主义价值观念的入侵。由于这一原因，我国计划经济时代的道德状况总体来看是比较纯正的。这主要是指，中华人民共和国成立不久，我国人民在革命时期形成的革命道德仍然在社会生活中具有广泛而深刻的影响。加上当时物质生活水平普遍不高，人们追逐物质财富的欲望也普遍偏低。人们普遍在贫乏的物

质生活中保持着对革命道德理想的执着追求。

在计划经济时代，绝大多数中国人生活在物质生活资料匮乏的状态之中，但他们的精神生活是充实的。在那样一个特殊的时代，城市和农村之间的差别远不如今天这么明显，人与人之间的等级观念也远不如今天这么强烈，人们在行政计划经济体制的框架内过着比较平等的生活。人们在劳动之余拥有丰富多彩的文艺生活。城市和农村都有各种各样的文艺宣传队和体育运动队。人们加入这些团队并不需要“走后门”，只需要有能够得到人们认可的文艺和体育才能。团队的表演是巡演性的、免费的，因此，听众或观众通常为数众多。在农村，农民甚至普遍将观看文艺宣传队或体育运动队的表演视为不能错过的盛事。特别值得一提的是，电影在那个时代的中国农村也是巡演的。一部电影在一个个村巡回演出，人们往往一次次地跟着电影队到不同的村观看同一部影片。计划经济时代的中国人就是在这种简朴的文化生活中陶冶着自己的道德情操。计划经济时代的政府特别重视精神文明建设和公民道德建设，通过组织文艺宣传队、体育运动队等方式丰富了人们的文化生活，同时也提升了人们的道德修养。人们在简朴的文化活动中增强了感情和信任。

计划经济时代在经济建设方面是失败的，但在文化建设和公民道德建设方面是成功的。它在文化建设和公民道德建设方面的成功建立在对人们物质欲望的抑制基础之上。严格的行政计划使绝大多数人只能生活在物质生活资料贫乏的状态中，同时为人们创造丰富多彩的文化生活条件，这就为人们提供了提升道德修养的较大空间。在计划经济时代，道德建设受到党和政府的高度重视，因为它不仅事关个人的道德修养，而且事关个人的政治立场和阶级立场。正如毛主席所说：“道德是人们经济生活与其他社会生活的要求的反映，不同阶级有不同的道德观，这就是我们的善恶观。”①

① 中共中央宣传部. 毛泽东邓小平江泽民论社会主义道德建设. 北京：学习出版社，2001：1.

从计划经济时代转入市场经济时代之后，我国社会生活发生了天翻地覆的变化。造成这种变化的最重要原因当然是经济基础的根本性变化。计划经济时代的经济基础是以行政指令性为本质特征的计划经济，而市场经济时代的经济基础是以市场需求为导向的市场经济。前者是政府主导经济活动的经济模式，它必然以行政指令作为坚强后盾；后者是市场主导经济活动的经济模式，它必然以激发市场活力作为强大支柱。政府主导的计划经济模式效率低下，缺乏活力，而市场主导的市场经济模式效率显著，活力四射。市场经济模式的活力不是别的，就是政府、企业和个人的创造力。由于不再受到行政指令的严格限制，政府、企业、个人等都获得了参与市场经济活动的资格，其能动性和创造性均获得了释放空间，市场经济体制也因此而显得生机勃勃。

市场经济体制的内在精神是自由。自由是市场经济体制的灵魂。在市场经济体制中，个人和企业参与市场经济活动必须具有高度的自主性、能动性和创造性，政府对个人和企业的干预越少越好。以自由为内在精神的市场经济体制是一种对经济主体进行严格分工的经济体制。在这一点上，它与政府包揽一切经济活动权力的计划经济体制有着根本区别。在计划经济体制中，政府掌握着经济活动的话语权和控制权，个人和企业仅仅是政府意志的服从者和执行者；而在市场经济体制中，掌握经济活动话语权和控制权的是个人和企业，政府扮演的是服务员的角色。经济主体分工明确是市场经济体制的本质特征，也是市场经济体制具有计划经济体制无法比拟的生机和活力的根本原因。

在计划经济时代的中国，经济建设实质上服务于政治建设和文化建设（主要是道德建设）；而在市场经济时代的中国，经济建设居于国家建设的中心位置，政治建设和文化建设则退居次要位置。从中国的实际情况来看，这样的国家建设路径具有一定的合理性。虽然计划经济体制有利于推进政治建设和文化建设，但是它有违经济发展规律，并且不利于整个社会的健康发展。众所周知，计划经济体制不仅不能解放社会主义中国的生产力，反而使它处于贫穷落后的状态。在计划经济时代末期，由于国民经济处于僵化状态，广大人民群众的物质文化生活需要难以得到满足，我国社会发展与西方发达国家的差距越拉越大，经济改革开始成为当代中国人民必须着力研究的重大课题。

我国经济体制改革的目标是建立中国特色社会主义市场经济体制。时至今日，这一目标已经基本实现，但我国也为此付出了很大代价。为了改变计划经济体制导致的贫穷落后面貌，我国在市场经济时代始终把经济建设放在国家建设任务的首要位置，要求其他国家治理工作都必须服务于这一中心任务。这一方面有利于扭转我国在计划经济时代过分强调政治建设和文化建设的局面，另一方面也很容易在我国社会各界引起过分重视经济建设的问题。事实亦如此。进入市场经济时代之后，我国社会各界普遍滋生了经济主义价值观。

经济主义价值观的核心内容是强调经济价值在人类社会生活中具有不可替代的至高地位，并且将经济效率的提高视为解决所有社会问题的万能手段。根据这种价值观，只要经济效率上去了，贫困、公平正义、环境保护等社会问题都会迎刃而解。经济主义价值观的实质是宣扬放任自流的自由主义市场经济体制，通过鼓吹市场经济效率的万能功能夸大市场调节社会经济的作用，最终达到以经济价值主导社会生活的目标。

我们不得不承认，经济主义价值观在改革开放时代的中国具有广泛影响，其重要表现是改革开放之后，“重经济增长，轻道德建设”的思想观念一直在我国社会颇有市场，这使我国在改革开放时代出现了道德建设严重落后于经济建设的问题。我国是在百废待兴的历史局面中开始改革开放的，这一方面使经济建设必然成为我国在改革开放时代推进社会发展的首要任务，另一方面也使思想空前解放的国民很容易滋生出片面强调和追求经济效率或经济效益的经济主义思想。实行市场经济体制之后，我国的个人、企业、政府等以主体的身份积极地参与市场经济活动，但其作为市场经济主体的主体性主要体现在对经济效率或经济效益的狂热追求上。全民狂热追求经济效率的局面能够刺激经济增长，但它带来的经济增长只能是一种畸形增长——一种缺乏道德规范和法律规范制约的增长，这使改革开放时代的中国不得不面对经济增长日新月异的现象与道德失范、法制秩序欠缺的现象复杂交错的局面。由于道德和法律不能充分发挥规范和制约经济生活的作用，市场经济主体往往在片面追求经济效率或经济效益的过程中不愿意或不勇于为自身的经济行为承担道德责任，这不仅使个人、企业、政府等相互侵害利益的现象十分严重，而且使我国市场经济体制的运行难以彰显应有的社会价值和生态价值。正因为如此，我国改革开放时代的经济发展具有显而易见的两面性：一方面是经济持续高速增长、社会财富急剧增加等让人鼓舞的事实；另一方面是贫富差距日益拉大、环境破坏日益严重等催人忧虑的事实。

当今中国不能仅仅依靠经济建设变成一个世界强国。中华民族的伟大复兴也不能仅仅建立在举世瞩目的经济成就之上。如果片面强调经济建设、忽略道德建设的问题不能得到有效解决，中国经济建设必定缺乏必要的可持续性。市场经济体制具有可持续性的前提是它必须是健康的，而它的健康又必须建立在它自身的道德合理性基础之上。社会主义市场经济体制在当今中国的发展不能没有道德价值观念的保驾护航。这样的道德价值观念就是市场经济道德价值观念。它的存在能够为社会主义市场经济体制的健康发展提供规范保障和方向引导。

道德是一种鼓励人们向善、求善和行善的社会规范，但它也是一种与人们的利益密切相关的社会规范。虽然并非所有人讲道德都以追求利益回报为目的，但是人们讲道德的事实往往要求他们有一定的利益付出。我们不难想象，只有能够牺牲一定自我利益的人才可能帮助需要帮助的人；有时候，为了帮助需要帮助的人，我们甚至不得不牺牲自己的性命。

中国人历来相信："善有善报，恶有恶报。"从伦理学的角度来看，这句话是能够得到辩护的。一方面，它说明人们在讲道德的时候不可避免地会有利益付出；另一方面，它也说明人们在讲道德的时候往往会自觉或不自觉地要求某种回报。虽然人们讲道德要求的不一定是物质利益回报，但是他们总是要求某种形式的回报。在道德生活中，绝大多数人希望被他们帮助过的人"知恩图报"，而不是"恩将仇报"；如果被他们帮助过的人恩将仇报，他们中的许多人往往会为自己帮助人的行为感到后悔。

由于道德生活与人们的利益紧密相关，许多人在讲道德的时候会进行利益权衡。他们会像莎士比亚戏剧中的哈姆雷特那样自问："做，还是不做?"人类道德生活在很多时候是对人类意志力的严峻考验，它要求人们进行严肃认真的意志抉择，并且要求人们对自己的抉择承担道德责任。这意味着，如果一个人在一定的道德语境下选择帮助需要帮助的人，那么，他就应该勇于牺牲自己的利益，并且愿意为这样的利益牺牲承担相应的道德责任。

正是由于道德与利益相关，许多人在需要讲道德的时候犹豫不决，甚至无所作为。在人类社会，并非所有人都愿意讲道德，不讲道德的人也并不罕见。有些人在需要讲道德时无动于衷，其根源也在于此。人类道德生活与其利益诉求有关。利益常常构成人类讲道德的障碍。

在市场经济体制中，利益与道德的关系问题变得更加突出。一方面，市场经济体制的高效率能够为整个社会带来无比丰富的物质财富，这不可避免地会对人们的道德生活产生深刻影响；另一方面，市场经济体制倡导按劳分配的道德价值观念，这也不可避免地会对物质财富的人际分配产生深刻影响。市场经济体制既从道德上肯定人们追求充裕物质生活的愿望，也从道德上要求人们以适当的方式追求充裕的物质生活。如何平衡道德与利益的关系？这在现实生活中是一个难题。它的解决要求人们借助他们的道德价值观念将他们追求充裕物质生活的愿望控制在合乎道德要求的范围内。但什么是合乎道德要求的范围？显然，这是一个颇有争议的问题。它就好比这样一个问题：如果一个国家允许它的一部分人先富起来，这些先富起来的人要富裕到何种程度才算得上富裕了起来？显然，不同的人对该问题有不同的答案。

事实上，倡导按劳分配的市场经济体制有利于激发人们勤劳致富的激情，但同时也很容易刺激人们追求和占有物质财富的欲望。市场经济体制是一种能够带来丰富物质财富的经济体制。在丰富多彩的物质财富面前，人们追求和占有物质财富的欲望很容易膨胀，人们用不合乎道德要求的方式追求和占有物质财富的现象也很容易被诱发出来。

在市场经济条件下，物质利益对个人和企业这两种市场经济主体具有非常大的诱惑力。在物质利益的诱惑下，个人和企业完全可能不择手段，不断突破道德和法律的防线。考虑到讲道德可能需要以牺牲自身的物质利益为代价，个人和企业往往更愿意通过不合乎道德的方式来占有物质财富。物质利益是驱动个人和企业参与市场经济活动的一种强大动力。

为了制约市场经济主体的求利欲望和行为，市场经济体制必须进行道德建设和法制建设。市场经济必须是道德经济和法治经济；否则，它必定是市场经济主体追逐物质利益的名利场。在这样的名利场中，物质利益是市场经济主体参与市场经济活动的最高价值目标，个人和企业沦为追逐物质利益的机器，唯利是图，整个社会则处处散发出物欲横流的臭味。

改革开放之后，经济建设成为社会发展的第一要务。先进行经济建设本身没有错。贫穷不是社会主义，要摆脱贫穷状态，唯有加快经济建设的步伐。问题是，如果对经济建设的强调缺乏道德建设和法治建设的支撑，社会经济的发展就不可避免地会陷入无序状态，特别是“不讲道德者得利，讲道德者吃亏”的现象必然会异常猖獗。个人和企业突破道德和法律防线的根本目的无非是将自身的物质利益最大化。显然，如果无利可图，个人和企业就没有必要冲破道德和法律的防线。

进入改革开放时代之后，我国市场经济主体普遍缺乏加强自身道德建设的动力。市场经济体制要求个人、企业、政府等市场经济主体不断加强自身道德建设。对个人来说，加强自身道德建设的过程即加强自身道德修养的过程，拥有道德修养是其乐于承担道德责任的前提条件；对企业和政府来说，加强自身道德建设的过程即加强自身道德文化精神的过程，拥有道德文化精神是其勇于承担道德责任的前提条件。然而，由于整个社会弥漫着“重经济增长，轻道德建设”的思想观念，加上“不讲道德者得利，讲道德者吃亏”的现象十分普遍，个人、企业、政府等市场经济主体必然缺乏加强自身道德建设的动力，这不仅使我国市场经济主体普遍缺乏道德自律精神，而且为我国市场经济主体想方设法逃避道德责任提供了温床。

“不讲道德者得利，讲道德者吃亏”现象的普遍化是我国市场经济体制不健全的重要表现，它不仅说明我国市场经济主体普遍没有形成必要的市场经济道德价值观念和法治观念，而且说明这些主体经常在求利动机的驱动下不断用具体的行为冲破道德和法律的防线。进入市场经济时代之后，道德和法律推动我国经济发展的社会功能并没有充分发挥出来，这为市场经济主体求利动机的膨胀留下了巨大空间。

市场经济体制的运行需要市场经济学理论的引导，更需要市场经济伦理学理论的引导。

市场经济学理论是揭示市场经济体制事实上能够如何运行的理论，其核心在于强调市场经济体制的运作必须实现经济效率的最大化。如果市场经济体制仅仅受到市场经济学理论的引导，则它必定是一部围绕经济效率高速运转的机器。经济效率是它的润滑油和动力源。离开经济效率的驱动，它就会停止运转。然而，如果它不受任何限制地高速运转，它又会将人类社会拖入以生产过剩为病灶的经济危机。经济危机的爆发会使市场经济体制无法正常运行，市场经济体制追求经济效率最大化的价值目标也就无法得到保证。正因为如此，市场经济体制不能仅仅在市场经济学理论的引导下运行。

对市场经济体制研究最深的一位思想家是英国的亚当·斯密。斯密著有《国富论》一书，对市场经济体制围绕市场供求规律和经济效率运行的事实做了最深刻的揭示。在斯密看来，参与市场经济活动的个人都是自私自利的，他们的自私自利本性为他们的逐利行为提供了强大动力；由于能够进行合理的社会分工，把自私自利的个人组织起来的企业则能够实现经济效率的最大化；参与市场经济活动的个人和企业是自私自利的，但其对市场经济活动的参与是高效率的。斯密把“市场”比喻为“一只看不见的手”，认为它是无形的，却能够以最有效率的方式支配市场经济的运作。

斯密没有看到私人生产的有计划性与社会生产的无计划性之间可能陷入尖锐矛盾的事实。为了实现经济效率的最大化，个人和企业会对其经济活动进行周密的计划和规划，但不能对整个社会的经济活动进行综合性计划和规划。在这一点上，任何强大的个人和企业都无能为力。因此，个人和企业的商品生产完全可能是高效率的，但这种生产模式相对于社会来说则可能是无效的。如果个人和企业生产的商品供大于求，生产过剩的问题就会出现，经济危机就会爆发。对这一事实进行最深刻揭露的是马克思。马克思的一个伟大贡献是，他发现了经济危机会在资本主义社会周期性爆发的事实。

在实行市场经济体制之后，我国必须回答这样一些问题：马克思所说的经济危机是否会在社会主义国家周期性地爆发？如果像有些人所说的那样，社会主义市场经济体制可以避免经济危机的爆发，那么经济危机被避免的原因是什么？如果社会主义市场经济体制并不能完全杜绝经济危机的爆发，我们能够做什么？……显然，要很好地解答这些问题，并不能单纯依靠市场经济学，市场经济伦理学必须出场，并发挥其调节社会经济的功能和作用。

市场经济伦理学就是目前学术界所说的经济伦理学。经济伦理学研究的基本问题是经济利益和道德价值的关系问题，它的理论框架是这样的：政府、企业和个人参与市场经济的活动不仅具有经济意义，而且具有伦理意义；市场经济主体有权追求经济效率的最大化，但其对经济效率的追求是有限度的，这个限度不是由其经济活动本身划定的，而是由人类社会的道德价值观念划定的；道德价值是经济利益的道德合理性边界，即经济利益的价值边界；没有道德价值的经济利益经不起人类道德价值观念的检验，不具有道德合理性基础。

改革开放之后，我国激发和呼唤市场经济主体承担道德责任的学术力量一直不够强大。市场经济在我国的发展既需要经济学理论的支持，也需要伦理学理论的支撑。进入改革开放时代之后，由于市场经济体制取代计划经济体制成为时代大势，以“市场经济”或“市场经济体制”为主要研究内容的经济学在我国迅速成为“显学”，而以“市场经济道德”为研究对象的经济伦理学的发展则一直处于严重落后状态。一方面，经济伦理学研究直到20世纪八九十年代才在我国出现，其落后于西方经济伦理学研究的状况十分明显；另一方面，在我国从事经济伦理学研究的学者缺乏经济学知识或经济实践经验的问题十分突出——一些从事经济伦理学研究的学者闭门造车，提出的经济伦理思想和理论根本不能对我国市场经济体制的运行发挥真正有效的道德引导作用。由于这两个方面的原因，我国经济伦理学的发展至今还不能满足市场经济在我国迅速发展对道德建设提出的紧迫需要。当今中国严重缺乏能够对社会主义市场经济体制的运行施加深刻影响的经济伦理学家和经济伦理学理论，这在很大程度上限制了我国学术界激发和呼唤市场经济主体承担道德责任的力量和作用。

三、何谓市场经济主体的道德责任

由于整个社会存在道德建设落后于经济建设、市场经济主体缺乏加强自身道德建设的动力、激发和呼唤市场经济主体承担道德责任的学术力量不够强大等问题，当今中国的个人、企业、政府等对其作为市场经济主体之道德责任的认知往往难以到位。因此，有必要推动我国市场经济主体对道德责任的内涵形成正确的认识和理解。

何谓道德责任？

首先，道德责任专指人的责任。一方面，能够承担道德责任是人与低等动物相区别的一个重要标志："人与其他生物之间的一个重大区别在于，只有人才能对他们所做的事负起道德上的责任。"① 另一方面，承担道德责任是人的行为获取道德价值的唯一途径："一个行为要具有道德价值，必然是出自责任。"②由于道德责任的承担往往会具体落实到个人身上，人承担道德责任的最基本模式是"个人应该为其行为负责"。根据德国哲学家康德的看法，道德责任是个人"行为实践的无条件的必然性"，它对"所有的理性存在者"都有效。③换言之，承担道德责任是人类共有的行为特征，它反映了人类共有的道德理性精神。

其次，道德责任是指人自觉接受道德的调控而为其行为承担的责任。由于道德往往表现为一系列约定俗成、在特定人群中普遍有效和告诉人们应该怎样行动的原则规范，道德责任就是人尊重道德原则和道德规范而表现出的一种行为必然性，"一个出自责任的行为，

① 费舍，拉维扎．责任与控制：一种道德责任理论．杨绍刚，译．北京：华夏出版社，2002：1.

② 康德．道德形而上学基础．孙少伟，译．北京：九州出版社，2007：17.

③ 康德．道德形而上学基础．孙少伟，译．北京：九州出版社，2007：77.

其道德价值并不来自通过此行为而要实现的意图，而是来自行为被规定的准则”[①]，因此，存在一个“普遍的责任律令”，只有它才有资格告诉个人应该怎样行动，即“你应该如此行动，就好似你的行为准则，要通过你的意志而变成普遍的自然规律”[②]。与道德责任形成鲜明对比的是法律责任。法律责任是一种强制性的、硬性规定的或制度化的责任，它要求人必须在法制的框架内为其行为承担相应的责任。与法律责任不同，道德责任是一种非强制性的、非硬性规定的或非制度化的责任。不过，虽然道德责任并不要求人“必须”为其行为承担责任，但它确实强调人“应该”为其行为承担责任。人类社会秩序的建立，既有赖于人承担法律责任的努力，也有赖于人承担道德责任的努力。正因为如此，法律和道德被视为能够对人类社会生活发挥有效调节作用的两种基本手段。

再次，作为人的应然之责，道德责任具有无限的拓展性——它是一种能够从个人向各种人类群体和人类社会组织不断拓展的责任。“个人应该为他的行为负责”仅仅是人类承担道德责任的最基本模式。人不仅是一种个体的存在，而且是一种“类”的存在和社会的存在，他们会通过组成族群、民族等方式来体现其存在的“类”特征，并通过建构国家、政府、企业等组织形式来体现其存在的社会性，因此，人的道德责任不可避免地要从个人进一步延伸到各种人类群体和人类社会组织之中。存在主义哲学家萨特（Jean-Paul Sartre）看到了个人承担道德责任的事实与人类整体之间的关联，因此他指出，道德责任问题是个人应该对“自己是怎样的人负责”的问题。所谓负责，不仅指要对个人意义上的“自己”负责，而且指要对人类意义上的“自己”负责，即“当我们说人对自己负责时，我们并

① 康德. 道德形而上学基础. 孙少伟，译. 北京：九州出版社，2007：17.
② 康德. 道德形而上学基础. 孙少伟，译. 北京：九州出版社，2007：67.

不是指他仅仅对自己的个性负责，而是对所有的人负责”[①]。虽然个人行为只能由个人“亲自”选择，但是这种选择的责任牵涉到整个人类，因此个人承担道德责任的行为既意味着对自己承担道德责任，也意味着对整个人类承担道德责任。“当一个人对一件事承担责任时，他完全意识到不但为自己的将来作了抉择，而且通过这一行动同时成了为全人类作出抉择的立法者——在这样一个时刻，人是无法摆脱那种整个的和重大的责任感的。”[②] 德国经济伦理学家格特鲁德·努讷尔—温克勒尔（Gerturd Nunner-Winkler）则更多地强调人的道德责任从个人向人类社会组织和社会关系拓展的必要性。他认为，“个人应该为他的行为负责”这一最基本的行为模式有扩展的必要，因为“行为日益发生在由于分工而高度分化和等级化的组织之中，以及发生在通过市场沟通的或匿名化的关系中”[③]。

在明确什么是人的道德责任之后，要理解市场经济主体的道德责任就比较容易了。所谓市场经济主体的道德责任，是指个人、企业、政府等以主体身份参与市场经济活动所应担负的道德责任，是人的道德责任感或道德责任意识在市场经济体制条件下从个人向企业、政府等市场经济主体进一步延伸和拓展的产物。在市场经济体制中，不仅个人是活跃的市场经济主体和道德责任主体，更重要的是企业和政府成为举足轻重的市场经济主体和道德责任主体。市场经济体制的一个重要特征是市场经济主体之间存在严格的职责分工，它要求个人、企业、政府等市场经济主体“各司其职，各尽其责”，但这种职责分工既是一种经济职能分工，也是一种道德责任分工。它意味着，个人、企业、政府等市场经济主体不仅应该服从价值规律的引

① 萨特. 存在主义是一种人道主义. 周煦良，汤永宽，译. 上海：上海译文出版社，2005：6-7.

② 萨特. 存在主义是一种人道主义. 周煦良，汤永宽，译. 上海：上海译文出版社，2005：8.

③ 恩德勒，等. 经济伦理学大辞典. 李兆雄，陈泽环，译. 上海：上海人民出版社，2001：541-542.

导，而且应该在道德的规导下参与市场经济活动。

规导市场经济主体的“道德”是“市场经济道德”，它是市场经济主体之道德责任感得以产生的源泉。市场经济道德是个人、企业、政府等以主体身份参与市场经济活动所应遵循的道德原则和道德规范、所应体现的道德思想和道德精神、所应表现的道德行为和道德实践的总称。市场经济道德是市场经济的一个内在维度，它在市场经济体制中发挥着对市场经济主体的经济行为进行道德规约、对市场经济活动的道德合理性边界进行规定、对市场经济活动引起的各种利益矛盾进行有效协调、对市场经济的发展进行价值导向的作用。市场经济道德不仅赋予个人、企业和政府一种道德品格，而且赋予其一种道德责任感或道德责任意识。市场经济道德对市场经济主体的道德责任要求是从一般意义上的“道德”对个人的道德责任要求中延伸出来的，它充分肯定个人、企业、政府等参与市场经济活动的道德权利，同时要求其在市场经济活动中承担道德责任。“市场经济主体应该为其市场经济行为负责”是市场经济道德的内在要求，它要求个人、企业、政府等市场经济主体为其整个行为负责，即为其行为的所有环节负责。

首先，市场经济主体应该为其市场经济行为动机负责，即应该努力确保其市场经济行为动机是善的。个人、企业和政府都是受行为动机引导的市场经济主体，其参与市场经济活动的行为大都具有明确的意向性和目的性，大都表现为主体对需要满足的追求。如果市场经济主体能够确保其行为动机是善的，那么其市场经济行为就具备了获取正当性的前提和基础，因此，市场经济道德要求市场经济主体首先对其行为动机负责。市场经济主体对其行为动机负责的现实图景是：在善的行为动机的引导下，个人、企业、政府等市场经济主体不仅能够超越唯利是图的商业动机的狭隘性和局限性，而且能够赋予其市场经济行为一种道德价值预期。对个人来说，善的行为动机可以促使他兼顾“利己”和“利他”这两种行为动机；对企业来说，善的行为动机可以帮助其平衡“企业赢利”和“造福社会”这两种行为动机；对政府来说，善的行为动机可以驱使其正确处理“掌控政治权力”和“增进公共利益”这两种动机之间的关系。善的行为动机是以追求善的价值为驱动力的，它是个人、企业、政府等在市场经济活动中追求道德价值的行为动因，因此，要求市场经济主体为其行为动机负责能够为其市场经济行为奠定一定的道德基础。

其次，市场经济主体应该为其行为方式和过程负责，即应该努力确保其市场经济行为方式和过程是正当的。个人、企业和政府的市场经济行为都必须通过一定的方式在一定的过程中展开，因此，如何选择行为方式和过程不仅是市场经济主体的市场经济行为能否获取道德正当性的关键，而且是市场经济主体能否为其行为方式和过程负责的决定因素。在这一环节上，市场经济道德要求市场经济主体努力使其市场经济行为在合法合德的轨道上展开。市场经济主体对其行为方式和过程负责的现实表现是：市场经济体制具有比较完备的法律法规体系和道德规范体系，个人、企业、政府等市场经济主体努力将其市场经济行为方式和过程严格限制在法律和道德允许的范围之内，拒绝不择手段的做法，努力使其行为方式和过程有利于促进经济效益、社会效益和环境效益的平衡与统一。

再次，市场经济主体应该为其行为结果负责，即应该努力确保其行为结果具有道德价值。个人、企业、政府等市场经济主体的行为结果不仅会影响其自身的生存和发展，而且会影响整个人类社会的发展。例如，如果个人、企业或政府的市场经济行为所带来的后果是人类赖以生存和发展的自然生态环境遭到万劫不复的污染和破坏，那么它就会影响整个人类社会的可持续发展进程。市场经济道德要求市场经济主体为其行为结果负责，这一方面意味着个人、企业、政府等市场经济主体应该努力确保其市场经济行为结果有利于实现经济效益、社会效益和环境效益的平衡与统一；另一方面也意味着如果其行为后果破坏了经济效益、社会效益和环境效益的平衡与统一，这些市场经济主体就应该积极地采取措施予以弥补。例如，如果一家企业因为技术事故在生产过程中对自然环境产生了污染，那么该企业就应该积极承担治理污染的道德责任，而不是在事后治理环境的问题上讨价还价甚至逃避责任。

市场经济道德的核心价值就在于，它能够使市场经济主体在道德责任感或道德责任意识的驱动下参与市场经济活动，从而将个人、企业、政府等的市场经济行为置于伦理道德的有效控制之中。由于市场这只“看不见的手”在配置资源、组织生产、营销产品等诸多方面具有难以避免的盲目性、狭隘性和局限性，市场经济体制会因为无法摆脱“市场失灵”的困境而并不具有绝对可靠的道德合理性，这不仅为个人、企业等市场经济主体以各种方式突破道德价值边界的非道德行为留下了空间，而且为政府过分掌控市场经济活动的权力和贪污腐化提供了可能性。因此，市场经济体制需要借助经常性的市场经济道德建设来培育和强化市场经济主体的道德思想和道德精神，以不断强化其道德责任感和不断规范其市场经济行为。市场经济体制日臻完善的过程是以经常性的市场经济道德建设为前提和基础的。

四、市场经济主体的道德责任分担

个人、企业和政府不仅需要了解什么是市场经济主体的道德责任及其承担道德责任的原因，而且需要进一步了解其作为市场经济主体应该具体分担什么样的道德责任。原因很简单：如果没有比较清晰的道德责任分配，市场经济主体就难以产生强烈的道德责任感，更不用说承担具体的道德责任。因此，我们需要就市场经济主体的道德责任分担问题强调如下几点：

首先，在市场经济体制中，个人、企业和政府既是从事市场经济活动的主体，也是承担道德责任的主体。因此，谈论市场经济主体的道德责任分担问题实质上就是谈论这三大主体如何分担道德责任的问题。“个人”包括以个人身份参与市场经济活动的股东、投资者、职业经理、职员、消费者等，涉及微观层次的市场经济主体道德责任问题，其道德责任是为其实际的参股行为、投资行为、管理行为、消费行为等承担道义上的责任。“企业”包括各种形式的公司、工厂等，涉及中观层次的市场经济主体道德责任问题，其道德责任是应该确保其追求赢利的过程同时是一个造福社会的过程。“政府”包括中央政府和各级地方政府，涉及宏观层次的市场经济主体道德责任问题，其道德责任主要在于发挥宏观管理职能、维护市场经济秩序、对国民经济发展进行总体价值导向等方面。在市场经济体制中，个人、企业和政府均担负着不可推卸的道德责任，这些主体应分担的道德责任是构成市场经济体制中道德责任体系不可或缺的重要环节。

其次，道德责任是一种因果责任，因此，个人、企业、政府等市场经济主体对道德责任的分担是无条件的。道德责任是某个因果链的产物。在道德责任的因果链中，有些主体是直接原因，有些主体则是间接原因，但无论是哪种情形，主体都不应该逃避道德责任。“通常情况下，我们最关心的是因果链中的最接近原因，以及做出相应行为的人。不过，因果链的起始点同样也要承担责任，尤其是在出现代理的情形下。”① 这是说，凡是处于道德责任因果链中的个人、组织、机构等都应该为其行为承担应有的道德责任。个人、企业、政府等市场经济主体承担的道德责任也是一种因果责任。例如，一种假冒伪劣商品的出现往往既有生产商的道德责任，也有销售商的道德责任。在某些特殊的情形里，市场经济主体承担道德责任的因果链可能很长、很复杂。例如，环境破坏和环境污染现象在我国改革开放之初非常严重，其道德责任就直接牵涉到政府、企业、个人等诸多市场经济主体：政府没有制定完备的环境政策、环境规划、环境法规和环境标

① 乔治. 经济伦理学. 李布，译. 5版. 北京：北京大学出版社，2002：128.

准，主导环境保护工作的意识也不强烈；企业在缺乏制度制约的情况下普遍对自然采取疯狂算计、盘剥和掠夺的态度；个人则因为环境意识和环境道德意识薄弱而对环境保护工作漠不关心。在道德责任因果链很长、很复杂的情况下，牵涉其中的不同市场经济主体需要承担的道德责任可能不尽相同，但这仅仅涉及“道德责任的程度问题”，并不会抹杀道德责任本身。[①]

再次，总体来看，个人、企业和政府都必须承担如下三个方面的道德责任：一是这些主体都有维护市场经济秩序的道德责任。市场经济体制的正常运行是以合理的市场经济秩序为前提和基础的。合理市场经济秩序的形成既必须依靠强有力的法制建设，也必须依靠市场经济主体的道德责任感。在维护市场经济秩序方面，市场经济主体的道德责任感发挥着基础性作用，它不仅能够驱使个人、企业、政府等尊重彼此的主体身份和承担自己的职能职责，而且能够推动这些主体在尊德重法的前提下从事市场经济活动。二是这些主体都有尊重和维护彼此之正当利益的道德责任。在市场经济体制中，个人、企业和政府参与市场经济活动的内容和形式往往非常复杂地交织在一起，其利益关切和实现过程也往往难解难分地纠缠在一起，因此这些主体是“利益相关者”[②]。市场经济道德要求个人、企业、政府等市场经济主体尊重彼此的正当利益关切，以维护和增进彼此的切身利益为己任。三是这些主体都有促进经济、社会和环境可持续发展的道德责任。人类经济活动总是涉及经济、社会和环境的关系问题。在环境危机严重威胁当代人类生存和发展的时代背景下，个人、企业、政府等市场经济主体不仅应该深刻认识到实现经济、社会和环境和谐共处对人类自身的伟大意义，而且应该在具体的市场经济活动中承担平衡经济效益、社

① 乔治．经济伦理学．李布，译．5版．北京：北京大学出版社，2002：129.

② “利益相关者”理论是由美国、英国等一些西方国家的学者在20世纪60年代首先提出的一种企业管理理论，其主要观点是反对仅仅从股东的角度来考虑企业的所有权和利益问题，主张把与企业有密切关系的所有人和所有组织都视为企业的“利益相关者”，其立论的最终目的是敦促企业成为一种能够全面承担社会责任的经济实体。

会效益和环境效益的道德责任，以确保市场经济体制的运行不与人本身的根本利益背道而驰。

最后，市场经济主体分担道德责任的重心应该落在企业和政府身上。市场经济体制要求市场经济主体“各司其职，各尽其责”，但这并不意味着个人、企业、政府等市场经济主体所应分担的道德责任是同等的。在市场经济体制条件下，企业和政府的地位和作用远远超过个人。无论是在发达国家还是发展中国家，企业不仅是工业生产的主力军——市场上琳琅满目的商品几乎都是企业提供的，而且掌控着国家的经济命脉——企业是国家财政收入的主要提供者。进入改革开放时代以后，随着以大规模生产和大规模销售相结合、资本所有权和经营管理权相分离为主要特征的现代企业制度在我国企业中逐步形成和推广，企业开始掌控我国市场经济体制和国民经济的命脉。当今中国，中央财政收入和地方财政收入的大部分份额是由企业提供的。在经济全球化条件下，我国的国际经济竞争力也主要来源于企业。由于掌控着工业生产和工业产品销售的自主权，企业市场经济活动与广大人民群众的切身利益最为密切；又由于工业生产是人类消耗自然资源和能源最严重的经济活动领域，企业市场经济活动对人与自然关系的影响也最广泛、最深刻。虽然政府并不参与具体的市场经济活动，但是其宏观管理职能能够对市场经济体制的运行发挥任何企业和个人都无法达到的综合调控作用。政府制定的经济政策、经济规划、经济法规和经济标准是市场经济体制正常运行必不可少的制度保证，能够对个人和企业的市场经济活动发挥十分重要的价值导向作用。政府的宏观制度安排和宏观价值导向能够减少市场这只“看不见的手”配置资源和促进生产的盲目性和不合理性，规范企业、个人等市场经济主体的逐利行为，推动第二次分配和第三次分配的顺利实现，保证市场经济体制在有利于维护社会正义的轨道上运行，以解决市场秩序混乱、市场经济主体唯利是图、贫富差距越拉越大、区域经济不平衡日益严重、环境危机愈演愈烈等问题。政府的宏观管理职能在市场经济体制中具有不可替代的地位。在市场经济体制条件下，个人的主观能动性和创造精神无疑也是推动市场经济发展必不可少的动力源泉，但个人的经济思想、价值观念和经济实践行为往往是依托企业和政府来展现的。由于企业和政府在市场经济体制中具有更重要的地位和作用，其所担负的道德责任也更重大。

五、激发市场经济主体的道德责任感：经济伦理学的使命

市场经济体制达到成熟的根本标志是个人、企业、政府等市场经济主体不仅能够按照价值规律从事市场经济活动，而且能够为自己的市场经济行为自觉承担应有的道德责任。市场经济主体承担道德责任的状况直接反映市场经济之道德维度得到彰显的情况，事关市场经济体制的道德合理性确立的问题。在市场经济体制条件下，由于个人作为经济主体的主体性因个人获得更多的自由性、能动性和创造性而变得更加复杂，企业和政府这两种市场经济主体的主体性也因为其内部机构和运行机制越来越复杂而变得难以捉摸，道德调控人类经济活动或人类经济生活的难度越来越大，个人、企业、政府等市场经济主体不可能自发地形成应有的道德责任感，市场经济体制的运行很容易陷入道德失范状态。因此，强化市场经济体制的“内部规导”就显得十分必要：“由于经济行为主体享有越来越多的自由，并且因此负有越来越多的责任，内部的途径正变得越来越重要。”[①] 这里所说的“内部规导”就是不断加强市场经济主体的道德责任感或道德责任意识的伦理路径。

市场经济体制在我国的确立和发展使个人、企业、政府等如何以

① 恩德勒. 面向行动的经济伦理学. 高国希，吴新文，等译. 上海：上海社会科学院出版社，2002：22.

主体身份参与市场经济活动的问题迅速凸显出来：它们应该仅仅在唯利是图的商业动机驱动下来从事市场经济活动，还是应该在市场经济活动中谋求商业动机和道德责任感的平衡？这是一个具有理论意义和现实价值的经济伦理学论题。现实生活中关于市场经济主体是否应该承担道德责任这一问题的争论反映了经济学和伦理学这两个学科之间的争鸣。长期以来，为了保持所谓的学科话语权和学科独立性，主流经济学一直存在片面强调经济理性的问题，其根本特征是把人追求经济利益最大化的思想和行为等同于人的经济理性，其结果是把人类经济活动变成了一种不受任何伦理规范制约的“纯”经济活动；相反，主流伦理学则一直存在片面强调道德理性的问题，其根本特征是把人的利他思想和行为等同于人的道德理性，其结果是把人类的利他精神变成了一种限制人类追求经济利益的力量。经济学和伦理学之间的长期争鸣不仅导致了这两个学科之间的隔绝状态，而且导致了人类经济思想和伦理思想在现实中难以融合的问题。在阿马蒂亚·森看来，由经济学与伦理学之间不断加深的隔阂所造成的损失具有两面性：一方面，与伦理学分离的经济学因为它强调的纯经济行为无法得到伦理支持而出现“贫困化”现象；另一方面，与经济学分离的伦理学因为它强调的价值判断无法与经济事实相联系而“非常不幸”。由于经济学和伦理学都与人的具体行为关系密切，经济学与伦理学之间的分离必然会对人的现实经济生活产生深刻影响。[①] 通过从经济伦理学的角度来深入研究市场经济主体的道德责任问题，我们既能够在经济学和伦理学之间架起一座沟通和对话的桥梁，也能够在现实经济生活中促进市场经济体制之经济维度和伦理维度的交织与整合。

经济伦理学在我国的发展目前还处于积聚力量的阶段，但它是一种不容忽视的学术力量。“社会主义市场经济制度的建立、健全和

① 森. 伦理学与经济学. 王宇，王文玉，译. 北京：商务印书馆，2014：1-15.

完善，迫切需要经济伦理学为其论证；社会主义市场经济的健康运行，迫切需要经济伦理学为其规范；社会主义市场经济条件下个体的自我完善，迫切需要经济伦理学为其‘导航’。”[①] 只要经济伦理学的“论证”“规范”“导航”是以激发和加强市场经济主体的道德责任感为旨归，那么它就能够对我国社会主义市场经济的发展产生深刻影响。我国伦理学界目前需要做的是进一步凸显我国经济伦理学研究的应用性和应用价值。进一步说，我国的经济伦理学应该是一种面向“行动”或“实践”的伦理学，它应该致力于激发和加强市场经济主体的道德责任感或道德责任意识，以达到用强烈的道德责任感对个人、企业、政府等的市场经济行为进行有效道德控制的最终目的。正如美国经济伦理学家乔治·恩德勒（Georges Enderle）所说，面向“行动”而不是“言辞”是经济伦理学的“试金石”，经济伦理学应该表现为一种“新实践”精神，其最终目的是在微观、中观和宏观三个层次上去提高人类经济决策和经济行为的“伦理质量”：在微观层次上，经济伦理学应该探讨单个的个人——雇员或雇主、同事或经理、消费者、供应商或投资者——做什么，能做什么，以及应该做什么，以促使个人理解和承担应有的道德责任；在中观层次上，经济伦理学应该致力于使企业（公司）认识到它们本身成为“道德行为者”的必要性和可能性，应该致力于使企业理解和承担它们作为一种“组织”的道德责任；在宏观层次上，经济伦理学应该致力于推动政府为个人、企业等提供合理的经济制度保证以及社会政策、经济秩序等经济条件。[②]

① 周中之. 经济伦理学学科的建构. 江苏社会科学，2000（3）：94-96.

② 恩德勒. 面向行动的经济伦理学. 高国希，吴新文，等译. 上海：上海社会科学院出版社，2002：8-9.

结　语

2016年3月31日，我在《中国教育报》理论版发表《信商的价值》一文。该文的主题是强调信商的重要性，其要旨是呼吁人们在市场经济体制中讲诚信、守信用。我认为，"诚信"是国家治理的应有内容，也是经济治理应该大力弘扬的一种美德。本书的"结语"就是以该文为主要内容的。

孔子说："人而无信，不知其可也。"[①] 其言下之意是，如果一个人言而无信，毫无信用可言，他就不堪为人。孟子说："思诚者，人之道也。"[②] 其意指，做人的根本道理是诚实守信。陆九渊更是旗帜鲜明地将诚实守信视为人之为人的根本标志："人而不忠信，何异于禽兽者乎？"[③] 可见，诚实守信是一个人安身立命的根本要求和依据。

智商的高低表征人类智慧的多寡，情商的高低显示人类情感品质的优劣。智商高的人拥有高智慧，他们不仅能够洞察世界存在的客观规律性，而且能够顺应这种规律性开展社会实践活动。情商高的人拥有良好的情感品质，他们不仅具有丰富多彩的情感，而且能够对各种情感的流动和释放进行合理的调控。不过，虽然智商和情商对于人类来说必不可少，但它们并不是人类人生事业的决定力量。能够对一个人的人生事业起决定作用的是他的信商。

信商是指一个人的信用商数或指数，它表征一个人人之为人的信用度，反映一个人遵守诚信原则的总体状况。一个人的信商有四个

① 陈晓芬，徐儒宗. 论语·大学·中庸. 北京：中华书局，2011：24.

② 万丽华，蓝旭. 孟子. 北京：中华书局，2006：157.

③ 陆九渊. 陆九渊集. 钟哲，点校. 北京：中华书局，1980：375.

维度，即知性的维度、情感的维度、意志力的维度和实践的维度。第一个维度指一个人能够深刻认识和理解“诚实守信”这一道德原则的含义和存在价值，它要求他对“诚实守信”的认知达到一定的商数。第二个维度指一个人能够高度认同“诚实守信”这一道德原则的合理性和规范性，它要求他对待“诚实守信”的道德情感达到一定的商数。第三个维度指一个人能够不屈不挠地坚持“诚实守信”这一道德原则，它要求他维护“诚实守信”的意志力和道德勇气达到一定的商数。第四个维度指一个人能够将“诚实守信”这一道德原则转化为实际行动，它要求他践行“诚实守信”的行为能力达到一定的商数。也就是说，一个人的信商是由他的“知信商”“情信商”“意信商”“行信商”综合统计而形成的信用商数或指数。

从本质上来说，一个人的信商属于他的德商范围。“自古皆有死，民无信不立。”[①] 人生在世，最要紧的是必须具有诚实守信的美德，即讲诚信的美德。一个人必须诚实守信才能取信于人，也才能取信于社会。如果一个人因为智商或情商不足而难以获得人生事业的成功，他不会遭到人们的道德谴责；但如果他是因为信商低下而在人生事业中一败涂地，他往往无法逃避人们的道德谴责。之所以会如此，是因为智商和情商的高低本质上并不属于道德问题的范围，但信商的高低是一个至关重要的道德问题。在现实生活中，一个诚实守信的人往往会受到人们的道德称赞，而一个言而无信的人必定会受到人们的道德谴责。一个人在立身处世、社会交往、家庭生活等方面应很好地遵守“诚实守信”这一道德原则，他的所思所想、所亲所爱、所守所护和所作所为都会受到人们的道德价值判断和道德价值评价。具体地说，一个人的信商状况是他人或社会对他讲诚信的道德认知能力、道德情感能力、道德意志力和道德行为能力进行综合判断和评价的结果。信商是衡量一个人德商高低的最重要指标。

① 陈晓芬，徐儒宗. 论语 · 大学 · 中庸. 北京：中华书局，2011：141.

信商事关一个人在人类社会的道德地位和道德形象。一个人可以没有金钱，也可以没有官位，但他绝对不能没有道德地位和道德形象，因为没有道德地位和道德形象的人不可能在人类社会受到欢迎。我们不难想象，一个言而无信、招摇撞骗的人必定是人们唯恐避之不及的人。遵循“诚实守信”这一道德原则是一个人在社会上赢得道德地位和树立道德形象的必经之路。因此，林肯说：“你可以有时欺骗所有人，或是一直欺骗某些人，但你不可能一直欺骗所有人。”一个人最终必须依靠诚实守信来赢得必要的道德地位和道德形象，因为只有这样，他才能受到他人或社会的认同和欢迎。

人类社会历来重视人的信商状况，市场经济社会更是如此。市场经济从本质上来说是一种信用经济。在市场经济体制中，每一个试图进入市场的人都必须具有足够的信商。信商是一个人参与市场经济活动的“准入证”，如果没有这张“准入证”，他就没有资格或权利进入市场；信商也是一个人参与市场经济活动的“信用卡”，如果没有这张“信用卡”，他在市场上将寸步难行。市场经济体制是为有信商的人开放的经济体制，是有信商的人创造辉煌人生业绩的舞台。

信商高的人往往更容易获得人生事业的成功。高信商是一个人谋求辉煌人生事业的一种重要资本，也是人类社会衡量和选拔人才的一个重要标准。我国哲学家王夫之说：“诚者，约天下之理而无不尽，贯万事之中而无不通也。诚则成物之始，而必以成物之终也。”①王夫之意在强调，讲诚信是放之四海而皆准的道理，是人们成功地谋事为人不能不依据的道德真理。对于人类来说，如果要谋求人生事业的成功，他们就必须以诚信立德，以诚信立身，以诚信立成就。

强调“内诚于心，外信于人”是中华民族代代相传的道德信念，它贯穿于中国儒家伦理思想、道家伦理思想和法家伦理思想之中，并作为当代中国人的民族精神和时代精神而存在。随着中国特色社会

① 王夫之. 船山全书：第6册. 长沙：岳麓书社，1991：525.

主义市场经济的发展，我国正在步入一个普遍重视信商、广泛宣传信商和大力倡导信商的新时代。“诚信”被纳入我国社会主义核心价值体系的事实就强有力地证明了这一点。

“诚信”之所以能够进入我国社会主义核心价值体系，是因为它是我们每一个人作为社会主义社会的公民必不可少的一种美德，更是因为当今中国社会正在遭遇一场日益严重的信用危机。在当今中国社会，不讲诚信的人为数不少，不讲诚信的事屡见不鲜。一些领导干部不讲官德，不办实事，不为民分忧解难，陶醉于贪污腐败，因而失信于人民群众。一些教师不讲师德，不教书育人，不致力于授业解惑，全然不顾教师道德形象，因而失信于学生。一些医生不讲医德，不治病救人，不履行救死扶伤的职责，疯狂牟取非法收入，因而失信于患者。由于不讲诚信的现象在我国社会呈现出愈演愈烈的态势，人与人之间的相互信任感受到越来越严重的冲击。群众不信任领导干部、学生不信任老师以及患者不信任医生的问题在当今中国变得日渐突出。

信用危机是我国当前面对的一个重大现实问题。要化解日益严重的信用危机，我们不仅应该借助道德建设的途径来推动人们重视信商问题，而且应该建立健全信商评价指标体系。这要求我们用量化的数据或指数对人的信商进行定量分析和评价。从当今世界的通用做法来看，建立个人诚信档案是判断或衡量一个人信商的最有效方式。通过建立个人诚信档案，我们每一个人讲诚信或不讲诚信的情况都可以被记录在案，这能够为社会了解和评价我们的诚信状况提供有说服力的依据。信商高的人更容易讲诚信，信商低的人更容易不讲诚信。如果我们是否讲诚信能够通过个人诚信档案如实地反映出来，我们往往会因为害怕道德谴责、道德惩罚等原因而重视信商建设，并完全可能成为诚实守信的模范。

我们不能抽象地谈论信商问题。信商本身就不是一种抽象物。我们每一个人都生活在具体的国家和社会中，因此，我们的所思所想和所作所为都会受到他人或社会的评判。在现实生活中，如果一个人做了讲诚信的事情，他人会知道，并且会作出适当的评价；如果一个人做了不讲诚信的事情，他人也会知道，并且也会作出适当的评价。一旦人们对一个人的诚信状况作出评价，他的信商也就变成了一种可以定量分析和评价的东西。我们不难想象，如果一个大学生一次又一次地在考试中舞弊，我们当然可以依据他舞弊的次数来判断他的信商情况。建立个人诚信档案就是要将我们每一个人讲诚信或不讲诚信的数据记录下来，从而为人们判断和评价我们的信商提供可靠的依据。

人类既以“个人”的形式存在，也以“社会人”的形式存在，因为他们的存在必须通过各种各样的社会关系来确定和解释。个人实现自我的根本途径是必须得到他人或社会的认可和肯定。因此，个人就不能没有一定的信商。高信商能够使一个人具有良好的信用，能够使一个人在人类社会中成为受欢迎的人，能够使一个人的人生事业得到强有力的道德支撑。人类应该以拥有高信商为荣，以拥有低信商为耻。

参考文献

［1］中共中央编译局. 马克思恩格斯全集：第 30 卷. 2 版. 北京：人民出版社，1995.

［2］中共中央编译局. 马克思恩格斯全集：第 32 卷. 2 版. 北京：人民出版社，1998.

［3］中共中央编译局. 马克思恩格斯全集：第 40 卷. 北京：人民出版社，1982 .

［4］中共中央编译局. 马克思恩格斯全集：第 46 卷下. 北京：人民出版社，1980.

［5］中共中央编译局. 马克思恩格斯全集：第 3 卷. 2 版. 北京：人民出版社，2002.

［6］中共中央编译局. 马克思恩格斯选集：第 1、2、3、4 卷. 3 版. 北京：人民出版社，2012.

［7］中共中央编译局. 马克思恩格斯选集：第 1、2、3 卷. 2 版. 北京：人民出版社，1995.

［8］中共中央编译局. 马克思恩格斯文集：第 1、2、4、8、9 卷. 北京：人民出版社，2009.

［9］邓小平. 邓小平文选：第 3 卷. 北京：人民出版社，1993.

［10］毛泽东. 毛泽东选集：第 2 卷. 北京：人民出版社，1991.

［11］毛泽东. 毛泽东文集：第 6 卷. 北京：人民出版社，1999.

［12］习近平. 习近平谈治国理政. 北京：外文出版社，2014.

［13］习近平. 在河北省阜平县考察扶贫开发工作时的讲话//做焦裕禄式的县委书记. 北京：中共文献出版社，2015.

［14］中共中央关于全面推进依法治国若干重大问题的决定. 北京：人民出版社，2014.

［15］中国共产党第十八届中央委员会第五次全体会议公报. 北京：人民出版社，2015.

［16］中国共产党第十八届中央委员会第三次全体会议文件汇编. 北京：人民出版

社，2013.

［17］中共中央关于制定国民经济和社会发展第十三个五年规划的建议．北京：人民出版社，2015.

［18］本书编写组．十七大报告学习辅导百问．北京：党建读物出版社，2007.

［19］中华人民共和国国民经济和社会发展第十三个五年规划纲要．人民日报，2016-03-18（1）.

［20］中共中央文献研究室．科学发展观重要论述摘编．北京：中央文献出版社，2009.

［21］中国共产党第十八届中央委员会第五次全体会议文件汇编．北京：人民出版社，2015.

［22］中共中央关于完善社会主义市场经济体制若干问题的决定．北京：人民出版社，2003.

［23］中共中央关于全面深化改革若干重大问题的决定．北京：人民出版社，2013.

［24］中共中央宣传部．毛泽东邓小平江泽民论社会主义道德建设．北京：学习出版社，2001.

［25］陈晓芬，徐儒宗．论语·大学·中庸．北京：中华书局，2011.

［26］方勇．孟子．北京：中华书局，2010.

［27］汤漳平，王朝华．老子．北京：中华书局，2014.

［28］方勇，李波．荀子．2 版．北京：中华书局，2015.

［29］徐栋梁，王悦．墨子．长春：长春出版社，2015.

［30］司马光．资治通鉴．长沙：岳麓书社，1990.

［31］陆玖．吕氏春秋．北京：中华书局，2011.

［32］郭象，成玄英．庄子注疏．曹础基，黄兰发，点校．北京：中华书局，2011.

［33］董仲舒．春秋繁露．张世亮，钟肇鹏，周桂钿，译注．北京：中华书局，2012.

［34］周振甫．诗经译注．北京：中华书局，2002.

［35］胡平生，陈美兰．礼记·孝经．北京：中华书局，2007.

［36］王夫之．船山全书：第 6 册．长沙：岳麓书社，1991.

［37］陆九渊．陆九渊集．钟哲，点校．北京：中华书局，1980.

［38］孟泽．中国四大宝典：易经 老子 论语 庄子．海口：海南出版社，1995.

［39］辞海编辑委员会．辞海．1999 年版缩印本．上海：上海辞书出版社，2000.

［40］罗竹风．汉语大词典：第 1 卷．上海：上海辞书出版社，1986.

[41] 叔本华. 伦理学的两个基本问题. 任立，孟庆时，译. 北京：商务印书馆，1996.
[42] 柏拉图. 理想国. 郭斌和，张竹明，译. 北京：商务印书馆，1986.
[43] 亚里士多德. 政治学. 颜一，秦典华，译. 北京：中国人民大学出版社，2003.
[44] 亚里士多德. 政治学. 吴寿彭，译. 北京：商务印书馆，1965.
[45] 亚里士多德. 尼各马可伦理学. 廖申白，译注. 北京：商务印书馆，2003.
[46] 亚里士多德. 尼各马科伦理学. 苗力田，译. 北京：中国社会科学出版社，1999.
[47] 奥古斯丁. 上帝之城：驳异教徒. 吴飞，译. 上海：上海三联书店，2007.
[48] 黑格尔. 法哲学原理. 范扬，张企泰，译. 北京：商务印书馆，1961.
[49] 康德. 道德形而上学原理. 苗力田，译. 上海：上海人民出版社，2012.
[50] 康德. 道德形而上学基础. 孙少伟，译. 北京：九州出版社，2007.
[51] 康德. 永久和平论. 何兆武，译. 上海：上海人民出版社，2005.
[52] 康德. 法的形而上学原理：权利的科学. 沈叔平，译. 北京：商务印书馆，1991.
[53] 王小锡. 经济的德性. 北京：人民出版社，2002.
[54] 苗力田. 亚里士多德选集：伦理学卷. 北京：中国人民大学出版社，1999.
[55] 唐凯麟. 伦理大思路：当代中国道德和伦理学发展的理论审视. 长沙：湖南人民出版社，2000.
[56] 唐凯麟，张怀承. 成人与成圣：儒家伦理道德精粹. 长沙：湖南大学出版社，1999.
[57] 万俊人. 道德之维：现代经济伦理导论. 广州：广东人民出版社，2000.
[58] 吉登斯，郭忠华. 全球时代的民族国家：吉登斯讲演录. 南京：江苏人民出版社，2012.
[59] 马斯洛. 动机与人格. 许金声，等译. 3 版. 北京：中国人民大学出版社，2007.
[60] 王小锡. 经济伦理学：经济与道德关系之哲学分析. 北京：人民出版社，2015.
[61] 俞可平. 论国家治理现代化. 北京：社会科学文献出版社，2014.
[62] 程冠军. 走向善治的中国：十八大以来治国理政观察. 北京：中共中央党校出版社，2015.
[63] 甘绍平. 伦理学的当代建构. 北京：中国发展出版社，2015.

[64] 周中之，高惠珠. 经济伦理学. 修订版. 上海：华东师范大学出版社，2016.

[65] 钱穆. 文化学大义. 北京：九州出版社，2011.

[66] 王海明. 公正与人道：国家治理道德原则体系. 北京：商务印书馆，2010.

[67] 王海明. 国家学原理. 北京：生活·读书·新知三联书店，2014.

[68] 刘明华. 大同梦. 上海：上海文艺出版社，1999.

[69] 胡春. 网络经济学. 北京：清华大学出版社，2010.

[70] 曾国屏，李正风，段伟文，等. 赛博空间的哲学探索. 北京：清华大学出版社，2002.

[71] 北京大学哲学系外国哲学史教研室. 西方哲学原著选读：上卷. 北京：商务印书馆，1981.

[72] 北京师范大学伦理学与道德教育研究所. 伦理学经典著作选读. 北京：北京师范大学出版社，2010.

[73] 中国大百科全书总编辑委员会《哲学》编辑委员会. 中国大百科全书：哲学. 北京：中国大百科全书出版社，1985.

[74] 卢德之. 论资本与共享：兼论人类文明协同发展的重大主题. 北京：东方出版社，2017.

[75] 余纪元. 亚里士多德伦理学. 北京：中国人民大学出版社，2011.

[76] 孙磊. 法治经济：市场经济的法治化道路. 北京：人民出版社，2014.

[77] 王泽应，郑根成. 关于经济伦理学研究的几个问题. 上海社会科学院学术季刊，2000（3）：161-168.

[78] 朱金瑞. 中国经济伦理学十大热点问题研究. 江苏社会科学，2003（5）：174-180.

[79] 卢风. 中西文化交汇中的环境伦理、政治伦理和经济伦理：儒学与全球伦理国际学术研讨会述评. 道德与文明，2013（2）：156-160.

[80] 陈泽环. 现代经济伦理学初探. 社会科学，1995（7）：73-76，15.

[81] 陆晓禾. 论经济伦理学的研究框架和学科特征. 上海社会科学院学术季刊，1998（4）：89-97.

[82] 夏伟东. 经济伦理学研究什么?. 江苏社会科学，2000（3）：91-93.

[83] 龚天平，李海英. 经济伦理内涵的反思：意识、规范与实践的统一. 中南财经政法大学学报，2013（1）：24-30.

[84] 孙向晨. 双重本体：形塑现代中国价值形态的基础. 学术月刊，2015（6）：20-34.

[85] 汪丁丁. 道德基础与经济学的现代化. 经济研究参考，1997（5）：6.

[86] 汪丁丁. 市场经济的道德基础. 改革，1995（5）：89-96.

[87] 向玉乔. 马斯洛的人本主义幸福观探析. 贵州师范大学学报（社会科学版），2010（3）：1-5.

[88] 姜奇平.《共享经济》中的共享发展理念. 互联网周刊，2016（6）：70-71.

[89] 王富仁. 重温大同梦：人类大同理想与现实社会和人性本质之间的文化解读. 西南师范大学学报（人文社会科学版），2000（1）：31-36.

[90] 赵学清. 马克思是如何论证共享发展的：读《哥达纲领批判》的体会. 中国浦东干部学院学报，2016（3）：65-73.

[91] 张述传. 简论现代市场经济的特征. 学习与实践，1999（12）：23-26.

[92] 崔永和，程爱民. 适度幸福观与人的全面发展. 唯实，2012（6）：21-26.

[93] 刘国光. 试用马克思主义哲学方法总结改革开放三十年. 中国社会科学，2008（6）：4-15，204.

[94] 乔洪武，龙静云. 论市场经济的道德基础. 江汉论坛，1997（8）：21-24.

[95] 乔小明. 当代中国国家治理理论探讨：以治理理论的国家战略为背景. 创新，2016（2）：27-38.

[96] 周中之. 经济伦理学学科的建构. 江苏社会科学，2000（3）：94-96.

[97] 科斯洛夫斯基. 伦理经济原理与市场经济伦理. 学术月刊，2007（10）：15-24.

[98] 斯密. 国民财富的性质和原因的研究：下卷. 郭大力，王亚南，译. 北京：商务印书馆，1974.

[99] 迦纳. 政治科学与政府·绪论·国家论. 孙寒冰，译. 北京：东方出版社，2014.

[100] 福山. 大断裂：人类本性与社会秩序的重建. 唐磊，译. 桂林：广西师范大学出版社，2015.

[101] 诺奇克. 无政府、国家和乌托邦. 姚大志，译. 北京：中国社会科学出版社，2008.

[102] 诺思. 制度、制度变迁与经济绩效. 杭行，译. 上海：格致出版社，2008.

[103] 巴利. 社会正义论. 曹海军，译. 南京：江苏人民出版社，2007.

[104] 罗尔斯. 万民法. 陈肖生，译. 长春：吉林出版集团有限责任公司，2013.

[105] 斯特雷耶. 现代国家的起源. 华佳，王夏，宗福常，译. 上海：格致出版社，2011.

[106] 杜兰特 W，杜兰特 A. 历史的教训. 倪玉平，张闶，译. 成都：四川人民出版

社，2015.

［107］罗素. 伦理学与政治学中的人类社会. 肖巍，译. 石家庄：河北教育出版社，2003.

［108］鲍曼. 被围困的社会. 郇建立，译. 南京：江苏人民出版社，2005.

［109］海伍德. 政治学. 张立鹏，译. 2版. 北京：中国人民大学出版社，2006.

［110］彼得斯. 政府未来的治理模式. 吴爱明，夏宏图，译. 中文修订版. 北京：中国人民大学出版社，2013.

［111］米格代尔. 社会中的国家：国家与社会如何相互改变与相互构成. 李杨，郭一聪，译. 南京：江苏人民出版社，2013.

［112］森. 伦理学与经济学. 王宇，王文玉，译. 北京：商务印书馆，2014.

［113］森. 正义的理念. 王磊，李航，译. 北京：中国人民大学出版社，2012.

［114］森. 以自由看待发展. 任赜，于真，译. 北京：中国人民大学出版社，2002.

［115］古莱. 发展伦理学. 高铦，温平，李继红，译. 北京：社会科学文献出版社，2003.

［116］GILBERT N，TERRELL P. 社会福利政策引论. 沈黎，译. 上海：华东理工大学出版社，2013.

［117］布罗代尔. 文明史：人类五千年文明的传承与交流. 常绍民，冯棠，张文英，等译. 北京：中信出版社，2014.

［118］涂尔干. 社会分工论. 渠东，译. 北京：生活·读书·新知三联书店，2000.

［119］格林. 国家的权威. 毛兴贵，译. 北京：中国政法大学出版社，2013.

［120］德沃金. 至上的美德：平等的理论与实践. 冯克利，译. 南京：江苏人民出版社，2007.

［121］罗思坦. 正义的制度：全民福利国家的道德和政治逻辑. 靳继东，丁浩，译. 北京：中国人民大学出版社，2017.

［122］斯特巴. 实践中的道德. 程炼，等译. 6版. 北京：北京大学出版社，2006.

［123］费尔巴哈. 基督教的本质. 荣震华，译. 北京：商务印书馆，1984.

［124］赫斯. 赫斯精粹. 邓习议，编译. 南京：南京大学出版社，2010.

［125］诺兰，等. 伦理学与现实生活. 姚新中，等译. 北京：华夏出版社，1988.

［126］奥肯. 平等与效率. 王奔洲，等译. 2版. 北京：华夏出版社，1999.

［127］博登海默. 法理学：法律哲学与法律方法. 邓正来，译. 北京：中国政法大学出版社，1999.

[128] 费舍，拉维扎. 责任与控制：一种道德责任理论. 杨绍刚，译. 北京：华夏出版社，2002.

[129] 萨特. 存在主义是一种人道主义. 周煦良，汤永宽，译. 上海：上海译文出版社，2005.

[130] 恩德勒，等. 经济伦理学大辞典. 李兆雄，陈泽环，译. 上海：上海人民出版社，2001.

[131] 恩德勒. 面向行动的经济伦理学. 高国希，吴新文，等译. 上海：上海社会科学院出版社，2002.

[132] 乔治. 经济伦理学. 李布，译. 5 版. 北京：北京大学出版社，2002.

[133] KORSGAARD C M. The sources of normativity. Cambridge: Cambridge University Press, 1996.

[134] SEN A. The idea of justice. Cambridge, Massachusetts: The Belknap Press of Harvard University Press, 2009.

[135] O'NEILLO. Bounds of justice. New York: Cambridge University Press, 2000.

[136] BARRY B. Why social justice matters. Cambridge: Polity Press, 2005.

[137] MILLER D. Principles of social justice. Cambridge, Massachusetts: Harvard University Press, 1999.

[138] SEARLE J R. The construction of social reality. New York: The Free Press, 1995.

[139] ARISTOTLE. Politics. London and Totowa, N. J.: Everyman's Library, 1959.

[140] RAWLS J. A theory of justice. Cambridge, Massachusetts: The Belknap Press of Harvard University Press, 1971.

后　记

致思行文是学者的天职。置身于此天职之中已将近 30 年，有苦有乐。年轻的时候，精力充沛，但苦于思索不深、思想不够，因而写作进展通常缓慢而艰难。年长之后，思想渐趋成熟，虽然精力仍充沛，但是又苦于事务缠身、心难安静，因而写作也有些勉强。在中国，这恐怕是很多学者的相同境遇。你也罢，我也罢，众也罢，如此而已。

《国家治理与经济伦理》一书主要由我本人和我的博士研究生周琳完成。另外，王旖萱、沈莹、李皓、黄泰轲、周四丁、秦彤阳、宋美玉、李子瑞、罗曙、吴峰鑫等博士或硕士研究生参与了文献资料搜集和整理、书稿写作、统稿、文字校对等具体工作。特此说明。

向玉乔

2018 年 10 月 1 日